学习小博士

中华青少年万事通

武瑛娟　主编

天津出版传媒集团
天津科学技术出版社

图书在版编目（CIP）数据

中华青少年万事通 / 武瑛娟主编. —天津：天津科学技术出版社，2012.3（2021.6重印）

（学习小博士）

ISBN 978-7-5308-6031-1

Ⅰ.①中… Ⅱ.①武… Ⅲ.①科学知识–青年读物②科学知识–少年读物 Ⅳ.①Z228.2

中国版本图书馆CIP数据核字（2012）第039110号

学习小博士——中华青少年万事通

XUEXI XIAO BOSHI —— ZHONGHUA QINGSHAONIAN WANSHITONG

责任编辑：王　璐

责任印制：刘　彤

出　　版：天津出版传媒集团
天津科学技术出版社

地　　址：天津市西康路35号

邮　　编：300051

电　　话：（022）23332399

网　　址：www.tjkjcbs.com.cn

发　　行：新华书店经销

印　　刷：永清县晔盛亚胶印有限公司

开本 690×940　1/16　印张 15　字数 300 000

2021年6月第1版第3次印刷

定价：45.00元

序 言

少年儿童是祖国的希望、世界的明天，他们不仅仅将成长为家庭的支柱，也将会是社会的栋梁、支持人类世界持续发展繁荣的关键。在瞬息万变、高速发展的当今社会中，我们已经真切地感受到了竞争的巨大压力以及自身的不足所带来的种种阻碍。由此也引发了我们对于下一代的成长教育而作出的更多思考，到底怎样才能真正帮助孩子们面对和迎接他们自己的人生和未来呢？

毫无疑问，知识和能力已经成为当今社会的精英们所必备的基本素质，不论是知识的积累还是能力的培养都不是一蹴而就的，而是靠着长期一点一滴的积累和慢慢地融会贯通，而这种积累的最重要时期就是少年儿童的成长期。

我们生活的世界丰富多彩，各种事物千姿百态，知识也丰富得远远超过任何一个人一生的时间所能接受的容量。针对如此丰富的知识以及青少年旺盛的求知欲和好奇心，我们精心编辑了《学习小博士》丛书的《中华青少年万事问》《中华青少年万事做》《中华青少年万事通》。该套丛书以青少年的视角，将近年来人们最关心、最感兴趣的问题精选出来，并加以科学严整而又通俗易懂的解析说明，帮助小读者正确地认知和理解人们生活的世界范围内的各种知识和技能方法。本丛书所含知识面非常广阔，并且经过科学合理的归类细分，不仅仅能给青少年带来丰富的知识，还方便随时查询其中的资料，是青少年桌前不可缺少的一套亦书亦典的知识全书。

《中华青少年万事通》关注青少年的好奇心，培养青少年认识问题、思考问题的能力，提升青少年对多彩世界的认识。本书分为语文大观、数学指南、英语园地、历史长河、天南地北、自然奇趣、经济点滴、身心健康、体育在线、文化娱乐、科技创新、军事博览共十二个部分，以通俗的语言、独特的视角、科学的解析，带给孩子最有趣，也最有用的文化体验。

本书中的语文大观与课本紧紧相扣，巩固课堂知识，回答课本上相关的要点，能够帮助小读者提高写作能力，还提醒小读者平时容易忽视和混淆的问题；数学指南是有关数字和数学名人的一些趣谈，讲述常用的定理和应用技巧，有助于提高学习效率；英语园地通过介绍普遍使用的英语对话，带小读者认识使用英语国家的奇怪习俗；历史长河通过对中外古今的大事件进行记录和剖析，提高青少年对整个时代的全面认识，使你一不小心就成了通晓古今历史的小博士；天南地北则引领你遨游美丽纷呈的大千世界；自然奇趣对天文、地理、自然现象、动植物等进行全面解释，为你揭开整个世界的神秘面纱；经济点滴主要是对经济术语和概念的解释，指导你成为未来的理财专家；身心健康除了教你如何保养身体，还在心理素质的情感、性格、品德、沟通等方面进行指导，保证你的身心健康；体育在线讲解了有关奥运的常识，还强调许多在体育锻炼中需要注意的细节；文化娱乐通过对书画、音乐、歌舞、旅游等方面的浅释，培养你的精神品位，提升你的生活乐趣；科技创新告诉你有关网络、飞机、汽车、家用电器等现代科技的原理和发明故事，旨在提高你对科技的兴趣，引导新一代发明家的产生；军事博览将你带进向往的军营圣地，培养你顽强的精神品质……拥有这样一本内容丰富的书，犹如身边有一个渊博而贴心的良师益友，在你想要知道什么的时候，它永远会在第一时间来解答你一切的疑惑，它就是这样一本书。

编者

2011 年10月

目 录

语文大观

数学指南

英语园地

历史长河

天南地北

自然奇趣

体育在线

文化娱乐

语文大观

语言、文字的起源，

各种应用文体的格式及写法，

修辞手法的运用，书法的源远流长，

古今文体的异同，古文意义的流变，

文学史上璀璨的群星及绝世经典，

……

世界上究竟有多少种语言

我们中国人讲汉语，英美人讲英语，不同的国家有不同的语言。地球上人类的语言种类繁多，五花八门。据有关部门最新统计，全世界有5 651种语言。但大部分语言家确认的已知语言实际上最多有4 200种左右，其中大多数语言没有相应的文字。

现在世界上的语言包括汉藏语系（我们中国的汉语就属于这种语系）、印欧语系（英语、德语、印地语等等）、乌拉尔语系、阿尔泰语系、南亚语系等共十大语系。此外，还有非洲苏丹、美洲印第安诸语言。至于越南语、朝鲜语、日语的系属尚不很清楚。由此可见，世界上的语言真是丰富多彩啊！

世界上哪种文字使用人数最多

世界上人类的语言五花八门，种类繁多。据有关部门最新统计，全世界已知的有5 651种语言，与之相对的文字种类也有很多。那么，世界上使用人数最多的文字是什么呢？

这就是我们中国的汉字了。汉字从形成到现在，至少经历了4 500年的时间。3 000年前的甲骨文已经能够完整地记录语言，形成一套完整的文字体系。在以后的数千年发展过程中，汉字由繁到简，符号性越来越强。

汉字虽然古老，生命力却很强，是目前世界上使用人数最多的文字，我国有10亿汉族人使用汉字，新加坡等国的人民也使用汉字。

汉字具有独特的表意性。一是象形，例如“山、田、井、火、羊”等，字的形体与字所指事物的形象相像；二是指事，如“末、本、刃”等，字意和字的各个部分组成有关；三是会意，如“林”、“森”等，是由几个具体的形体按意义合起来组成一个新的意义；四是形声，如“洞、桐、通、捅”等，字表示语音的声旁相同或相近，字意与形旁相关。汉字不直接表示读音，但能准确地表明要表达的意思。

汉字又是世界上为数极少的可作为艺术品的文字，有隶书、楷书、草书、行书、魏碑等多种书写体。书写汉字是一门独特的艺术，也是学习中国画所必须具备的一种技能。

汉字会被拼音取代吗

汉字是我国文化精粹之一，是中华民族历史发展过程中一朵美丽的奇葩，有着不可磨灭的功绩。它保存了我国丰富的文化遗产，对维护祖国的统一、民族的团结也起到一定的作用。就是当今时代，汉字在维护祖国的统一、民族的团结乃至维系海外侨胞华裔之间的亲情团结方面，在传播现代经济文化信息、提高人民的科学文化水平方面，仍起着重要的作用。可以相信，在可以预见到的未来，汉字仍将继续发挥它应有的作用。不过，汉字存在着结构复杂、数量繁多等缺点。它难学难写，不少字对科技的应用也有不便。现行的汉语拼音虽然还不是代替汉字的拼音文字，而只是帮助学习汉语、汉字和推广普通话的注音工具，可是它已在许多方面起到了汉字难以起到或不能起到的作用。例如，编制索引、拼写我国人名地名、制定产品代号、用于拼音电报、注音识字、提前读写等。

那么，汉语拼音会代替汉字吗？这个问题离我们实在太遥远了，还有待长期社会实践，现在并不宜于匆忙下结论。周恩来总理曾说过："至于汉字的前途，它是不是千秋万代永远不变呢？还是要变呢？它是向着汉字自己的形体变化呢？还是被拼音文字代替呢？这个问题我们现在还不忙下结论。但是文字总是要变化的，汉字过去的变化就可以证明。"

既然如此，我们就不必对这个问题凭空想象、妄加推测了。我们应当顺应历史的发展及汉字演化的自然趋势，因势利导，多做促进工作。

怎样区别"汉语"和"中文"

在电视上我们经常能听到学习汉语或中文的字眼，为什么有人说学习"汉语"，有人说学习"中文"，这有什么区别吗？

"汉语"是汉族语言的简称。我国是个多民族的国家，除汉语以外，尚有蒙、藏、朝鲜、维吾尔等兄弟民族语言。通常说的汉语，不包括其他民族的语言，但包括使用汉语地区的方言。

"中文"是中国语言文字的简

称，不仅包括汉族的语言文字，也包括其他55个民族的语言文字。“中文”与“汉语”的区别，严格地说，“汉语”是口讲、耳听的语言，“中文”还包括阅读和书写的内容。

所以说，“汉语”和“中文”是不同的，它们是既有联系又有区别的两个概念。

普通话是如何发展而来的

我们国家领土广阔，人口众多，有56个民族，很多民族都有自己的语言，例如藏族使用藏语，朝鲜族使用朝鲜语等。在全国各地汉民族聚居区，各种地方语言也五花八门，我们需要一种官方的语言统一起来，以促进交流，保证中华民族的团结友爱。

古时候，人们说话都是用乡音，南腔北调，不便于交流。到了元、明、清三代，北京成了当时的政治、文化中心，北京话在全国各地传播开来。当时，北京话主要用于官场交往，因此又被称为“官话”。

清朝雍正皇帝命令官吏“务使语言明白”，北京话渐渐地也被各地的百姓所接受和使用。

当时已开始流行白话小说，例如《水浒传》《红楼梦》。这种白话文学使用的语言基本上属于北方话，对于北方话的推广起到了很大的作用。

到了晚清，有些文人专门从事“官话”的推广工作，例如对此贡献很大的王照。

“五四运动”时期，白话文渐渐代替了文言文，开展了“国语”运动，把北京话定为标准的国语，作为民族语言加以推广。

1955年，中国文字改革委员会和教育部联合召开全国文字改革会议，提出明确的要求，即“以北京语音为标准音，以北方话为基础方言，以现代典范的白话文著作为语法规范的汉民族共同语”。符合这一要求，才是规范化的普通话。

你知道标点符号的由来吗

“一天克雷洛夫穿着一件黑衣服在马路上散步一位贵族冲着他大叫你看天上飘来一片乌云地下的蛤蟆开始叫鸣克雷洛夫看着臃肿的贵族嘲笑道”。原本一篇有趣的小故事，只因没有标点符号，让我们读起来非常吃力。如果加上标点，就成了“一天，克雷洛夫穿着一件黑衣服在马路上散步，一位贵族冲着他大叫：‘你看！天上飘来一片乌云。’‘地下的蛤蟆开始叫鸣！’克雷洛夫看着臃肿的贵族嘲笑道。”这样一来，是不是感到一目了然呢？

古时候中国没有标点符号，人们写文章一气到底，没有停顿，这样的文章实在难读。后来，汉朝人发明了“句读（dòu）”符号。语意完整的一小段为“句”，用“。”表示。句中语气未完，句中语气可以停顿的地方为“读”，用“、”表示。这样，读起文章来就方便多了。宋朝人开始改用“，”、“。”表示句读。明朝人又进一步发明了人名号和地名号。有了这些符号，可以避免误读，但对于文章表达还是远远不够的。

1919年，国语统一筹备会在以上标点符号的基础上，参考各国通用的标点符号，提出《请颁行新式标点符号议案》，其中规定了12种符号，由当时的教育部颁布全国。新中国成立以后，出版总署进一步总结了标点符号的用法规律，于1951年9月刊发出《标点符号用法》，同年10月政务院出台《关于学习标点符号用法的指示》。从此，标点符号趋于完善，有了统一的用法。

你知道词的感情色彩吗

汉语中的词分很多种，有名词、形容词、动词、副词等。我们在学习中常遇到的许多词除了具有声音和意义之外，还具有感情色彩。同样意义的词不能互换，因为它们凝聚了人们对客观事物的态度，传达出人们的感情好恶。比如同样要表达“计策多”的意思，对好人可以用“足智多谋”来形容，对坏人则用“诡计多端”。没有感情褒贬的词是中性词，如“死亡”这个词，褒义色彩由“牺牲”和“就义”来表达；“完蛋”和“翘辫子”则带有强烈的贬义。称呼也有感情色彩，“您”和“你”就不同，“您”是敬辞，含有褒义，“你”是一般称呼，不带感情色彩。

古人对此讲究更多，他们常用含褒义的词称对方，叫尊称，如令尊、令堂、令郎一类的词称对方的父亲、母亲、儿子；用含贬义的词称自己的妻子和孩子，叫谦称，如用“仆”作为自称，用“犬子”称自己的儿子，用“糟糠”称自己的妻子。

其实带有感情色彩的词有很多，其他如形容词、动词、副词和量词中有许多是带感情色彩的。我们在用时，要注意这些词，以免出现错误。

谁最早提出将汉字的排列形式由竖写改横写的

我们书写汉字时总是用右手从左向右写，这种方式并不是从一开始就沿用下来的。中国汉字使用自上而下、由右向左的竖写方式有长达几千年的历史，这种方法并不合乎人们的习惯和生理要求，而且，近代汉文里常常插入一些外国文字、阿拉伯数字、标点等，这种方法就更加不合适了。

由此，我国新文化运动的先驱者，《新青年》杂志社的编辑钱玄同在给陈独秀的信上提出：人的眼睛左右并列，而并不是上下相重。如果看东西，横视左右则非常省力；如果是纵视上下，就要一仰一俯，费时费力。由此可知，横行写字比竖行写字要方便得多。况且用右手写字，一定要从左向右，这样，无论是汉字还是西文都很方便。总之，汉字竖写很笨拙。基于此，他提出了汉字横写的主张。之后，他在《新青年》上连续发表四篇公开信，积极倡导“竖改横”的主张。陈独秀、陈道望等学者也表示赞许。从此，汉字横写就逐渐流行起来。

汉字的造字法有几种

在日常生活中，我们最常用的字就是汉字了。数千年来，汉字为继承和发展中国文化作出了光照千秋的贡献，它是我们汉民族记录语言的符号，也是世界上最古老的文字之一。

现在世界上通行的文字有两大类型：一类是表音文字，一类是表意文字。汉字用字形表示词和词素，不直接表示语音，属于表意文字。汉字呈方块形，有许多字形体相似、读音相近，读写时容易出现差错。但是，如果你了解了汉字的造字知识，使用中出现错误的机会就会大大减少了。那么，你知道汉字都有哪些造字法吗？

古时候，人们说的造字法通常有六种，但真正的造字法只有象形、指事、会意和形声这四种，转注和假借并不产生新字，只能说是使用方法。

象形是用描绘事物形状来造字的方法。这类字数并不多，而且，由于字形发生变化，今天已很难看出来了。这类词主要有“日”、“门”、“目”等。

指事是在象征性符号的基础上加上一个指示性符号来表示意义的造字法。

会意是由几个具体的形体按意义合起来组成一个新的意义的造字方法。如“林”、“森”等等。

形声是由一个形旁和一个声旁组合起来表示一个新意义的造字方法。如“桐”，“木”是形旁，“同”是声旁。这是左形右声，其他还有右形左声、上形下声、下形上声、外形内声，这些都能找到例子。

汉语都有哪些方言

汉语的方言非常复杂，我国东南沿海地区就有“十里不同音”的说法。

汉语方言是和普通话相对而言的，是汉语语言的地方性变体，可以分为七大类。

北方方言：分布在东北、华北、西北、西南、湖北大部分、湖南西南部、广西西北部以及华东长江以北的地区，以北京话、西安话、成都话、扬州话为代表。

吴方言：分布在江苏长江以南和浙江大部分地区，以苏州话和永康话为代表。

湘方言：分布在湖南大部分地区，以长沙话和双峰话为代表。

赣方言：分布在江西大部分地区和湖北省东南部，以南昌话为代表。

客家方言：分布在广西、广东、福建、江西、四川部分地区，以梅县话为代表。

粤方言：分布在广东大部分地区和广西东南部，以广州话为代表。

闽方言：分布在福建、台湾及广东部分地区，以厦门话、福州话为代表。

汉语方言是汉语语言的地方性变体。中国幅员辽阔，人口众多，方言情况复杂，种类繁多。

你知道我国最早的诗歌总集吗

我国历史悠久，文化遗产丰富，尤其是古代的诗歌，对后世有巨大的影响。在课本上我们经常能学到唐代和宋代诗人的诗。那么，你知道我国最早的诗歌总集吗？

《诗经》是我国最早的诗歌总集。过去只称为《诗》，后来儒家的学者把它奉为经典，才改成现在的名字，共收自西周初年到春秋中叶约五百年间的诗歌305篇，分风、雅、颂三类。风有周、南、召南、邶、卫、王等共15国风，共160篇，大部分是民间歌谣，小部分是贵族作品；雅分为大雅和小雅，共105篇。大雅全部是贵族作品，只有小雅是民间歌谣；颂有周颂、鲁颂、商颂共40篇，都是贵族的作品。

《诗经》的精华是民间歌谣部分，它鲜明地表现了人民的爱憎以及他们的反抗和斗争，真实地反映了当时社会的面貌，为我国古典诗歌奠定了现实主义基础。

你了解《说文解字》吗

在我们的学习中，字典是好帮手。我国最早的系统分析和考究字源的字典，是东汉许慎（58—147年）著的《说文解字》。这本书始作于东汉和帝永元十二年（公元100年），成书于东汉安帝建光元年（公元121年），历时22年，共收字9 353个。该书按文字形体和偏旁结构，分列540部，首创部首编排法。用六书理论解释文字，确立了六书的体系，保存了篆文的写法系统，保存了汉以前的训诂古音，为古文字学、汉语词源学和古音学提供了重要而宝贵的资料。这本书原本早已失传，现在的传本为北宋徐铉和五代徐锴的两种整理本。

你知道古代收字最多的是什么字典吗

我国最早的字典是《说文解字》，而古代收字最多的字典是《康熙字典》，全书共有47 035个字，它也是世界上收字最多的字典。

这部字典是康熙五十五年（1716年）由张玉书、陈廷敬等30人奉敕编纂而成的。本书中用的是部首排列法，分成214个部首，又根据十二地支把全书分成子、丑、寅、卯、巳、午、未、申、酉、戌、亥12集，每集又各分上中下，并把214个部首按照笔画数目分属在12集里。字典的释字体例是先音后意。每字下面先列历代主要韵书的反切，随即便解释字意，每意之下一般都引

古书为证。如果这个字有别音、别意，便再解释别音、别意。这部字典正集前面列有总目、检字、辨训等，正集后面附有备考补遗等。备考收录的是无从考据的字，补遗收录的是按音义可增录正集但没有增入的字。《康熙字典》收字极多，有些在一般常用字典辞书里查不到的字在这部里均可以查到。1991 年，我国编纂的《汉字大字典》出版发行，共选收了 5 600 个字。

你知道我国最早的词典是什么吗

同学们在学习语文的过程中难免会遇到不认识的字词，这时就要用到我们的好帮手——词典了。你知道我国最早的词典是什么吗？

我国最早的一部解释词义的工具书是《尔雅》。“尔雅”取意用当代话语来解释古代书面上的词语。

该书大约在秦汉时期已经出现了，后经许多人增补，到西汉才汇集成书。《尔雅》共三卷，20 篇。现在流传的只有 19 篇，共有词组 2091 条，其中有《释诂》《释言》《释训》《释亲》《释宫》《释器》《释乐》《释兽》《释蓄》《释木》《释草》等篇，全书内容丰富。它不仅说明了许多词语的意义，还包含了各方面的广博知识，可以说是一部百科词典。《尔雅》解释词义的方法主要是用意训法，也就是从意义上就与古今语言不同、方言的异同和本意转义的差别上来解释词义。

中国最长的诗歌是什么

中国的诗歌有着悠久的历史，最长的诗歌是藏族的《格萨尔》，又称作《格萨尔王传》。

这首诗大约产生于 11 世纪以后，是一部说唱体诗歌。至今已经收集到 150 万行，1 500 多万字。其内容是叙述天地之子格萨尔王下凡投生，反抗种种邪恶，在完成了救护百姓的大业后重返天国的丰功伟绩。格萨尔王及其高大的英雄形象，是藏族人民勇敢、力量和智慧的化身。其语言生动形象，人物对话也为唱词，富有诗意。

这部长篇叙事史诗是中国文化遗产中的宝贵财富，但大部分仍流

传于民间艺人的说唱，国家已经把《格萨尔》的收集、整理工作列为重点科研项目。

最长的对联有多少字

过年的时候我们家家户户都要贴对联，对联也是我国具有特色的文化之一。那么，你知道最长的对联有多少字吗？

中国最长的对联是清末四川江津才子钟云舫所写的一副长联——《拟题江津县临江城楼联》，共1 612字。

这副长联是钟云舫在狱中没有任何一本书可供参阅的情况下写成的，又修改了七八天。他在长联前写有一序：“飞来横祸，理所不解，偶一触念，同比心甘。迟迟春日，借此搜索枯肠，欲其不以冤情撄念耳。以泪和墨，以血染纸，急得一千六百余字，明知抛查取厌，而故慢其词，谬于以长制胜，阅者笑我之无耻，当谅我之无聊也。噫!”突如其来的冤祸使钟云舫成为囚徒。每当想到这情理难容的事，肝胆欲裂。为了摆脱精神的折磨，他决定写一副长联来排除心中的苦闷，排遣难挨的时光。这浸满泪水和心血的1 612字，便是此种心境下的产物。

如何学好语文

语文是一门最基础的学科，也是最重要的学科，掌握科学的学习方法，你会发现学好语文是非常容易的。

一是学好字词，多积累词汇。字词是学好语文的基础，必须掌握大量的词汇。在我们的学习过程中，要把课本上出现的生字、生词牢牢掌握，尤其是成语，把它们的意思弄明白，经常默写新学的词汇。但是只在课堂上学习字词是很有限的，在课本的基础上利用课后的时间学习更多的词汇有利于阅读。

二是大量阅读。学好词汇很重要的一方面是为阅读做好准备。人们常说：“读书可以使人聪慧。”我们阅读的过程也是提高语文水平的过程。那么，如何提高阅读水平呢?那就要有选择地阅读。阅读完以后，自己对哪一篇文章或哪一段话有感触，就写下来；或者把优美的句子、名言警句记下来。对于阅读的方法，我国伟大的教育家朱熹说过：“读书有三到，谓心到、眼到、口到。心不到此，则眼看不仔细，心眼既不专一，却只烂漫诵读，肯定就记不住，即使记住了，也只是在短时间内记住。三到之中，心到最急。心既到，眼口自然就到。”

三是多说多写。学过的课文要大声有感情地朗诵，名段名篇最好背下来。平时上课积极主动地回答老师提出的问题，敢于表达自己的观点。还要坚持写日记，这样可以大大提高自己的写作水平。

毕业班学生该如何复习语文

复习数学、英语等科目，同学们会有明确的目的。但是说到复习语文，很多同学便觉得无从下手。其实，面临毕业，语文复习是有章可循的。

首先，复习字词。把平时学过的字词列在一起，要知道自己在这个学习阶段中主要学到了什么。把字词分门别类，同类的放在一起，分成大类和小类，着重复习易错词。对于成语，还要着重复习它的意义和相关的来源。比如“亡羊补牢”这个词，比喻做错事情及时改正还不算晚，还有关于它的一篇小故事，也应当了解。

其次，复习段落。要把需要背诵的课文全部背诵并默写若干遍，直到自己完全掌握为止。特别是名篇名段，要作为记忆的重点。除此之外，重要文章的篇章结构、写作特点也要掌握，还包括文章的中心思想以及作者的观点

最后，复习语法知识。中小学阶段我们已开始接触一些语法知识，了解并掌握它们是大有用处的。比如在阅读理解的题型中我们常常需要找到文章的过渡句，或是找到文中的比喻句和拟人句。这就要求我们必须了解关于比喻句、拟人句及其相关内容等。

如何给文章分段

在语文学习中，老师经常让我们给课文分段，可是大部分同学对此感到头疼。其实，只要掌握了正确的方法，分段也不是很难的。首先要通过反复阅读了解文章的内容，再仔细分析每一节的大意，理清文章的脉络，然后选择适当的方法来划分段落。常用的分段方法主要有以下几种。

1. 按作者的思路分段。包括按时间顺序、地点的变换及事情发展的顺序来分。

2. 抓住文章的重点分段。要求先弄清楚文章的重点内容，确定重点段落，再分析重点段落前面部分有些什么内容，这样就能将段落分开。

3. 用合并意义相近的自然段的方法分段。对于介绍事物的文章，要先弄清楚每一个自然段的大意，然后将相关或意义相近的自然段合并在一起，将联系不太紧密的自然段划分开来。

4. 按照文章的结构方式来分段。有些文章是先总述，再分述；也有些文章是先分述，后总述。弄清了这些结构方式，再分段就容易了。

段落划分后，还要找出每段的段意。方法有三种：一是摘录段中的中心句作为段意；二是分析、归纳得出段意；三是既摘录中心句，又通过自己的分析，组织概括。

如何归纳中心思想

老师在上语文课时，除了让我们给课文划分段落，还会让我们归纳文章的中心思想。可见，归纳中心思想是我们学习语文必须具备的一种能力。下面，我们就谈谈如何归纳文章的中心思想。

文章的中心思想一般由两方面的内容组成，一方面是文章概括性的主要内容，即写了什么人和什么事。另一方面是文章的写作目的及作者为什么要写这篇文章，是想揭露什么还是想赞扬什么。方法大致有四种。

第一种：综合各段段意，归纳中心思想。将主要段落大意结合起来，分析作者的写作意图。这是最常用的方法。

第二种：分析文章的题目，把握中心思想。有时题目就是文章中心思想的关键词，可细读课文，结合题目总结文章的中心思想。

第三种：从文章的议论、抒情中提炼中心思想。记叙文中的议论和抒情性文字，往往是为中心思想服务的，有时直接点出文章的中心思想，我们可以摘录下原句。

第四种：抓住中心句，领会中心思想。记叙文的中心句往往有点明中心思想的作用，我们阅读时要注意领会。

如何写信

同学们，你们是否经常给不在自己身边的亲朋好友写信呢？无论是对我们的生活还是将来从事各种各样的工作，写信都大有好处。通过写信，可以向某个很远的好朋友表达思念之情，这比其他方式更有意义，更有价值。想写信也不是件难事，关键是要写好一封信，那就有些学问了。

信是一种应用文体，要想写好它必须写对格式。先看看你写好的信格式是否正确。

首先，称呼顶格写在第一行，称呼后面记得加上冒号。正文部分分段，从第二行空两格开始写。写完一个内容就再起一行写下一个内容。

需要注意的是敬辞和祝愿的话语要另起一行顶格写，“祝”、“愿”这类祝词在上一行接正文写。最后要署名并写上日期，位置安排在信纸的右下方。

其中正文的内容要真实，是自己的真情实感。因为写信是为了互通情况、交流感情，如果把它当作文那样写，就毫无意义了。

“此致敬礼”是什么意思

经常写信的同学可能会在信的正文下面写上“此致”、“敬礼”的字样，这也是信的常规写作方法。可是你们真正理解它的意思吗？

“敬礼”的意思好懂，在日常生活中常常能用到，写在信里，同样表示一种尊敬的含义。而“此致”这个词就不好理解了。

首先我们要弄懂它的含义。“此”指的是前面信的正文所写过的内容，而不是指“敬礼”这个词。“致”的意思是完了，含有无保留地给予或呈献之意。

然后我们谈谈“此致”的用法。回信的末尾用“此复”；通知的末尾用“此令”；布告的末尾用“此布”。这些都是煞尾语，“此”的作用在于概指前文。“此致”二字合起来是说“上面的话说完了”，或者是“上面的话都说给你听了”。它是一封信的煞尾，而不是敬礼的动词，两者之间不存在动宾关系。

如何写好作文的开头

一篇作文的好坏，文章的开头起着很大的作用。开头写得生动了，会使文章增色不少，能够引起读者的兴趣，使他们继续往下读。开头的方法成千上万，如何用最好的方法写出生动的文章呢？归纳起来大致有以下方法。

1. 点题法：开门见山，直抒胸臆，直接告诉读者写作主题，再围绕这一主题按顺序展开故事。

2. 倒叙法：先叙述结尾，再将事情的始末娓娓道来，使读者产生浓厚的阅读兴趣。

3. 对话法：即写一段对话，通

过对话引出事情的重点。

4. 设问法：文章以提问为开头，所提出的问题可以是有关文章主题的，也可以是有关事件内容的。

5. 引用法：即文章开头引用各种资料，包括引用别人的观点，如名人名言，作为开头。

如何做好课堂笔记

根据调查，好学生之所以学习好，一方面是他们上课能够高度集中精神听课，爱动脑筋，善于回答问题，另一方面是他们能够做好课堂笔记。做好课堂笔记也是一门学问，我们的大脑记忆能力有限，老师当堂讲的内容不一定能完全被我们接受，俗话说："好记性不如烂笔头。"通过记课堂笔记，我们不但能加强记忆，还能在课下复习重点，这是科学的学习方法。

记课堂笔记就是要记老师讲课的重点。老师在课堂上反复强调的，不断重复请同学们注意的知识点，即是本节课的重点，把这些内容及时记下来，就抓住了问题的关键，有助于复习和记忆。

记易错的知识点。老师在讲课时总会提醒同学们："这个地方最爱出错。"你可以把这类知识点用红笔写得醒目一些。还可记下自己的疑问、体会。课堂笔记要条理清楚，便于我们理解和查阅。

如何进行课外阅读

语文课上我们的阅读时间是很有限的，如果只依靠课堂上的学习，不但会造成视野狭窄、知识贫乏，还会影响我们学习潜力的发挥。俗话说："读书破万卷，下笔如有神。"多读书、读好书，会促进我们的学习。

那么，怎样进行课外阅读呢？下面的方法可供参考。

小学低年级学生可采用摘记的方法，阅读时将优美的词语及精彩句子分门别类地摘录下来。例如把描写景物的、描写心情的、描写外貌的分别列在一起。

对高年级同学来说，不应只满足于摘录了。要在此基础上学习分析文章的段落大意、主要内容、中心思想等。学着写读后感，表达自己对阅读内容的看法，写出真实的感情。基础好的同学还可以做些圈点批注的工作，这样可以大大提高自己的语文能力。

有兴趣的同学可以把名言名句背诵下来，以便用于自己的作文中。

如何写好读后感

读完一本书，你应该有很多感受吧！是不是想把自己心里的感受用笔写出来呢？有些同学写读后感，喜欢把故事从头到尾叙述一遍，然后再写自己是如何喜欢这本书的，这样写是不对的。读后感，顾名思义，主要是写感想，内容不宜过多叙述，也不能只是空发议论，要写出真情实感。

如何写好这类作文呢？首先在看书的时候要把故事的内容看明白，即在什么背景下发生一件什么样的事，主人公是谁。还要明白作者的写作意图，即书的中心思想。如果是散文，就要注意书中的语言和作者的思想感情，而后是写作的环节。把书中所写的内容和自己的实际情况结合在一起，夹叙夹议。还可以谈谈自己对人物性格的理解，或对书中主题思想的认识。当然，这些都是建立在第一步的基础之上的。最后，可以联系自己的不足，写出向书中的先进人物学习什么。

要想真正写好读后感，需要我们用心读书，还要敢于表达自己的真实感受，多看多写，渐渐就会找到写作的“感觉”了，这也是练习写作的一种好方法。

最好的读书方法是什么

书籍是全世界的营养品，多读书对学生是大有益处的。但世界上的书浩如烟海，我们是不可能全部读完的，所以读书也要讲究方法，可以将精读和略读两种方式结合在一起。

精读就是要认认真真，把每个字、词、句读懂，还要弄懂文章的层次，掌握文章的中心思想和写作

方法。而后，根据文章的中心思想，找出最能表达中心思想的重点词语和句段，以加深对文章的理解。凡是语文课本中安排的精读课文我们都应当用这种方法去读。除此以外，我们还要在课外用精读的方法读一些好书。经常这样练习，可以提高我们字词的读写能力。

略读是相对于精读来说的，速度较快，可用于博览群书。对于一般的课外读物，走马观花，一览而过，可以帮助我们开阔视野，增长知识。它又分为两种形式，一种叫做泛读，就是泛泛地了解文章的大概意思，不必将字、词、句都弄清楚，认为重要的部分可以重读或细读。另一种是浏览，也叫跳读。比如某些书，只要读读目录、开头、结尾、情节、重点章节，就能了解其主要内容。有时为了查阅资料，只从文中找到所需内容就可以了。

阅读课外书，要注意把精读和略读相结合。对优秀的文章或精彩的章节要精读，其他内容可以略读。

插叙分哪几种形式

叙述有多种方法，其中就有插叙。插叙就是在叙述中心事件的过程中，由于某种需要，临时把叙述的线索停顿下来，插进有关的另一件事情的叙述。运用插叙可以使文章的内容更加充实，结构富于变化。关于插叙的形式，很多人进行过论述，那么它究竟有哪几种形式呢？

1. 侧面叙述式。即借助作品中人物的诉说来达到插叙的目的。往往用“听说”、“据说”等词引入插叙。

2. 细节对比式。即作者在叙述主要情节的同时，插入有关的细节描写，和主要情节形成鲜明的对比，以起到突出中心的作用。

3. 联想回忆式。即作者借助作品中人物的联想，插入对有关事件的回忆。如《山间又响马铃声》一文中，“我”看到“麻山苗寨的马帮”后，便回忆起麻山。

4. 补充说明式。即由作者直接插入一些补充说明性的事情，常用“原来”、“过去”等表示时间概念的词引入插叙内容。如《一分试验田》中，“我”听到彭总的答话后，插入了“原来他种一分试验田是冲着当时的浮夸风来的……”这个内容，补充说明了彭总为什么要种一分试验田，以此来表现彭总实事求是、坚持真理的优秀品质。

如何总结中心思想

要弄懂一篇文章先要弄懂它的中心思想。记叙文中，作者的看法、主张和思想感情以及文章的教育作用，都体现在作者对人物事件的具体描述之中。因此，归纳文章的中心思想包括两个部分：前一部分用简洁的语言概括出文章的中心内容，即写什么样的人，什么事；后一部分是作者的写作目的，即作者为什么写这篇文章，是想揭露还是赞扬什么？其方法大致有如下几种。

1. 综合段意，归纳中心思想。将主要段落的大意综合起来，分析作者的写作意图，归纳文章的中心思想。这是常用的，也是最基本的方法。

2. 分析文章的题目，把握中心思想。阅读文章时，首先弄清题意，才能理解文章的内容，把握文章的中心思想。弄清题意，先要找出题目的中心词，再抓住关键词进行分析。

3. 从文章的议论、抒情中提炼中心思想。记叙文中的议论和抒情部分往往直接表达了作者的感受和认识，点出文章的中心思想。在这种情况下，就可以摘录其中的关键句进行归纳。

4. 抓住中心句，领会中心思想。记叙文的中心句，往往有点明中心的作用。

如何缩写

缩写是写作训练的基本方法之一。是在不改变原文的主题思想、主要内容、情节结构的前提下，进行集中、压缩、提炼，把一篇较长的文章压缩成短小的文章。高年级同学要学会缩写，缩写可以培养我们综合、概括、提炼和表达的能力。那么，如何进行缩写呢？

缩写前要弄清楚作者的思路，分析文章的层次段落，把握好文章的中心思想，再根据文章的中心进行取舍。缩写后的短文要保留原文的主要情节，体现原文的中心，千万不能改变原文的意思。

缩写就是有选择地进行删除。首要方法就是删，删去那些与中心关系不大的内容，删去次要情节和次要人物的语言、动作描写和心理描写，删去无关紧要的修饰成分。也就是我们常说的“抓主干，去枝叶”。

其次是检查留下的句子是否都是事情发展必不可少的成分，如果不是，就要进一步删减，长的段落要再删，长的句子也要尽量压缩。

最后就要对留下的内容进行整理，尽量用自己的语言进行概括，但也要注意保留文章中能够表现主题的过渡衔接，让其贯通自然，不要改变文章的体裁、中心和叙述顺序。

经常练习缩写可以有效地提高我们的阅读水平，丰富自己的知识。

如何训练说话

说话清楚，表意明白，使人一听就懂，能更好地与人交流。有的同学在平时说话时语无伦次，结结巴巴，别人听着不是很明白，影响了思想的交流。所以，训练说话是很重要的。

怎样训练说话呢？

首先，我们在说话时要用普通话，做到发言清楚、准确，声音响亮。也可以用手势帮助表达意思，让自己说话的语调有轻重缓急之分。不说方言土语。

接着，在说话的过程中，要讲清楚事情发生的时间、地点、人物，再按照事情的起因、经过、结果说。可用“先、再、后来、然后、最后”等词，把说的内容连接成几段通顺的话。

最后，注意烘托。例如说一个景物，要按观察顺序，有条理地用完整的话一句一句说清楚。为了让听的人有身临其境的感觉，最好加上一些打比方的句子把话说得形象些。

这样长期坚持练习，你的说话能力一定会大大提高。

记叙文中有哪些议论

在写作练习中，很多同学喜欢写记叙文，议论文、说明文往往无人问津。然而，在写记叙文中，我们常常也要加入议论性的文字，并不是像有些同学想的那样，一篇文章通篇写记叙性的文字。一篇好的记叙文，常常是抒情部分和议论部分写得非常精彩，尤其是议论性文字常起到画龙点睛的作用。

下面我们就来谈谈记叙文中的议论。

记叙文中的议论方式有很多种，可以采用先叙后议的方法，也就是先叙述事情的经过，然后再针对这个事件进行讨论。

第二种方法是先议后叙，这种方法在文中也很常用，先把观点摆出，然后叙述事实来证明观点，这样有更强的针对性。

夹叙夹议是另一种方式，也就是在记叙的过程中插入自己的观点和看法，即插入议论的部分。这样的方式说服力更强一些。

当然，记叙文中的议论只是为记叙服务的，切记不可喧宾夺主，把议论作为主要内容。还要注意与叙述内容紧密联系，不可离开叙述的内容空发议论。

心理描写有几种方法

对人物进行描写有多种方法，有语言描写、心理描写、神态描写和动作描写。其中，心理描写揭示人物的内心活动，展现个人的内心世界，对刻画人物性格起着非常重要的作用。正确应用心理描写能够把人物的内心活动传神地展示在读者面前。那么，你知道心理描写的方法都有哪些吗？

心理描写的方法多种多样，人们经常使用的有以下几种。

1. 直接描写心理活动。例如，“他想：‘趁时间还早，我先去县里检查一番。’可转念一想：‘万一被领导发现了，后果会更加严重。’”

2. 结合人物的行动来描写人物的心理活动。如，“来到学校，她笑着向每一个同学问好。没人的时候，便哼起一支快乐的小曲。”从主人公的行为动作中，我们可以看出她的内心非常高兴。

3. 利用景物烘托人物的心理活动。如，“北风像猛兽一样号叫着，张牙舞爪地盘旋在城市的上空，仿佛要把一切撕碎似的。他得到了噩耗，整个人瘫坐在无人的长街上。”

4. 借助梦境或幻觉表现人物的心理活动。

心理描写能帮助我们更好地表现人物，但运用时要注意把握分寸，不能以自己的心理活动代替人物的心理活动，从而把人物当成自己的思想活动表演者。

如何写好看图作文

看图作文是小学生进行作文训练的第一步，经常练习写看图作文可以为今后写命题作文打好坚实的基础。写好它并非是件难事。

首先，动笔写文章之前先要仔细观察，细心观察的人才能写好作文。看看画面上有些什么景物，表示什么时间和地点等，并按照一定的顺序，对画面进行细致的分析，根据画面人物的形体、相貌、打扮，分辨人物的性别、年龄和身份；根据人物的动作、表情、姿态，分析人物的精神面貌。

其次，要根据画面的内容展开合理的想象。想象可以使文章更加生动。要把画面上的人物和事件讲述清楚，就要张开想象的翅膀。但是，想象不等于胡编乱造，要注意几个要点：第一，想象要有基础。第二，想象要抓住重点，从最能体现主题的地方开始想起，将画面想象成一个完整、生动的故事。第三，想象要有声有色，根据故事情节和中心思想来设计人物的语言。

最后，要在合理想象的基础上安排文章的结构。下笔时还应注意体会绘画者的意图和感情，了解作者在图画中表扬什么、批判什么，并在作文中有所体现。还要注意详略得当，故事合情合理。

如何写好命题作文

命题作文是考查学生写作能力最常用的形式，写好命题作文对提高语文成绩起着很关键的作用。下面我们就谈谈如何写好命题作文。

1. 审清题意，明确范围。看到题目，不要马上动笔写，要仔细思索题目所限定的范围，如时间、地点、数量、对象、内容等范围，不要超出题目规定的范围，否则作文很可能跑题。

2. 正确选材，确定中心。一般情况下，写一篇文章先要想好文章的中心思想，即通过文章要表现怎样的一个主题。考虑好文章将要表达的意义后，再根据中心思想选择材料。

3. 安排结构，确定顺序。文章的结构是千变万化的，但是，在写作之前还是要巧妙地进行安排。如果写一个人，可以先概括写，再分几方面写，最后照应开头，进一步概括说明。如果写一件事，可按事情发展的顺序写出事情的起因、经过、结果。但是在安排上如果能突破常规的叙述方式，如运用倒叙、插叙，很可能会收到意想不到的效果。创新可以使自己的文章得到更高的分数。

4. 反复修改，力求精练。这是写文章必经的环节，许多有名的作家都很注重文章的修改，有的甚至修改三四遍，写好的文章尽可能多读几遍，对于最能突出文章中心的地方要详写，对于可有可无的句子能删则删，做到详略得当，这样文章才会写得更加精彩。

什么是引用

引用是将名人的论述、史实、人们熟知的故事、俗语及发人深省的格言警句等运用到自己的文章中。

运用引用的修辞方法，在理论性的文章中可以增加说服力，在文艺性作品中可以增强表现力。但在运用时，要注意引用恰当。凡是直接引用的都要加上引号。

什么是比喻

“车道已变成了一条细带，与过去相比，简直成了一根线。”

“她好像是我的老师。”

“花儿们耷拉着脑袋，无精打采地伸着躯干。”

以上三句话，哪个是比喻句呢？答案就是第一个。在学习语文时，我们常常会遇到各种修辞手法，比喻是最常见的。作文中恰当地运用比喻能使所描写的事物更加生动、形象、优美。但是有的同学不能准确理解比喻的意思，以为只要有“好像，像”等词就是比喻句，其实并不是这样的，例如上面的第二个句子。

比喻句一般由三部分组成：一是被比喻的事物，叫本体；二是用来比喻的事物，叫喻体；三是比喻词。

比喻又分三种。一是明喻，形式为“甲像乙”，“甲”表示被比喻的事物，“乙”表示用来比喻的事物，“像”是比喻词。除了“像”之外，常用的比喻词还有“仿佛”、“犹如”、“如同”、“好比”等等，如“天上的星星如同亮闪闪的钻石”。

二是暗喻，形式为“甲是乙”，“甲”表示被比喻的事物，“乙”表示用来比喻的事物，“是”是比喻词，除了“是”之外，常用的比喻词还有“成了”、“变成”等，如“车道已变成了一条细带，与过去相

比，简直成了一根线”。

三是借喻，没有固定形式，直接把甲（被比喻的事物）说成乙(用来比作的事物)，一般不出现本体，也不用比喻词，如“红领巾冲我们微微笑了笑”。

比喻一般是用我们大家熟悉的，浅显易懂的道理来比喻深刻的道理。运用得好，不但可以节省词句，避免啰唆，还能增强语言的说服力和感染力。

什么是双关

双关是一种话里有话的修辞手法，是故意让一句话或者一个词语有两个意思，一是表面的，一是暗含的，而暗含的意思才是真正要表达的意思。

一所学校进行考试，老师在监考时对学生说：“今天的考试，要求同学们‘包产到户’，不要走‘共同富裕’的道路。”这里的“包产到户”暗指自己的试卷自己答，“共同富裕”暗指“相互抄袭”。

双关可以使语言含蓄、有力、风趣、委婉，有时候也可以用来讽刺和揭露，富有艺术感染力。在使用双关时，语意不能含糊，否则会造成歧义，引起混乱。

“东边日出西边雨，道是无晴却有晴。”这里的“晴”，表面是指天气，其实暗指“感情”。

什么是反语

反语就是说反话，让听者去理解正面的意思。

运用反语可使语意深刻、感情强烈，很多情况下，具有强烈的讽刺意味。一般使用反语时，都是褒义词贬用。

运用反语时，要注意态度明朗，让人一看就知道是反语，不能含糊，使人不容易听明白是反语，那样就会造成误解。

在有些话不允许你正面说出来时，有时可以用反语说，起到“以退为进”的作用。

楚庄王的一匹爱马死了，他非常伤心，下令以上等棺木，行大夫礼节厚葬。文臣武将纷纷劝阻也无济于事，最后楚庄王还下决心说：“谁敢再劝阻，一定要杀死他。”大臣优孟知道了，直入宫门，仰天大哭，倒把楚庄王弄得异常纳闷儿。优孟说："那马是大王最喜欢的，却要以大夫的礼节安葬它，太寒酸了，请用君王的礼节吧！"说得楚庄王一头雾水，优孟接着说："请以美玉雕成棺……让各国使节共同举哀，以最高的礼仪祭奠它。让各国诸侯听到后，都知道大王以人为贱，以马为贵啊！"至此，楚庄王才恍然大悟，最后将马交给厨房了。

如果优孟对楚庄王直接说明利弊，结果肯定被砍头。而他运用反语，却达到了更有说服力的效果。

什么是文言

文言，就是古代汉语的书面语言。汉语分为古代汉语和现代汉语，一般我们学习的都是现代汉语，但是也有少量的古文言文，像《口技》《卖炭翁》《爱莲说》等，这些文章用的都是古代汉语，即文言。

最初的文言是在先秦时口语的基础上形成的，开始与口语很接近。后来由于口语发展迅速，而书面语被少数统治者所垄断，导致书面语发展缓慢。由于书面语与口语的差距越来越大，就形成了脱离口语的书面语言。

文言难懂，人们很难学会并加以利用，由于使用文言不利于交际，所以到了"五四"时期，便兴起了白话文运动，从根本上动摇了文言在书面语中的统治地位。现在，文言已经被现代汉语的书面语所代替。但是，文言具有词汇丰富、语句精练等特点，我们还是要学习，以了解我国古代汉语，继承中国的文化遗产。

什么是隶书

隶书是由篆书简化演变而成的，在秦朝末期形成，汉代时通行。隶书的产生使汉字字形发生了巨大变化，被称为"隶变"，是汉字演进史上的一次重大转折。

隶书把小篆圆转的笔画变为方折。早期的隶书在字形构造上还留有较多的篆书痕迹，后来笔画中出现了"捺笔"，前人把这种隶书称为"八分"。

汉字经过隶变后，形体上发生了很大的变化：一是把不规则的曲线和匀圆的线条变为平直方正的笔画，而且笔画大部分可拆开；二是改变了少数偏旁的形体，也就是将偏旁改成与独体字不同。

隶书打破了古汉字的象形传统，为楷书奠定了基础。同时，也提高了汉字的书写效率。

什么是行书

行书是介于楷书和草书之间的一种字体，它克服了楷书书写速度慢和草书难以辨认的缺点。

楷书虽然比隶书写起来方便，但仍需要一笔一画地写，写快了就会把几笔连在一起，但这种连笔只是局部的，与草书整体的连笔不同。这就形成了另一种字体——行书。

行书的特点是近楷近草，不拘不放，笔画连绵，字字独立。所以现在社会上通行的手写体，一般都是行书。

“言内意外”是什么意思

我们知道在日常生活中，人们并不是任何时候都有话直说的，在有的时候，委婉含蓄地说话比直说或者把话说完效果要更好。

例如在唐朝，有个叫朱庆余的诗人，他在一首诗中写道：“洞房昨夜停红烛，待晓堂前拜舅姑。妆罢低声问夫婿，画眉深浅入时无?”在字面上看，这首诗的意思是很简单的，写的是新婚妻子向她的丈夫询问自己妆化得是否得体。而事实上，在作者作这首诗之前，他已经向张水部献上了一份自己的诗作，请他帮助推荐，现在是借用这首诗来问张水部自己的诗作是不是合乎应试的要求。因为他和张水部都是文人，像这种事情不好直接向张水部挑明，于是便采取了这种比较巧妙的方式，作一首诗送给张水部。这样的做法既风雅又得体，而且双方也都能心领神会。

这种现象在语言学里被称做“言内意外”，就是“意”在“言”外，语句表达出来了比它的字面意义更深的意思，甚至可以说，语句的实际意义远远超越了它的字面意

义。而语言的理解与表达都不可能离开具体的语境，也正是由于有了语境来衬托，我们平常说话才能够“言不尽意”，留有余地供听者和读者想象与补充。“言内意外”是语句的字面意义在一种特定语境条件下“引申”的结果。

“采风”是什么意思

“采风”在我国古代主要是采集民歌。民歌是总的称呼，它包括民谣，后来又包括谚语，早在公元前一千多年的《周易》中就有产生于商朝的民间谣谚。公元前五百多年编写的《诗经》，其中《国风》的绝大部分和《小雅》的小部分，就是周初到春秋中期的民歌，它们都来自民间。

“五四”新文化运动时期，一些学者从国外引进了民俗学，“采风”二字的含义就扩大了，泛指采集一切民间的创作和风俗。

新中国成立后，人们所说的采风则又限于采集一切民间的口头创作，包括神话、歌谣、故事、谚语、小戏、说唱、谜语等。

“扬州八怪”指的都是谁

在我国古代，并称的名人有很多，这里给大家介绍的是“扬州八怪”。

根据扬州人的说法，“八怪”是地方方言之中“奇奇怪怪”的意思，它和“八“这个数字关系不大。因此，“扬州八怪”不仅仅指八个人，说法很多，从八个到十五个人不等，它指的是那些“怪”风格的画家们，称他们为“扬州画派”更为合适。最为典型的是金农、黄慎、郑燮、李方膺、汪士慎、高翔、罗聘、李鱓。这些画家大多擅长画花鸟，特别是梅竹，也有擅长于人物或山水者，但是对于花卉却是没有一个不精通的。

“扬州八怪”是清朝后期画坛上所出现的一群敢于革新变法，讲究文人的意趣和特立独行的画家。这些人不一定生长在扬州，但是都以扬州作为艺术的阵地，都以贫民的身份卖画为生。他们精通诗、书、画、印，这使得中国的画坛在晚清表现出了良好的文人风尚与修养。他们都提倡个性的抒发，画风很粗放，创作上也大胆出新，且不拘一格。他们笔下的怪诞变形的物象是前代艺术视野之中从未出现过的。八怪标志着中国的传统绘画已经全面地转向了现代变革的阶段。“扬州八怪”对于后世的海派乃至当代画家李苦禅与潘天寿等人都有影响。

为什么人在遇到不幸时说“有个三长两短”

《礼记·檀弓上》有如下记载：“棺束，缩二，衡三；衽，每束一。”用现代话讲：古时棺木不用钉子，用皮条把棺材底与盖捆合在一起。横的方向捆三道，纵的方向捆两道。横的方向木板长，纵的方向木板短，“三长两短”即源于此。随着社会不断的发展，三长两短的捆棺材皮条早已消失，但这个词语却一直流传下来，在现代汉语中也经常使用。

值得一提的是，“三长两短”有时也被缩略成“长短”，意思不变。

“结发夫妻”是什么意思

头发对于古代人来说是相当重要的。犯罪的人，将被削去头发和胡须。秦汉时期一般有两种刑罚，一种是刮去头发，另一种是剃去胡须，一般说来前者要重于后者。

在古代无论男女都要蓄起长发。那时男子一到二十岁就会行“冠礼”，即将头发绾起来盘成发髻，称做“结发”，再戴上冠（帽子），代表成年了。男子二十岁也叫“弱冠”。女子到十五岁行“笄簪之礼”，就是将头发盘成发髻之后插上簪子，代表长大成人。

“结发”原指男女成年的时候。汉代苏武有首诗说：“结发为夫妻，恩爱两不疑。”那以后，按照这首诗，结发又被视为“结婚”的意思，同指夫妻。男女结发之后就变成成年人了，此时结婚也称作结发夫妻。

人们把成年之后第一次结婚的夫妻称为原配结发夫妻。如果再婚，就不能再使用这种称呼了。

“学富五车”和“才高八斗”是怎么来的

我们形容一个人知识渊博、才学高深，常常喜欢用“学富五车”或“才高八斗”，这种比喻非常有趣。你知道它们是怎样来的吗？

“五车”，《庄子·天下》篇：“惠施有方，其书五车，其道舛驳，其言也不中。”说的是战国人惠施藏书很多，却杂乱不纯，而且言而不当。所谓“其书五车”是指他的藏书丰富。古时候尚未发明纸张，书都是用竹简做成的。看过的书能把竹简装成一车，也可谓“饱读之士”了。

“八斗”是南朝谢灵运用来赞颂三国时期曹操之子曹植的比喻。他说：“天下才有一石，曹子健（曹植）独占八斗，我得一斗，天下共分一斗。”此后人们便用“才高八斗”比喻才华横溢的人。

“诸子百家”指的都是谁

从春秋末年到战国时期，是中国社会由奴隶社会向封建社会过渡的时期，诸侯纷争，战争不断，经济和政治都发生了极大的变化。这种变化带来了学术思想的空前活跃，不同阶级、不同阶层的各个学派，展开了激烈的争论，形成了百家争鸣的局面。

所谓“诸子百家”又叫“先秦诸子”，“子”是古代对男子的美称或尊称。“诸子”指各学派的代表人物。司马谈《论六家要旨》中提到诸子有阴阳、儒、墨、名、法、道六家。班固《汉书·艺文志》中提到诸子有儒、道、阴阳、法、名、墨、纵横、杂、农、小说十家。《隋书·经籍志》中提到诸子有儒、法、道、名、墨、纵横、杂、农、小说、兵、天文、历数、五行、医方十四家。其中以儒（创始人是孔子）、墨（创始人是墨翟）、道、法四家影响最大。

什么是“百家争鸣”

春秋战国时期是中国奴隶社会向封建社会过渡的时期，各诸侯国战乱不断，周王朝的统治彻底崩溃，贵族们对政治、文化、学术的垄断局面被打破了，封建制度兴起，进一步推动了生产力发展。随着农业的发展，手工业、商业也蓬勃发展起来，出现了城市的繁荣。社会分工日渐精细，社会需要经常从事精神生产的人，“士”随之产生。“诸侯放恣，处士横议”，社会动荡不安，他们既是学者，又是社会活动家，提出主张，创立门派，招收门徒，周游各国奔走游说，献计献策，聚徒讲学，著书立说，辩论驳论，逐渐形成了中国历史上令人鼓舞的“百家争鸣”局面。

中国历史上这一文化学术思想黄金时期的出现，与知识分子相对独立有很大关系。孔子有“待善价而沽”，庄子是“无为有国所羁”，他们分别代表“儒家”和“道家”。当然还有法、阴阳、名、墨、纵横、杂、农、小说共十家。所谓的“百家”是夸张的说法，据《汉书·艺文志》记载，“诸子十家，可观者九家而已”。

古代并称的文学家有哪些

“两司马”是指汉代辞赋家司马相如和散文家、史学家司马迁。

“班张”是指东汉辞赋家班固和张衡。

“建安七子”是指汉末建安时期的孔融、陈琳、王粲、徐幹、阮瑀、应玚和刘桢七人。

“三曹”是指汉魏间的曹操及其两子曹丕、曹植。

“竹林七贤”是指魏晋间的嵇康、王戎、向秀、山涛、刘伶、阮籍、阮咸。

“韩柳”指唐代散文家韩愈和柳宗元。

“诗囚”指唐代诗人贾岛和孟郊。两人还有“苦吟诗人”之称。

“唐宋八大家”，也叫“唐宋散文八大家”，指唐代的韩愈、柳宗元和宋代的欧阳修、苏洵、苏轼、苏辙、王安石、曾巩。

“三苏”是指北宋文学家苏洵及其两子苏轼和苏辙。

“诗仙”是谁

李白（701 年—762 年），字太白，号青莲居士，出生在中亚的碎叶城（在今吉尔吉斯斯坦境内）一个商人的家庭里。李白五岁那年，他们家迁到蜀中绵州昌隆县（今四川江油县）青莲乡定居。他从小聪颖过人，看书一两遍就能记在脑中，后来经过刻苦学习，学问大有长进。

除了学习书本，李白还非常重视在社会中学习。俗话说：“读万卷书，行万里路。”他一生中出三峡，入湖北，游洞庭，登庐山，下扬州，走中原，访东鲁，进山西……访遍了祖国的名山大川和名胜古迹，大大开阔了自己的视野，丰富了学识，为他的诗篇提供了大量的素材。

李白一生中创作了大量的诗歌，现存有九百九十多首，为后人留下了宝贵的文化财富。他的诗豪迈奔放，别具一格。像《梦留天姥吟留别》《望庐山瀑布》等诗抒发了作者对祖国大好山河的热爱；组诗《古风》，批评朝政弊端，感慨有志之士不能施展才华；《行路难》《将进酒》等抒发自己怀才不遇的悲愤。

李白是中国文学史上最伟大的诗人之一，是浪漫派的代表，被誉为“诗仙”。被誉为“诗圣”的是与“诗仙”齐名的杜甫。

“小李杜”指的是谁

唐朝的“李杜”大家都知道指的是李白和杜甫。李白是一位浪漫主义诗人，他爱用比喻和夸张来抒发自己的主观感情，他的诗想象丰富，形象巨大，气势磅礴，豪放飘逸。

杜甫是现实主义诗人，他的诗诗境开阔，感情深沉，反映的多是安史之乱的社会现实，思想意义深远。

那么，“小李杜”指的是唐朝的哪两位诗人呢？是中唐的李商隐和杜牧。

李商隐的诗大多是抒发个人情怀，吐露自己的伤感思绪。“心有灵犀一点通”，“春蚕到死丝方尽，蜡炬成灰泪始干”，“刘郎已恨蓬山远，更隔蓬山一万重”等，都是想象丰富，感情充沛，诗风有些像李白，所以人们称他为“小李”。

杜牧的诗较深刻地反映了社会面貌，表示了对政局的忧愤和对统治者荒淫享乐的憎恨，思想意义较深。由于他的诗创作风格像杜甫，人们就称他为“小杜”。

郑板桥的“三绝”都是什么

老师在上美术课的时候一定给大家介绍过郑板桥的画，他是清代“扬州八怪”之一，“画”为他的一绝，其他两绝当然就是“诗”和“书”了。

第一绝是画。五十余年，他只画兰和竹，不画他物。他笔下的兰花，或遒劲傲立，或雅逸飘幽，好像远远离开尘世而悠然自得。成就最高的是他的墨竹画，也最能体现他的“怪”。他的墨竹画常常是千姿百态，大竹、小竹、老竹、晴竹、雨竹、凤尾竹、佛珠竹……各自的神态和风姿都不相同，看了他的墨竹，有种身临其境的感觉。

第二绝是书法。“板桥做字如写兰”，他的字和他的画一样“怪”，称“板桥体”。古人写字，或行书，或隶书，或草书，或楷书，一种字体用到底，决不中途换体。可郑板桥就不同，他写一幅字虽以行书为主，但中间夹杂着一些楷、草、隶、篆等各种字体，这是他的一怪。另外，他的字体一会儿大，一会儿小，一会儿浓，一会儿淡，一会儿长，一会儿扁。说怪又不怪，乱中有序，看着歪，但又是正的，让人觉得协调有致，意味深长。

最后一绝是诗。郑板桥作诗，多是画面题诗，他不刻意雕琢，却十分注重意境的创造和自我的体现。“春风春雨写妙颜，幽情逸韵落人间。而今究竟无知已，打破乌盆更入山。”读了此诗，我们不难了解作者超凡脱俗、高傲自信的特点。

“鬼才”是谁

唐朝诗人李贺被称为“鬼才”。为什么有这样一个称呼呢？这是因为他的诗充满奇特、诡怪的联想，并且语言也显得怪异、瑰丽，有一种鬼气。

小时候李贺就显出与众不同的聪明。他七岁的时候，家里来了两个客人，一进门就问：“李贺在家吗？我们读了他的诗，前来拜访。”这两个人就是当时非常有名的文人——韩愈和皇甫谧。

李贺不但天资聪颖，而且勤奋

好学。他读书和作诗都非常用功。此外还经常出门游览，寻找写诗的素材。他总是一边观赏植物，一边思考诗句。李贺常常随身带着一个布囊，每当他想到好的句子，就会立刻拿出纸笔记录下来，然后投入布囊中，回到家中再认真整理。

只可惜李贺很短命，只活到27岁就死了。人们赞叹于他的才华，于是就传说：李贺其实没有死，因为他的诗感动了天帝，天帝特招他去天宫做诗呢！

“元曲四大家”是哪四位

元曲在我国文学史上占有重要地位。元代前期，城镇经济的相对繁荣为元杂剧的兴盛提供了物质条件和群众基础。这一时期也是杂剧创作的兴盛时期，出现了众多的作家和作品，其中不乏优秀的传世之作。主要有关汉卿的《窦娥冤》《救风尘》《望江亭》《拜月亭》，王实甫的《西厢记》，白朴的《墙头马上》

《梧桐雨》以及马致远的《汉宫秋》《青衫泪》《黄粱梦》等。关汉卿、郑光祖、白朴、马致远被誉为“元曲四大家”。其他较为著名的还有杨显之的《潇湘夜雨》、石君宝的《秋胡戏妻》、纪君祥的《赵氏孤儿》、尚仲贤的《柳毅传书》、康进之的《李逵负荆》等。

元代后期是杂剧创作的衰微时期，这主要是因为南方经济发展较快导致杂剧南移，而用北方语言、乐曲演出的杂剧较难适应南方观众的要求，导致其生命力的削弱。但这一时期也出现了不少杂剧作家和作品。著名的有郑光祖的《倩女离魂》《王粲登楼》，乔吉的《扬州梦》《两世姻缘》等。

元代戏曲除了杂剧外还有南戏，其中著名的有高明的《琵琶记》以及被誉为元末四大南戏的“荆刘拜杀”（《荆钗记》《刘知远白兔记》《拜月亭》《杀狗记》）。

你知道“作品”还有哪些称谓

处女作：作者第一次发表的作品。

代表作：若干篇标志作者创作思想、艺术水平处于高峰期的作品。

成名作：作者以此一举成名的作品。

拙作：作者对自己作品的谦称。

原作：据以翻译、改编的原有作品。

佳作：优秀的作品。

大作：对别人作品的尊称。

力作：作者呕心沥血，精心撰写的作品。

续作：作者本人或别人为之续写的部分。

旧作：与新作相反，指从前（旧日）写就的作品，并非指内容陈旧之作。

遗作：作者亡故后遗留下来（发表或尚未发表）的作品。

这些名著写了多少年

徐宏祖写《徐霞客游记》历时34年；王充写《论衡》用了三十多年的时间；朱启凤写《辞通》花费了30年心血；李汝珍写《镜花缘》用了30年；班固写《汉书》花了二十余年；许慎写《说文解字》用了22年；宋应星写《天工开物》用了20年；顾炎武写《日知录》用了20年；司马光写《资治通鉴》用了19

年；玄奘写了《大唐西域记》用了17年；王祯写《农书》用了15年；孔尚任写《桃花扇》前后用了15年；曹雪芹写《红楼梦》用了10年；沈括写《梦溪笔谈》用了9年。

为什么说岳飞的《满江红》“以孤篇压两宋”

岳飞是我国历史上最著名的抗金英雄之一，他生于1103年，字鹏举，是相州汤阴（今属河南）人。岳飞的先辈世代务农，他从小勤读兵书，很有韬略，23岁便参加到抗

金部队中。屡建战功，成了政治上、军事上抗战派的重要人物。绍兴十一年（1141），奉召回到临安（今杭州），担任枢密副使，不久被秦桧以“莫须有”的罪名陷害。孝宗时其冤得以昭雪，谥号为“武穆”。

岳飞不但在战斗中充分显示了他勇往直前的战斗精神，而且在他的文章中也多次表达了自己的爱国热情，《满江红》更成为中国文学史上不朽的杰作。

“怒发冲冠，凭栏处、潇潇雨歇。抬望眼、仰天长啸，壮怀激烈。三十功名尘与土，八千里路云和月。莫等闲、白了少年头，空悲切。靖康耻，犹未雪；臣子恨，何时灭？驾长车踏破、贺兰山缺。壮士饥餐胡虏肉，笑谈渴饮匈奴血。待从头、收拾旧山河，朝天阙。”

这首词慷慨激昂、气壮山河，深刻地表达了岳飞欲收复失地、为国雪耻的坚定信念和决心。千百年来，在抵抗外敌入侵的历史上，起到了极大的鼓舞作用。因此，《满江红》被称做“孤篇压两宋”。

为什么说辛弃疾是爱国词人

“醉里挑灯看剑，梦回吹角连营。八百里分麾下炙，五十弦翻塞外声，沙场秋点兵。马作的卢飞快，弓如霹雳弦惊。了却君王天下事，赢得生前身后名，可怜白发生。”这是辛弃疾著名的《破阵子·为陈同甫赋壮词以寄之》中的词句。这首词把作者满腔的爱国激情表现得淋漓尽致，表达出作者不管在醉酒之时还是梦中都不忘抗金杀敌、统一祖国的伟大心愿。

辛弃疾是南宋时期的爱国词人，

他从小就立志收复中原。当金人大举进攻南宋时，22岁的辛弃疾组织农民起义军，抗击敌人的入侵。不料义军队伍中出现了叛徒张安国，他杀死了另一支义军的首领，带领义军打算投降金国。辛弃疾得知此消息后，马上带领50名骑兵捉住叛徒，将叛徒交给了宋高宗。

后来，辛弃疾做了个小官，他多次上书皇帝，提出收复中原的建议，但都未被采纳。这期间，他写了大量的爱国词作，抒发了他忧国忧民的情怀。不久，他被罢官。但他仍心系国家命运，以写词来表达自己壮志未酬的情怀。

他的《永遇乐·京口北固亭怀古》《水龙吟·为韩南涧尚书甲辰岁寿》《木兰花慢·席上送张仲固帅兴元》都是著名的爱国词篇。

辛弃疾一生都在力主抗金，收复失地，他用自己的实际行动参与了抗金的事业。他虽然在政治仕途上受到了打击，但他用豪放的词作抒发了他的抱负。所以，我们说他是爱国词人。

李清照的词中为什么有那么多的“愁”

李清照是南宋女词人，她的父亲是个学者兼散文作家，母亲也写得一手好文章。她18岁就嫁给了太学生赵明诚，夫妇二人渡淮南奔，赵明诚病死途中。以后，她便只身一人漂泊在外，过着难民的生活。她的晚年生活更加凄凉困苦。在这漫长的岁月中，李清照亲眼目睹了宋朝一味屈膝求和，甚至把祖国的大片河山让给敌人的惨剧。她饱尝了人间的苦难，看到了劳动人民生活在水深火热之中。她为国家、为个人的苦难遭遇悲伤哀痛，于是她把这无限的愁思都倾注在她填写的词中。

如在《声声慢》中写道：“寻寻觅觅，冷冷清清，凄凄惨惨戚戚……满地黄花堆积。憔悴损，如今有谁堪摘？守着窗儿，独自怎生得黑？梧桐更兼细雨，到黄昏，点点滴滴。这次第，怎一个愁字了得？”

这首词抒发了作者在经受了国破家亡的痛苦之后，那种凄楚以至于绝望的哀伤之情。在这连连的愁声里，我们见到了作者对祖国和人

民深沉的爱。她的词，特别是晚年的词，尽管情调低沉，但极有激励人们奋发进取的力量。

你知道《今日歌》和《明日歌》吗

《今日歌》是明朝文嘉所作，歌词是：

今日复今日，今日何其少！

今日又不为，此事何时了？

人生百年几今日，今日不为真可惜！

若言姑待明朝至，明朝又有明朝事。

为君聊赋今日诗，努力请从今日起。

《明日歌》是清代诗人钱鹤滩所作，歌词是：

明日复明日，明日何其多！

我生待明日，万事成蹉跎。

世人若被明日累，春去冬来老将至。

朝看水东流，暮看日西坠，百年明日能几何？请君听我《明日歌》。

明代科学家徐光启还写过《明日训》，为：

期明日，则今日是做梦之日。

以梦废今日，而明日不醒，当奈何？

我国最早的白话长篇小说是哪部

白话小说问世前，我国的小说都以文言形式写成，不易被大众接受。那么，最早的白话小说是什么呢？

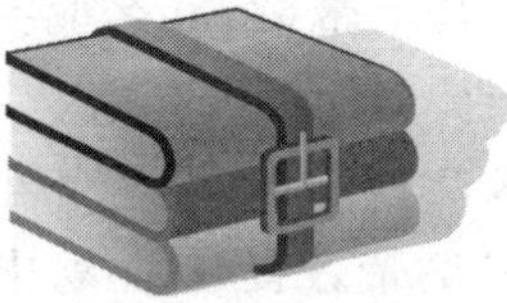

四大名著之一的《水浒传》是我国最早的长篇白话小说。它又名《忠义水浒传》，是中国英雄传奇中最杰出的长篇小说，也是第一部以民众反抗斗争为题材的长篇小说，作者是明代的施耐庵。它以艺术的形式真实地反映了封建社会的腐朽、黑暗，揭示了官逼民反的社会现实，是根据宋、元以来有关宋江等36人故事的话本和杂剧改编而成的。全书以描写农民战争为主，塑造了林冲、武松、李逵、鲁智深等栩栩如生的英雄人物形象，揭露了封建统治阶级的残暴和腐朽。故事情节曲折，人物性格鲜明，语言明快生动，引人入胜，充满浓厚的生活气息，具有高度的艺术成就，在中国的文学史上占有重要地位。

你了解《红楼梦》吗

《红楼梦》原名《石头记》，是

我国著名的长篇小说。前八十回为清代曹雪芹所著，后四十回一般认为是高鹗续作，写于表面上繁荣而实际上危机四伏的清乾隆时期。小说以贾宝玉、林黛玉的爱情悲剧为主要线索，通过贾府这个典型的贵族世家盛极而衰的变化，揭露并批判了封建统治阶级骄奢淫逸、腐烂透顶的生活以及他们残酷压迫、剥削劳动人民的罪行，曲折地展现了封建社会必然灭亡的历史命运。作品在揭露和批判封建制度维护者贾政、王熙凤、贾珍、贾琏等人虚伪丑恶本质的同时，又满怀热情地歌颂了贾宝玉和林黛玉生死不渝的纯真爱情和反对封建统治的叛逆性格，并深刻地的同情、赞扬了晴雯、鸳鸯等丫鬟面对封建恶势力，宁死不屈、勇于反抗的精神。

该书展现了封建社会广阔的生活画面，形象地反映了复杂尖锐的矛盾和斗争，是我国封建社会的一面镜子。作者运用精练朴素、优美生动的语言精心塑造了一系列具有典型意义和鲜明个性的艺术形象，这种深刻的思想性和完美的艺术性的统一，使得这部作品成为古典小说中现实主义作品中的高峰。

高鹗的续作，基本上依照原书线索，完成了宝黛爱情故事的悲剧结局，使得这部小说能以故事大致完整的形式流传下来，但从思想性和艺术性上都远远不如原作者所书部分。

《三国演义》是长篇历史小说还是史书

史书最基本的要求就是真实，各类历史事件、人物都应当被如实地记录，不允许虚构和篡改。

《三国演义》写了从东汉灵帝到西晋武帝间 97 年的历史故事，反映的是三国时期政治、军事上的复杂矛盾和斗争，特别集中地描写了统治阶级内部的种种矛盾斗争。但是全书并不是历史现实的再现，其中很多内容都带有作者的主观倾向，有的情节出于作者本人的想象。比如历史上的黄巾农民起义，作者是用敌视的态度来写的，将镇压黄巾军的人写成英雄，把黄巾军称为贼。特别是拥刘反曹倾向贯穿全书，把曹操说成是穷凶极恶、极端狡诈的乱臣贼子。其实曹操在中国历史上是一位杰出的政治家、军事家和诗人，把曹操贬到这样一个程度是不符合历史事实的。

作品有些地方还用了夸张的手法。比如写张飞三声大喝，夏侯杰惊得肝胆破裂死于马下；周瑜被诸葛亮气得气绝身亡等，这都不是史书所应有的。

尽管《三国演义》是现实主义作品，主要部分尊重了历史，但是毕竟也有一些地方是海阔天空的夸张和想象。因此，《三国演义》是长篇历史小说，而不是史书。

数学指南

数的发展演变，

数学与“几何学”产生的原因，

学好数学的秘诀，

数学在实际生活中的应用，

圆周率、勾股定理、哥德巴赫猜想

……

你知道数的来历吗

我们每天都在和数打交道，那你知道这些数是从哪里来的吗？数是在什么时候出现的呢？因为它产生的年代太长久了，根本没有办法去考证，但有一点是肯定的，那就是数的概念与计数的方法早在文字出现之前就已经发展起来了。

早在原始时期，人类为了生存，必须每天都出去打猎和采集野果作为食物。有时他们满载而归，可有时他们却空手而回。有时带回来的食物多得吃不完，有时又不够吃。所获食物的这种在数和量上的变化，让人类逐渐产生了对数的认识。并且随着社会的不断发展，简单的计数也就不可避免地产生了。例如，一个部落有必要知道它有多少位成员，有多少敌人，一个人也要知道他羊圈里面的羊是不是少了等。可是，当时各地区、各民族的人们是怎样计数的呢？根据考古证据表明，人类在计数时，均不约而同地使用了“一一对应”的方法。如有的部落的少女习惯性地在颈上佩戴铜环，而铜环的个数则等于她的年龄，还有的地方的人们经常扳手指头来计数，这其实都是一一对应方法的具体表现。

由于社会的发展和人们交流的需要，随之而来便产生了用语言来表述一定量的数目，人们把计数的结果用符号记录下来，称作计数。在我国古代文字未出现时就有了结绳计数；在象形文字出现以后，便出现了文字计数。古老的中国大约在三千多年前的殷商甲骨文中，便有从 1 到 10 的全部数字了。例如“1”用“一”表示，“2”用“=”表示，“3”用“≡”表示等。这些符号到后来逐渐演变为“一、二、三……十”等文字。在南美有一个部落的人拿“中指”来表示数词“三”，他们便把“三天”说成“中指天”。他们还把“一、二、三”在字面上当做“一颗谷粒”、“两颗谷粒”、“三颗谷粒”。从用具体的事物来表示数目到用很抽象的符号来表示数目，中间经过了很漫长的过程。

什么是数学

我们从小就开始学数学，那你知道什么是数学吗？简单说来，数学就是研究现实世界中数量关系和空间形式的科学，即研究数和形的科学。数学一直是人类从事实践活动的必要工具。数学所研究的内容随着社会的进步和发展，一直在不断地发展和扩大。

就数而言，从自然数的计数和计算开始，逐步发展到有理数、无理数、实数、复数理论和代数方程理论等。就形而言，从平面几何发展到空间立体几何、解析几何等。从20世纪40年代电子计算机诞生后，数学的发展更快、分支更多了。比如数理逻辑、系统工程等，雨后春笋般地产生了。

数学是基础教育中最基本的课程之一。因此，我们作为学生，一定要掌握数学基础知识，努力培养和提高自己的计算能力、逻辑思维能力、空间想象能力以及数学应用能力。

什么是自然数

当我们在数物体时，用来表示物体个数的1、2、3、4、5、6、7、8、9、10……就叫做自然数。在自然数中，“1”是最小的，任何一个自然数都是由若干个“1”组成的。所以，“1”是自然数的单位。如果从“1”起，把自然数按照后面的一个数比前面的一个数多“1”的顺序排列起来，就得到一个数列：1、2、3、4、5……这个由全体自然数依次排列成的数列叫做自然数列。

自然数列有以下性质：

1. 自然数列有起始数，“1”是自然数列的起始数。

2. 自然数列是有序的，即自然数列每一个数的后面都有一个而且只有一个后继数。

3. 自然数列是无限的，即自然数列里不存在“最后”的数。

什么是函数

在某一过程中可以取不同数值的量，叫做变量；在某一过程中保持一定数值的量，叫做常量，表示常量的数叫做常数。例如：一台抽水机每秒钟抽水20千克，那么抽水总量y和时间x有下面的关系：$y=20x$。x、y都可以取不同的数值，都是变量，20千克在抽水过程中是保

持不变的量。对于自变量的每一个确定的值，另一个变量都有确定的值和它对应，这样的变量叫做自变量的函数。如上例，时间x的值可以在$x\geqslant 0$的范围内任意选取，对于x

的每一个确定的值，抽水总量 y 都有唯一的值和它对应。

因此，y 是 x 的函数。

如果 y 是 x 的函数，一般可以记做：$y=f(x)$。自变量的取值范围叫做函数的定义域。函数包括：$y=x+5$（一次函数）、$y=3x$（正比例函数）、$y=k/x$（反比例函数）、$y=x^2$（二次函数）。

为什么要建立进位制

在人类早期，人们为了数猎物、果实等物体的需要，逐渐产生了数，人的手指是最早的计数工具。随着生产力的不断发展，人们在实践中接触的数目越来越多，也越来越大，因而需要给所有自然数命名。但是

自然数有无限多个，如果对每一个自然数都给一个独立的名称，不仅不方便，而且也不可能，因而产生了用不太多的数字符号来表示任意自然数的要求。于是，在产生计数符号的过程中，逐渐形成了不同的进位制度。可能由于人们常用十个手指来计数的缘故，多数民族都采用了“满十进一”的十进制。

按照十进制计数法，我国是这样给自然数命名的。自然数列的前九个数各有单独的名称，即：一、二、三、四、五、六、七、八、九；按照“满十进一”规定计数单位，10 个一叫做十，10 个十叫做百，10 个百叫做千，10 个千叫做万，10 个万叫做十万等等，这样，每四个计数单位组成一级，个、十、百、千级称为个级，万、十万、百万、千万称为万级，亿、十亿、百亿、千亿称为亿级等等。其他自然数的命名都由前九个数和计数单位组合而成，例如，一个数含有 3 个千，4 个百，5 个十，6 个一，就称作三千四百五十六。并且规定，除个级外，每一级的级名只在这一级的末尾给出，例如，一个数含有 3 个百万，4 个十万，2 个万，就称作三百四十二万。

世界上许多国家的命数法不是四位一级，而是三位一级，10 个千不给新的名称，就叫十千，到千千才给新的名称——密（译音），这样从低到高，依次是：个、十、百（是个级）；千、十千、百千（是千级）；密、十密、百密（是密级）等。

常见的数字有哪些

1. 中国数字。是指我国汉字中以及过去商业中通用的计数符号，有小写、大写、数码三种。

小写：〇、一、二、三、四、五、六、七、八、九、十等。

大写：零、壹、贰、叁、肆、伍、陆、柒、捌、玖、拾等。

数码：0、1、2、3、4、5、6、7、8、9、10 等。

2. 罗马数字。是罗马人创造的计数符号。基本的共有七个：I（表示 1），V（表示 5），X（表示 10），L（表示 50），C（表示 100），D（表示 500），M（表示 1 000）。这些数字在位置上不论怎么变化，所代表的数是不变的。

3. 阿拉伯数字。共有十个，0、1、2、3、4、5、6、7、8、9。由于它书写简单，计数方便，看起来清楚，便于运算，所以早就成为国际通用的数字。数学中所说的数字一般是指阿拉伯数字。

几何学是如何产生的

三千多年前的尼罗河，年年泛滥成灾，汹涌的洪水淹没了沿河两岸的土地，由土地测量而逐渐形成了几何知识。几何学这个名词，在希腊文中就是“量地术”的意思。古埃及的皇帝叫“法老”，金字塔就是法老的坟墓。尼罗河三角洲南面，有七十多座金字塔，人们在建造这些巨大建筑物的过程中，也积累了丰富的几何学知识，后来发展成为一门独立的学科，被誉为“理智的财富”。在古希腊，人们十分重视对几何学的研究，当时一个人若不懂几何学，就不能被认为是有学问的人。

我国是文明古国之一，几何学上的成就也很多，如商高定理、祖冲之的圆周率、刘徽的割圆术等等，都比西方国家要早得多。

大约在公元前 300 年，古希腊数学家欧几里得把几何知识加以系统的整理，写了一本书，叫做《几何原本》，后来被译成多国文字，今天各国的学校里讲授的几何学的主要内容也是来自欧氏几何学。

明代万历三十五年（1607 年），我国科学家徐光启与意大利传教士利玛窦合作翻译了《几何原本》的前六卷。徐光启利用英文“几何”

一词即 geometry 的字头 geo 音译为“几何”，而汉文“几何”的意义是“多少”，这个译名与原名的音与义都很贴切，译得很好。于是，“几何学”一词开始在我国广泛被使用。

怎样学好数学

刚接触数学时，你是否觉得学起来很困难？怎样才能学好数学呢？现在我们简单地介绍几种学习的方法。

1. 课前预习，然后从中找出疑难问题，等到上课时，可以有的放矢地认真听讲。

2. 多思考，多问几个为什么，并善于总结并掌握规律。

3. 手脑并用，勤动脑，在课堂上多发言。

4. 学过的知识要学会消化巩固，温故而知新。

5. 在练习时，要仔细读题，认真验算。

6. 对于同一道题，要开动脑筋，做到一题多解。

7. 考试过后，要注意分析，总结经验。

只有这样，你才能把数学学好。

远古时期人类是怎样计数的

随着商品经济活动的复杂化，人们一开始利用手指来计数。有时物体的数目比人手指的数目还要多，用手指计数解决不了问题，人们又开始利用周围的物体当做计数的工具，如在小棍子上画记号、放牧时利用石子计数、在绳子上打结等等。直至今天，在欧亚非大陆的某些地方，仍然有一些牧人用在棒子上刻痕的方法来计算他们的牲畜数。

谁创造了阿拉伯数字

我们在学习数学时，总离不开阿拉伯数字——1、2、3、4、5、6、7、8、9、0。你知道这些数字是谁创造的吗？是阿拉伯人吗？事实上，这些数字并不是阿拉伯人创造的，而是由印度人创造的，大约在公元 8 世纪前后才传到阿拉伯。那为什么把它叫做“阿拉伯数字”呢？

这里面还有一个小故事，让我们一起来看看吧！公元 7 世纪，团结在伊斯兰教旗帜下的阿拉伯人征服了周围的民族，建立了东起印度、西经非洲到西班牙的撒拉孙大帝国。后来，这个伊斯兰教大帝国分裂成东、西两个国家。由于这两个国家的历代君王都很重视科学与文化，所以两国的首都都非常繁荣。特别是东都巴格达，西来的希腊文化和东来的印度文化都汇集到这里。阿拉伯人将两种文化理解消化，从而创造了独特的阿拉伯文化。在公元750年后的一年，有一位印度的天文学家拜访了巴格达王宫，他带来了印度制作的天文表，并把它献给了当时的国王。印度数字1、2、3……以及印度式的计算方法也正是这个时候被介绍给阿拉伯人的。由于印度数字和印度计数法既简单又方便，它的优点远远超过其他的计数法，所以，很快又被阿拉伯人广泛传播到欧洲各国。因此，由印度产生的数字被称做“阿拉伯数字”。

阿拉伯数字传入中国是在公元13世纪以后，1892年才在我国正式被使用。

谁创造了常用的数学符号

加、减号（+、-）是15世纪德国数学家魏德曼首创的。他在横线上加一竖，表示增加、合并的意思；在加号上去掉一竖表示减少、拿去的意思。

乘号（×）是17世纪英国数学家欧德莱最先使用的。因为乘法与加法有一定的联系，所以他把加号斜着写表示相乘。后来，德国数学家莱布尼茨认为“×”易与字母x混淆，主张用“·”号代替“×”，至今“×”与“·”并用。

除号（÷）是17世纪瑞士数学家雷恩首先使用的。他用一道横线把两个圆点分开，表示分解的意思。后来莱布尼茨主张用“:”做除号，与当时流行的比号一致。现在有些国家的除号和比号都用“:”表示。

等号（=）是16世纪英国学者列科尔德创造的，他用两条平行而又等长的横线来表示两数相等。

中括号（[]）和大括号（{}）是16世纪英国数学家魏治德创造的。

大于号（>）和小于号（<），是17世纪的数学家哈里奥特创造的。

谁创造了小数点

我们经常用小数点来表示小数部分开始，现在的小数点是用一个实心的圆点来表示的，然而，从前表示小数点的方法却很多。16世纪，比利时有个叫西蒙斯芬的人，把

9.65表示为9(0)65；17世纪初，英国人威廉·奥垂德用9∠65表示9.65。这些表示法都不方便。17世

纪末，英国人约翰瓦里斯创造了现在的小数点。

现在的小数点大体分两种。欧洲大陆（德、法等国）用逗号做小数点，而用小圆点来做乘号，而乘号不用“×”，以防止与字母 x 相混淆。中、英、美等国用小圆点而不用逗号做小数点，逗号用来做分解号。

你知道小九九吗

小九九是乘法口诀中的一种，乘法口诀在我国很早就产生了。早在春秋战国时期，九九歌诀就已经广泛地被人们所使用。在当时的许多著作中，都可见引用的部分乘法口诀。完整的乘法口诀最早见于《孙子算经》，从“九九八十一”起到“一一如一”止共四十五句口诀。敦煌发现的古“九九术残木简”上也是从“九九八十一”开始的。“九九”之名就是取口诀开头的两个字。大约在宋朝（公元 12、13 世纪），九九歌诀的顺序才变成和现代用的一样，即从“一一如一”起到“九九八十一”止。元代朱世杰著《算学奇梦》一书所载的四十五句口诀，就是从“一一”到“九九”，并称为“九数法”。

你知道二进位制吗

逢二进一的进位制叫做二进制。

在二进制中，只需用 0 和 1 两个数就能表示所有的数，根据逢二进一的规律，2 要用 10 表示，3 要用 11 表示，4 要用 100 表示……书写二进制数字，为了与十进制区别开来，一般在数的右下角标上小字号 2，如 $10_2 11_2$ 等。

目前的电子计算机广泛使用二进制，而不是十进制或其他进制，为什么呢？因为电子计算机没有手，没有十个指头，它只有两种情况，一种是通电，另一种是断电，所以只能用二进制。用了二进制，电子计算机才能够根据通电、断电两种不同情况，进行自动计算。

“代数学”一词是如何来的

我们经常见到在小学数学课本中用字母表示数及方程，这些内容在范畴上都属于代数学。那么“代数学”一词又来自何处呢？原来“代数学”一词来自拉丁文 Algebra，而拉丁文又是从阿拉伯文演变而来的。

公元 825 年左右，阿拉伯数学家阿勒·花勒子模写了一本书，名为《代数学》或《方程的科学》。作者认为他在这本小小的著作里所选的

材料是数学中最容易使用和最有用处的，同时也是人们在处理日常事情时经常需要用到的。这本书的阿拉伯文版已经失传，但12世纪的一册拉丁文译本却流传至今。在这个译本中，把“代数学”译成拉丁语Algebra，并作为一门学科。后来英语中也用Algebra。代数学这个名称，在我国是1859年才被正式使用的。这一年，我国清代数学家李善兰和英国人伟烈亚力合作翻译了英国数学家棣么甘所著的《Elements of Algebra》，正式定名为《代数学》。后来清代学者华蘅芳和英国人傅兰雅合译了英国学者瓦利斯的《代数术》，卷首有：“代数之法，无论何数，皆可以任何记号代之。”说明了所谓代数，就是用符号来代表数字的一种方法。

十进位制是怎样形成的

国际上最常用的进位制就是十进位制，即较低位上的十个单位组成较高位上的一个单位。那你知道十进位制是怎样形成的吗？

根据美国数学家易勒斯的调查，在最早的原始各民族307种计数方法中，就有146种是十进位的，106种是五进位、十进位混用的。这就说明十进位制在很久以前就得到了广泛应用。

我国周代的《易经》在表示数量时，就有“万有一千五百二十”的记载，说明早在两三千年前，我国就有十进位制了。

一千五百多年前，印度人也掌握了十进位命数法。公元595年，在一块板面上记载着346个日期，这些日期都是用十进位制符号写出的。公元8世纪，阿拉伯人入侵西班牙，又把十进位制传到了欧洲。

人类为什么不约而同地采用十进位制呢？根据语言学家的研究，这是由于人的手有十个手指，可以自由伸屈，是一个很好的天然计数工具。因此，大家都不约而同地使用了十进位制。

数可以说成数字吗

同学们，你觉得“5”是数还是数字呢？为什么说它是数或者数字呢？它们一样吗？有没有什么区别呢？

首先，我们先来看看数和数字的概念。数的概念是根据人类生活实际需要而逐渐形成和发展起来的。“数”是表示事物的量的基本数学概念，而“数字”是用来表示计数的符号，又叫做数码。通过概念，我们知道数和数字之间最大的不同，就是数表示的是量的概念，而数字只是用来计数的。例如符号675（自然数）、0（零）、5/9（分数）、－3（负数）、1.78（小数）等，这些都是数，因为它们表示的是量。

“5”是数还是数字呢？其实，它既可以表示数，也可以表示数字，在这种情况下，数和数字是一样的。也就是说，当一个数只有个位数字时，这个数字既可以看成数字又可以看成数。但有时需要用两个或两个以上的数字表示一个数，例如783，它与数字就不同了，“783”是表示数，“7、8、3”才是数字。

数学可以说成算术吗

你是否听过有人把“数学”称为“算术”？那“数学”和“算术”是一回事吗？它们之间有什么区别呢？

首先，我们先来看看什么是“算术”。算术包括整数、小数、分数的加减乘除法和它们在日常生活、生产中的应用。算术里不讲负数，也不讲用字母组成的代数式的运算。如果讲到负数、方程，那就是代数的内容了；如果讲到有关图形的许多性质，则是几何的内容了。算术、代数、几何都是数学的分支学科。可见，算术只是数学中的一部分，跟数学不是一回事，不可相提并论。另外，数学还有很多分支学科，如微积分、数论、集合论、概率论等。

我们现在所学的小学数学课本中除了算术外，还有代数、几何等方面的初步知识，所以小学课本不叫算术，而叫数学。

你知道集合是什么吗

把一些单独的物体合起来看成一个整体，就形成了一个集合。集合是数学最基本的概念之一。例如：一个学校的所有学生就是一个集合；所有的自然数可以作为一个集合；教室里的所有桌子可以作为一个集合……但需要注意两点：第一，集合是指这类事物的全体，而不是指个别事物；第二，集合中包含的事物必须是确定的，即可以确切判断一个事物属于不属于这个集合。如“一切自然数”，它有确定的特征，可以组成一个集合。“一切大的数”这种说法没有表示出确定的界限；“骄傲的小猫”，对此无法作出明确的判断，所以这些都不能组成一个集合。

集合一般用大写字母表示，组成集合的各个物体，叫做这个集合的元素。例如：一个学校中的每个学生都是这个学校学生集合中的一个元素；6是自然数集合的一个元素；教室里的每一张桌子都是教室里桌子集合中的一个元素。但必须注意的是：集合中的元素一定是相异的。如：1、2、3、4这四个数可以组成一个集合，而不能由1、2、2、1组成一个集合，因为这里有两个“1”和两个“2”。

集合中的元素一般用小写字母来表示。

只有一个元素的集合叫做单元素集。一本书可以作为一个集合，这个集合中只有一个元素，那就是这本书。

集合中的元素可以是有限多个，也可以是无限多个，如自然数集，它的元素是无限多个。由无限多个元素组成的集合叫做无限集。一个班的学生是有限的，所以一个班学生的集合是有限集。

你知道数学中为什么要讲“一一对应”吗

我们都说“一一对应起”是数学运用上的最基本的关系。数字的起源相当早，有人类的出现，就有了数的使用，但是由于原始人类应用知识是极少且落后的，他们起初

只知道“1”、“2”等几个数，后来，随着劳动工具的大为改进，原始人捕获的猎物多得无法计算，他们为了计数，采用结绳计数的方法来表示今天有多少猎物，这就是“一一对应”的雏形。

今天在大洋洲的一些部落中，我们还可以看到一些相当有趣的“一一对应”。他们用“1”表示“破褂子”，用“2”表示“帆船”，用“3”表示“帆船—破褂子”，用“4”表示“帆船—帆船”。但这些都只是原始的重复而已。在大洋洲的东南大陆的一些原始部落里，人们之间交换物品是按照以下程序进行的。

两个人带着果子和猎物，分别放在一块长长的树皮上，然后将两头从一方转换到另一方，表示他们进行交换。但是，早期原始部落的

人群在对交换的东西进行比较时，他们并不考虑东西的个数，而只是建立了直观的“一一对应”关系。演变到后来，牧民们用来计算他们的羊群时，也都使用“一一对应”的关系。一个手指头弯过来意思是一只羊，两个手指头弯过来表示两只羊。

这样，人们利用手指头表示法可以数到10，发现不够又把脚趾头结合在一起加到20，但当发现手指和脚趾不够用时，改用石头之类的东西作为一种标记，不断发展，经过数学和抽象能力的长期发展，“一一对应”的关系最终在实际应用中建立起来。

偶数与整数一样多吗

看到这个题目，你一定会说，它们绝对不一样多，整数包括偶数，部分怎么可能与整体一样多呢？偶数是指能被2整除的整数，它仅是整数集合中的一部分。另外，除了偶数之外，整数还包括奇数，也就是说，偶数不会和整数一样多。

但事实上，这个问题问的是偶数集合和整数集合之间的大小关系。集合在数学上所指的是一类事物的总称，若把所有的整数放在一块就构成了整数集合，全部的偶数放在一块就构成了偶数集合。那两个集合是如何比较大小的呢？对于有限集合，集合内元素的个数便决定了集合的大小。如一个学校全体学生的集合要远大于这个学校中一个班的学生的集合，整体总是大于其中的任何一个部分的。可是对于无限集合，难道也是这样的吗？

无限集合内元素的个数是无限的，连数都数不过来，比如整数集合、偶数集合便是无限集合。无限集合是不可以使用有限集合的方法来比较它们的大小的。数学家认为若两个无限集合之间能够建立一一对应的关系，那么它们是一样大的，这便是无限集合的“大小”理论。

整数集合和偶数集合可以建立一一对应关系吗？我们能够这样建立它们之间的对应关系：

整数：…－n…－3、－2、－1、0、1、2、…n…

偶数：…－2n…－6、－4、－2、0、2、4、…2n…你看，对于任意一个整数K，只要用2乘以K来对应，2K便是偶数，都属于偶数集合。这样便给出了两个集合之间的对应关系，每一个整数都有唯一对应的一个偶数，每一个偶数同样只对应一个整数，因此才叫一一对应。也就是说偶数和整数一样多。

“1+1”可以等于“1”吗

我们刚接触数学时，就已经知道了1+1=2，那时，如果你的答案不是2，那么你就是错误的。但是，当我们学了二进位制的计数法后，就知道了1+1并不仅仅等于2。在二进位制中，1+1=10，因为在二进位制中根本没有2这个数字。那么1+1能不能等于1呢？这就需要我们借助逻辑代数了。

在逻辑代数里，与二进位制一样，只有两个符号：1和0。但是二进位制里的“1”确实表示一样东西，是真正的数字，“0”则表示没有，它也是真正的数字。但在逻辑代数里，“1”和“0”并不是数字而是符号。在一般的逻辑电路中，“1”表示电路是通的，“0”表示电路是断的。

如：在这个电路中，E是电源，比如是几只干电池。P是一只小灯泡，电路里通了电，小灯泡P就发光，这时的符号是1；电路里断了电，小灯泡P就不发光，这时的符号是0。A和B是两个开关，接上了就通电，拉开了就断电。现在如果开关A拉上，开关B拉开。那么，电路通过开关A接通了，灯泡P亮了，得1。

如果开关A拉开，开关B拉上。那么，电路通过开关B就接通了，灯泡P亮了，也得1。

现在如果把开关A和开关B都拉上，两条电路都接通了，那就应该是1+1了。但灯泡P只能发同样的亮光，因此也还是1。所以，用数学式子来表示，就是1+1=1。

因此，在逻辑代数里，1+1=1。

“0”只表示没有吗

我们在上学之后，刚开始学习算术，便认识了0这一数字，它是我们所学过的最小的自然数了。那你知道0有什么含义吗？如果我们用手指数铅笔的数目，1表示有一支铅笔，0则表示没有铅笔，也就是说，0的意思是没有。

是不是0只表示没有呢？它还有其他的意义吗？比如：0℃中的0表示什么含义呢？它表示冰和水混合在一起的那个温度，自0℃以上为零上，零上17～22℃即最适于人类生活的温度；自0℃向下则称为零下，零下温度，绝对值越大，则越寒冷。其实0在生活中有很多含义，不只表示算术内的没有。0本身充满着矛盾。像任意一个数与0相加，还是那个数；但0与任何一个数相乘，乘积都是0。0在数学上是一个十分重要的数字，0至1的飞跃便体现了自无到有的过程，而1至百、千、万的变化也体现了很多的不同。0不只表示“没有”，还为“有”奠定了基础。生活中的0表示一种状态，它的含义并不是“没有”所能说清楚的。

约数和倍数是“双胞胎”吗

a、*b*是任意两个整数，其中 $b \neq 0$。如果*a*能被*b*整除，那么*a*叫做*b*的倍数，*b*叫做*a*的约数；如果*a*不能被*b*整除，那么，*a*不是*b*的倍数，或者说*b*不是*a*的约数。例如 $8 \div 4 = 2$，8是4的倍数，4是8的约数。

约数和倍数表明的是两个数之间的关系，所以是互相依存的“双

胞胎”。$12 \div 3 = 4$，只能说，12是3的倍数，3是12的约数，而不能说12是倍数，因为12是3的倍数，12却不是5的倍数。也不能说3是约数，因为3是12的约数，3却不是10的约数。

“0”是偶数还是奇数，它有没有约数和倍数

我们都知道，能被2整除的数是偶数，不能被2整除的数是奇数。因为0能被2整除，所以0是偶数，不是奇数。同时，在自然数范围内，0可以被任何自然数整除，所以0是任何自然数的倍数，任何自然数都是零的约数。因为0不能做除数，所以0没有倍数。

“0”是最小的一位数吗

我们在日常生活中经常见到02、008、076等这样的数字，为什么会有这样的数字，它表示什么意思呢？这要具体情况具体分析了。如田径运动会上某运动员的号码是045，表示参加运动会的运动员人数不足或刚好是1 000人。但这并不能说明0是最小的一位数。

位数表示一个整数所占有数位的个数，数位是指一个数的每一个数字所占的位置。比如，107这个数，我们说它是3位数，也就是说，0也占了一个数位。我们也知道，在计数法里有这样一个规定：一个数的最高位不允许是0，为什么要加上

这个规定呢？如果没有这个规定的话，那么“0”就应该是最小的一位

数，因此，00是最小的两位数，000是最小的三位数……那么，这样一来，最小的一位数、两位数、三位数……都是0，这显然是错误的。不仅如此，如果没有这样的规定，一个数也就没办法被确定是几位数了。比如，2是一位数，02是两位数，002就是三位数了……也就是说，同一个数，我们可以任意称它为几位数了。这显然也是错误的。因此，我们平常所说的一位数、两位数或更多位数只是指自然数。0不是自然数，不能说它是几位数。那么，最小的一位数是0吗？当然不是，最小的一位数应该是1。

“1”为什么既不是质数也不是合数

一个自然数，除了1和它本身以外，还能被其他数整除的话，叫做合数。如8，除了被1和8整除外，还能被2和4整除；21除了能被1和21整除外，还能被3和7整除。所以说，8和21都是合数，自然数1不属于这种情况，所以它不是合数。

那么1是不是质数呢？首先，我们先看质数的定义，一个自然数，除了1和它本身外，再不能够被其他数整除，这样的数叫做质数，“1”只能被1和它本身整除，所以“1”应该是质数。

但事实上并非如此，我们学习质数为了什么？不就是为了分解质因数吗？在分解质因数时，先用一个能整除这个合数的最小质数去除，假如所得的商还是合数，再用一个能整除这个商的最小质数去除，直到得出的商是质数为止。然后，把各个除数及最后的商写成连乘的形式。如：把210分解质因数。210先用最小的质数2去除，再用比2大的质数3去除，接着再用一个能整除35的最小质数5去除，商7，是个质数。到此，分解完毕，将各个除数及最后的商写成质因数连乘的形式：$210=2\times3\times5\times7$。试想一下，如果“1”是质数，在分解一个合数为质

因数连乘的时候，用一个能整除这个合数的最小质数去除，那么这个最小的质数应该是1，任何数被1整除还得原来的数，所以所得的商一定还是原来那个合数，再用一个能整除这个商的最小质数去除，那么这个最小的质数仍然还是1，所得的商仍然还是原来的数……如此往复循环，合数又怎么能分解为质因数连乘的形式呢？210＝1×1×1×1×……210这个合数就成了难分难解的数了。

你说，如果用其他质数去除，最后再用质数1去除，那么用多少个1去除为合适呢？把210分解成质因数连乘的形式，就会出现下面的结果：

210＝2×3×5×7×1

210＝2×3×5×7×1×1

210＝2×3×5×7×1×1×1

……

这就是说，在分解质因数连乘的式子里，可以随意写因数1。把一个合数分解质因数的答案本来只有一种，由于把“1”当做质数，使它的答案五花八门，而且1与任何数相乘还得原来的数，“1”写多写少、写或不写，不仅毫无意义，还给分解质因数添乱。那你觉得，“1”是不是质数呢？

有最小公约数和最大公倍数吗

在数学中我们都学过最大公约数和最小公倍数。那你知道为什么公约数要讲最大、公倍数要讲最小吗？有没有最小公约数和最大公倍数呢？

我们先来看一个例子：正整数16和18，它们有很多公约数，如：1、2、4，它们的最大公约数是4，最小公约数是1。再如15和28，它们只有一个公约数，那就是1。也就是说，任何两个正整数总会有公约数1，且1总是它们的最小公约数。

而我们学习数学，目的是为了用数学知识为我们服务，我们学最大公约数是为了通过约去分子分母的最大公约数，把一个分数化成最简分数。而最小公约数是1，却没有什么用处。这就是为什么我们不研究最小公约数的原因。

那么，两个正整数是否有最大公倍数呢？例如有两个正整数18和24，它们的最小公倍数是72，而72乘上任何一个整数之后都是18和24的公倍数。例如：72×2＝144，72×3＝216，72×100＝7 200等都是18和24的公倍数，由于自然数没有最大的数，因此也就没有最大的公倍数。

另外，在分数通分时，也只需

要用到最小公倍数。既然没有最大公倍数，也不需要任何较大的公倍数，这就是我们只研究最小公倍数的原因。

你知道整除和除尽的区别吗

整除和除尽都是对没有余数的除法来说的，由于被除数、除数和商所属的范围不同，它们的含义也就不一样。现在我们先来看一组例子，看看它们到底有什么共同点和不同点。

72÷9=8 124÷124=1

17÷5=3……2 9÷2=4.5

9÷0.3=30 3.5÷0.5=7

从上面的例子中我们可以看出，除了有余数的除法外，其余都是除到某一位时余数是0，所以称被除数能被除数除尽。在余下的五个式子中，有两个式子是被除数、除数、商都是整数而没有余数，其余的被除数、除数、商不都是整数。所以，这两个式子称被除数能被除数整除。

从中我们可以得出：整除必须具备两个条件，一是被除数、除数都是自然数，二是商是整数而没有余数。也就是说，能整除的必定能除尽，但能除尽的却不一定能整除。整除是除尽的一种特殊情况。

你知道“24时计时法”吗

我们知道，在一天的时间里，钟表上的时针正好走两圈儿，即一天有24个小时。

在邮电、交通、广播等部门都采用从0时到24时的计时法，通常我们把这种计时法叫做“24时计时法”。它从夜里12时开始，定为0时，接下来是1时、2时、3时……直到中午12时，再接下去是13时（即下午1时）、14时（下午2时）、15时（下午3时）……直到（即夜里12时，也就是第二天的0时）。例如火车15时到站，15时也就是我们常说的下午3时。

为什么要“先乘除，后加减”

为了防止四则混合运算时发生计算混乱，使计算得到一个已经确定的结果。人们先后结合生活和实际生产的各个需要，在四则混合运算中明确规定要“先乘除，后加减”。为什么科学家会如此规定呢？因为这样规定是有道理的。它的理由如下。

1. 这样规定运算顺序，更加符合生活实际需要。请看下面的例子。例如：张红到布店买了5米红布，每米红布12.3元，又买了3米白布，每米白布17.5元，买这些布一共需要用多少元钱？列式为：12.3×5+17.5×3。按照实际买布情况，先算出买红布和白布各要付多少钱，然后算出一共要付多少钱。即应先算乘法，再算加法。

2. 在含有字母的式子中，我们会发现用乘、除号相互联结的算式，例如：$a\times3$、$b\div5$ 等可以被表示为 $3a$、$\frac{1}{5}b$ 这些都可看做一项，而用加减号连接的式子，例如 $x-5$、$y+3$ 等则分别表示两项。通常在计算时，我们会把一项看成一个数，这样看来可使计算变得简单。

3. 从数学的发展形式上可以看到，加减法是最基本的运算，它们是数量变化的最低级的表现形式，先有加减法，而乘除法则是在加、减法经常运用的基础上产生和发展起来的。相同的数字连加产生乘法，相同的数字连减产生除法。由此可见，乘除法比加减法更高级，在计算效率上比加减法更快。所以我们把加减法看做第一级运算，把乘除法看做是第二级运算就是这个意思。这种类似的例子在实际运用中不胜枚举。

综上所述，运算顺序的规定是人们在生产和生活实际基础上以及为了使计算更为简单化而产生的，所以这种规定是完全合理的。

“增加了”和“增加到”有什么不同

我们在做数学题时，经常见到“增加到”、“增加了”这样的词语。那么究竟“增加了”与“增加到”有什么不同呢？下面，我们先来看一个例子。某农场去年平均每公顷产稻8吨，今年每公顷产稻增加到12吨，增加了多少吨？我们都知道，这个题应该用12－8＝4（吨）来计算，即增加了4吨。

从这道题中，我们可以知道“增加到”就是指原来的数加上增加的数所得的和。“增加了”就是指增加的数，不包括原来的数。它们之间的区别在于是否包括原来的数。与“增加到”相同的说法有“增长为”、“达到”等；与“增加了”相同的说法有“增加”、“增长”、“多了”、“多”等。

什么是罗素悖论

你听过这样一个故事吗？一天，萨威尔村的理发师挂出了一块招牌：“村里所有不自己理发的男人都由我给他们理发，我也只给这些人理发。”于是有人问他：“您的头发由谁理呢?”理发师顿时哑口无言。

我们知道如果他给自己理发，那么他就属于自己给自己理发的那类人。但是，招牌上说明他不给这类人理发，因此他不能给自己理发。如果由另一个人给他理发，他就属于不给自己理发的人，而招牌上明明说他要给所有不自己理发的男人理发，因此，他应该自己理。由此可见，不管如何推论，理发师所说的话总是自相矛盾的。

这就是著名的“罗素悖论”。它是由英国哲学家罗素提出来的，他把关于集合论的一个著名悖论用故事通俗地表达出来。

1874 年，德国数学家康托尔创立了集合论，很快渗透到大部分数学分支学科，成为它们的基础。到 19 世纪末，全部数学几乎都建立在集合之上了。就在这时，集合论中接连出现了一些自相矛盾的结果，特别是 1902 年罗素提出的理发师故事反映的悖论，它极为简单、明确、通俗。于是，数学的基础被动摇了，这就是所谓的第三次“数学危机”。此后，为了克服这些悖论，数学家们进行了大量的研究工作，由此产生了大量新成果，也带来了数学界观念的革命，促进了数学学科的健康发展。

你知道“负数”最早产生于哪里吗

在记账的时候，要把收入与支出区别开来，区分的办法很多，如：

第一，收入写在一格，支出写在另一格。

第二，写清楚“收入 100 元”，“支出 50 元”。

第三，黑字表示收入，红字表示支出。

第四，在支出的钱数前面写一个“—”号，表示从存款中减去这一笔。

这些办法都被会计师采用过，但最简单快捷的还要数最后这个办法。

当人们最初想到这种简单的记账方法时，他们实际上已经创造了

一种新的数——负数。最早使用负数的国家是中国，公元1世纪已经成书的《九章算术》里，系统地讲述了负数的概念和运算法则。那时用红字表示正数，用绿字表示负数。印度人从7世纪开始用负数表示债务。在欧洲，直到17世纪，还有很多数学家不承认负数是数呢！

我们也常常碰到意义相反的量：前进多少里与后退多少里，温度是零上多少度与零下多少度，结算账目时盈余多少元与亏损多少元，公元前多少年与公元后多少年……有了负数，区别意义相反的量就方便多了。

在数学里，有了负数，数之间的减法便通行无阻。

为什么一个数乘以真分数，积不是大了而是小了

乘法是求几个相同加数和的简便算法，一般来说，越乘越大，积越大于被乘数。但有时也会出现越乘越小的现象，也就是积小于被乘数的情况。例如：每千克毛线28元，2千克多少钱？2.5千克多少钱？0.5千克多少钱？

根据题意可知：

28×2=56（元）；28×2.5=70（元）；28×0.5=14（元）。

从上面可以看出，乘数大于1，积大于被乘数；乘数小于1，积小于被乘数。因为分数乘法的意义是求一个数的几分之几，就是求整体的一部分，因为部分数不会大于总数，所以积一定小于被乘数。也就是说，当一个数乘以真分数时，会越乘越小。

为什么一个数除以真分数，商不是小了而是大了

除法是已知两个因数的积和其中一个因数，求另一个因数。一般来说是越除越小，商小于被除数。但有时也会出现越除越大，即商大于被除数的情况。

例如：2千克毛线56元，1千克多少元？2.5千克毛线70元，1千克毛线多少元？0.5千克毛线14元，1千克多少元？

根据题意可知：56÷2=28（元）；70÷2.5=28（元）；14÷0.5=28（元）。

从上面可以看出，除数大于1，商小于被除数；除数小于1，商大于被除数。因此，当除数是纯小数或真分数时，商大于被除数，也就是越除越大。

三个连续自然数的乘积一定是“6”的倍数吗

我们知道，自然数是人们在数

物体时用来表示物体个数的 1、2、3……“1”是自然数的单位，任何自然数都是由若干个“1”所组成的。在自然数数列中，每一个自然数后面的一个后继自然数都比前一个数多 1，如 5 是 4 的后继数，6 是 5 的后继数，4、5、6 便是连续自然数。

由于在自然数列里，最小的数是“1”，每一个自然数数列里的自然数是无限的，即没有最大的自然数。因此，连续的自然数也应该是无限的，三个连续的自然数的情况也应该是无限的。

如：3、4、5；14、15、16；23、24、25；111、112、113……

在 3、4、5 这三个连续自然数中，自然数 3 是 3 的倍数，自然数 4 是 2 的倍数，而含有 2 的倍数与 3 的倍数的数的乘积必定是 6 的倍数。

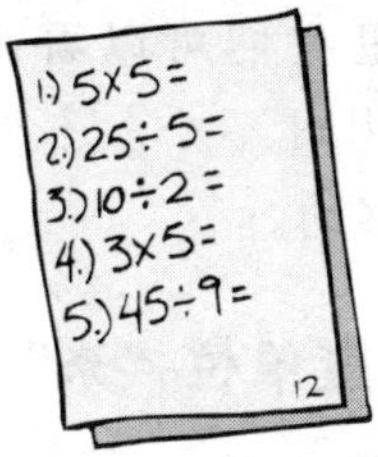

在 14、15、16 这三个连续自然数中，自然数 14 是 2 的倍数，15 是 3 的倍数，所以这三个连续自然数的乘积一定是 6 的倍数。

在 23、24、25 这三个连续自然数中，虽然 23、25 既不是 2 的倍数，也不是 3 的倍数，但是 24 是 6 的倍数，所以这三个连续自然数的乘积一定是 6 的倍数。

在 111、112、113……中都能发现，至少有一个数是 2 的倍数和一个数是 3 的倍数，或者有一个数是 6 的倍数。

由此可得出：三个连续自然数的乘积一定是 6 的倍数。

你知道“数学黑洞”吗

在古希腊神话中，西弗斯被罚将一块巨石推到一座山上，但是无论他怎么努力，这块巨石总是在到达山顶之前不可避免地滚落下来，于是他只好重新再推，永无休止。著名的“西西弗斯串”就是根据这个故事而得名的。

什么是西西弗斯串呢？就是任取一个自然数，例如 35 962，数出这个数中的偶数个数、奇数个数及所有数字的个数，就可得到 2（两个偶数）、3（三个奇数）、5（总共五位数），用这三个数组成下一个数字串 235。对 235 重复上述程序，就会得到 123，将数字串 123 再重复进行，仍得 123。对于这个程序和数的“宇宙”，123 就是一个数字黑洞。

是否每一个数最后都能得到 123 呢？用一个大数试试看，例如：

8 888 887 777 444 992 222，在这个数中，偶数、奇数、全部数字个数分别为 13、6、19，将这三个数合起来得到 13 619，对这个数字串重复这个程序得到 145，再重复这个程序得到 123，于是便进入“黑洞”了。

这就是数学黑洞“西西弗斯串”。

单位面积与面积单位一样吗

我们在测量物体的表面积时，经常说它有多大的单位面积，而它的面积单位是平方米、平方厘米等。你知道什么是单位面积？什么是面积单位吗？

首先，单位面积与面积单位是两个不同的概念。常用的面积单位有平方米、平方厘米等。单位面积则不同，任意大小的面积都可以作为单位面积。例如，测量教室的面积，除了用平方米作为单位之外，我们也可以用练习簿的大小作为单位面积，或者以讲台面积的大小作为单位面积来度量。平常我们所说的单位面积大多是指 1 个面积单位，即 1 平方厘米、1 平方米等。

小数点能随便移动吗

我们知道，小数点移动了，小数的大小就会发生变化，所以小数点不能随便移动。

德国弗赖堡大学化学专家劳而赫在研究化肥对蔬菜的有害作用时，无意中发现菠菜含铁量只有教科书和手册里所记载数据的 1/10。这位科学家感到很奇怪，因为多年来营养学家和医生都认为菠菜中含有大量的铁，有养血补血的功能。他为了解开这个谜，对多种菠菜叶子反复进行化验，并未发现菠菜的含铁量比别的蔬菜高很多的情况，于是他开始探索这个错误数据的来历。最后发现，原来是印刷厂工人排版时，不小心把小数点向右移动了一位，把数扩大了 10 倍。由于印刷厂工人的疏忽，人类被蒙骗了近一百年！从这里我们可以看出，小数点虽小，作用可不小，不能忽视，也不能随便移动。

你知道长度单位“米”是怎么确定的吗

我们每天都在用“米”作为测量长度的单位，那你知道长度单位“米”是怎么确定的吗？早在 1790 年，法国国民议会决定，采用巴黎子午线长度的四千万分之一作为长度的基本单位。直到1799年，人们根据测量结果制成一根3.5毫米×25毫米短形截面的铂杆，以此杆两端之间的距离定为1米，并交法国档案局保管。

可是，这样的器具有很多缺点：材料会变形，精确度不高，一旦毁坏，不易复制。为了弥补米原器的缺点，20世纪以来，各国计量工作者都致力于研究应用自然光波来代替米原器。1960年，国际计量大会通过“米”的新定义，决定以在规定条件下元素氪的同位素（Kr86）原子在真空中辐射成的光波长度，作为世界统一的公制长度单位。

1983年10月，在法国巴黎举行的第十七届国际计量大会上，又正式通过了“米”的新定义：“米为光在真空中，在1/299 792 458秒的时间间隔内运行距离的长度。”

你知道一个数乘以11的速算方法吗

如果一个数是两位数，那么它与11相乘可按如下步骤运算。

1. 积的个位上的数与被乘数的个位上的数相同。

2. 积的十位上的数等于被乘数个位上的数与十位上的数的和（如满十要向百位进一）。

3. 积的百位上的数与被乘数十位上的数相同（如积的十位上有进位，百位上的数还要加上1）。

概括地说，一个数乘以11的规律是：所得的积，头尾两位数字一般和被乘数的头尾两个数字相同，中间的数字就是被乘数相邻的两个数字相加的和，满十要进一（即在高一位数上加1）。我们根据这个规律，就可以很快算出一个数乘以11的积。

你知道“数位”与“位数”的区别吗

“数位”是指一个数中每一个数字所占的位置。整数的数位从右向左依次排列是个位、十位、百位、千位、万位……小数部分的数位从左向右依次是十分位、百分位、千分位、万分位……同一个数字，由于所在的数位不同，所表示的数值也就不同。例如，“5”在个位上表示五个“一”，在十位上表示五个“十”，在百位上表示五个“百”……又如，0.23是由两个十分之一和两个百分之一组成的。

“位数”是指一个整数含有数位

的个数。例如，一个不是零的数字所表示的数叫做一位数，如 7；两个数字（其中十位数字不能为 0）所表示的数叫做两位数，如 24；两个以上的数字组成的数（最高位数字不

能为 0）叫做多位数，如 564 是三位数，2 543 是四位数，18 751 是五位数等。564 是三位数，但不能称为百位数，如果是百位数，就必须有 100 个数字，占有 100 个数位。

分数与自然数哪个多

从数轴上看，自然数是不连续的、有等间距的点的集合，而每两个自然数之间充满着分数，因此它们是无法一一对应的。那么是不是分数就比自然数多呢？答案是分数和自然数一样多。比如，我们可以把所有的分数按分母不同而排列，这样，随着分母的增大，它们的个数也越来越多，于是形成一个有一定规则的三角形，它的底在无限扩展。但某些分数却是重复的，如 $\frac{1}{2}$，$\frac{2}{4}$，$\frac{3}{6}$ 等等，但这并不是最重要的。最重要的是在这个三角形中能包含所有的分数，这点是确定无疑的。如果能使自然数与三角形中的所有分数一一对应，那么，由于自然数是无穷多个，所以这样排列下去可能完全覆盖住所有的分数。也就是说，自然数与分数是一一对应的，它们的数目是相等的。

因此，在无穷大的比较中，就不能去斤斤计较多一个数或少一个数，一定要把握实质：是不是包含了整个集合中所有的数？两个集合是不是能做到一一对应？

怎样解文字题

文字题就是用文字表达数与数之间关系的题目，它是由数学名词术语、数字与问题三部分组成的题目。例如：874 加上 20 乘以 6 的积，和是多少？”

解这类题的一般思路有两种：

1. 顺推法：就是顺着题目的叙述顺序思考列式。如：32 与 15 的积

减去 13 与 21 的和，差是多少？我们可以这样想：“32 与 15 的积”就是

“32×15”，“13与21的和”就是“13+21”，“差是多少”，也就是说：32×15－（13+21）。

2. 倒推法：就是从问题出发，先确定最后一步运算，再确定参加这一步运算的数是怎样得来的，这样依次推上去。当需要改变运算顺序时一定要加上括号，如上面那个例子，我们可以这样想：最后一步是求差，那么被减数与减数是什么呢？被减数是32与15的积，减数是13与21的和，于是有（32×15）－（13+21）。

你了解解数学题的思路吗

解数学题的基本思路是分析法和综合法。分析法就是从要求的问题出发，逐步追溯到解答所需的已知条件，这就是执果索因的解题方法；从已知条件入手逐步推算到最后要解答的问题，这就是由因导果的解题方法。例如：商店原有糖果80千克，又运进糖果3箱，每箱60千克。现有糖果多少千克？

分析法的解题思路为：1. 现有糖果多少千克？2. 原有糖果80千克，又运进糖果多少千克？3. 又运进糖果3箱，每箱60千克。

综合法的解题思路为：又运进糖果3箱，每箱60千克；原有糖果80千克，又运进糖果多少千克？60×3=180（千克）；现有糖果多少千克？180+80=260（千克）。

但在实际运用中，分析法和综合法是相辅相成的。在用综合法思考问题时，要随时注意题中的问题，考虑为了解决所提的问题需要哪些已知数量，因此，综合中有分析。同时，在用分析法思考问题时，要注意题中的已知条件，考虑哪些已知数量搭配在一起可以解决问题。因此，分析中有综合。也就是说，在现实生活中，我们思考问题是既有分析又有综合的思维活动。

常用的速算都有哪些方法与技巧

1. 特性法：利用“0”与“1”在运算中的特性，进行简便运算。

例如：（1.9－1.9×0.9）÷（4.2－3.2）

=1.9×（1－0.9）÷1

=0.19

2. 变化法：适当转变运算方法，即以加代减，以减代加，以乘代除，以除代乘；或改变运算顺序，或利用约分、加减进行化简等。

例如：3.2×0.5+4.8÷2

=（3.2+4.8）×0.5

=4

3. 凑整法：根据运算法则和运算性质，把算式中能凑成整数的部分合并或拆开，然后求得结果。

例如：96×48

$=(100-4)\times(50-2)$

$=100\times50-100\times2-50\times4+8$

$=5\ 000-400+8$

$=4\ 608$

4. 常用数据法：利用一些常用数据，通过数的等值变形而使计算简便。

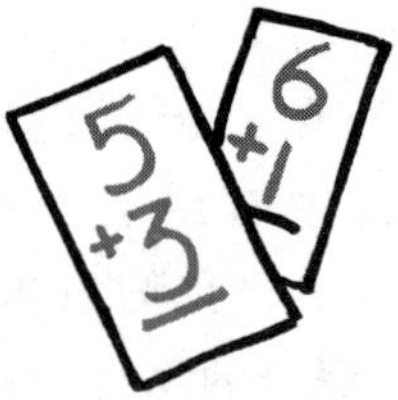

常用数据如：$25\times4=100$，$125\times8=1\ 000$，14 $=0.25=25\%$等。

怎样比较分数的大小

1. 同分母比较法。

例如：比较$\frac{3}{4}$与$\frac{5}{6}$的大小。

因为$\frac{3}{4}=\frac{9}{12}$，$\frac{5}{6}=\frac{10}{12}$

而$\frac{9}{12}<\frac{10}{12}$

所以$\frac{3}{4}<\frac{5}{6}$

2. 交叉相乘比较法。把分子、分母交叉相乘，然后再比较它们的大小。

例如：比较$\frac{3}{4}$与$\frac{4}{5}$的大小。我们可以用$3\times5=15$，$4\times4=16$，

因为$15<16$

所以$\frac{3}{4}<\frac{4}{5}$

3. 求差比较法。

例如：比较$\frac{6}{7}$与$\frac{5}{6}$的大小。

因为$1-\frac{6}{7}=\frac{1}{7}$，$1-\frac{5}{6}=\frac{1}{6}$

$\frac{1}{7}<\frac{1}{6}$

所以$\frac{6}{7}>\frac{5}{6}$

怎样区别一道题是文字题还是应用题

在小学阶段，我们既要掌握文字题又要掌握应用题。那么你知道它们之间有什么区别吗？本来它们之间没有严格的界限，也没有准确的定义，但它们对计算有不同的要求。如：应用题允许分步列式解答，算完后要写答话，而文字题则要列综合算式，算完后不写答话等。所以要加以区分。

一般来说，可以从两个方面来加以区分。

1. 从具体内容区分。应用题所描述的问题大都与日常生活和生产中的实际问题有关；而文字题则是纯数学问题，已知数量只是一些抽象的数字和字母。

2. 从数量关系上区分。在文字题中，由于使用了较多的数学术语，

问题所反映的数量关系比较明显，求未知数量所需要的运算以及这些运算的顺序都是题目直接给出的；而在应用题中，解答问题所需要的运算以及这些运算的顺序则没有直接给出，数量关系往往隐含在对具体事实的描述之中。

验算有哪些常用方法与技巧

我们在做数学题时，为了防止出错，经常会进行验算。那么，我们在验算时需要掌握哪些常用方法和技巧呢？

1. 另解法：对于一题多解的应用题，当用一种解法解答后，还可以用另一种解法进行检验。例如：一个服装厂原来做一套儿童服装用布 2.5 米，现在改进了裁剪方法，每套节省 0.5 米，原来做 400 套这种服装所用的布现在可以多做多少套？解：2.5×400÷（2.5－0.5）－400＝100（套），答：现在可以多做 100 套。验算时可以用另一种方法来解答，即先求出现在做 400 套衣服比原来节约多少布，再求用这些节约出来的布现在可以做多少套衣服。即：0.5×400÷（2.5－0.5）＝100（套）。两种解法结果相同，可见此题解法正确。

2. 逆算法：对于计算题而言，可以利用“减法是加法的逆运算”、“除法是乘法的逆运算”进行检验。对于应用题而言，可把求出的结果当做已知条件，带入题目中，用逆运算的方法验算，检验是否符合题意。例如：修一条长 1 500 米的公路，已经修了 1 000 米，余下的要 10 天修完，平均每天修多少米？解：（1 500－1 000）÷10＝50（米）。答：平均每天修 50 米。把平均每天修 50 米当做已知条件，用逆运算的方法来验算：50×10＋1 000＝1 500（米）。验算结果与题意相符，说明这道题解对了。

3. 估计法：估计法又有以下 5 种。

总体估计法。例如，19.5×7.2，把它当做 7 个 20 计算，其结果应为 140 左右。如果答案差得太远，便是错误的。

最高位估计法。例如，97 685÷3，商的最高位一定是“3”，否则，便是错误的。

最低位估计法。例如，24×53，积的末位应当是“2”，否则，便是错误的。

位数估计法：即判定某一式子的结果的位数是几。采用这种方法要注意进位与退位等问题。

常识法。如果得出水稻每亩产10千克或某人步行速度为40千米/小时，显然是错误的。应该检验列式或计算是否有错。

4. 弃九法：先把一个数的各位个数上的数相加，再求和被九除的余数，从而求出这个数的九余数。例如5 412的九余数为3。

加法的验算：两个加数的九余数相加，如果不等于和的九余数，则计算必有错误。

减法的验算：被减数的九余数减去减数的九余数（不够减的，在被减数的九余数上加9再减），所得的结果与差的九余数不同，则计算必有错误。

乘法的验算：两个因数的九余数相乘，如果所得的数或其九余数与积的九余数不同，那么计算必有错误。

除法的验算：根据除法是乘法的逆运算的关系，用乘法的验算方法进行验算。

用弃九法验算，不能验证某个计算一定是正确的。因为若得数中多写“0”或少写“0”，或数字的位置有所颠倒，其九余数不变。所以，用弃九法验算还要结合估计法等其他方法才能肯定计算的正确性。

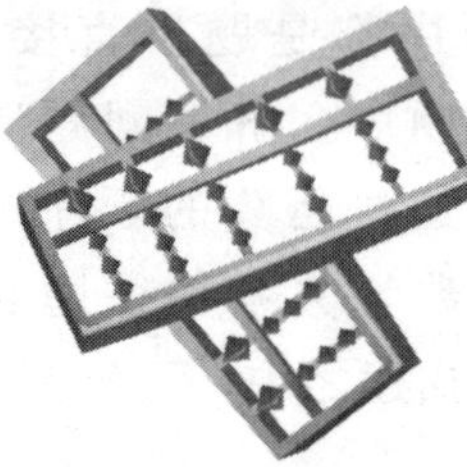

5. 等量法：对于应用题而言，可抓住题意中的等量关系进行验算。如较复杂的归一应用题，可以抓住关键的句子，“照这样计算”，进行前后单一量是否相等的计算。

为什么有近似值

你是否有过这样的经历：当有人问你你们年级有多少人时，你并不知道确切的数字，而只知道你所在的班级有40名同学，共有3个班。这时你会说：“可能120名吧！”这时你所给出的数字便是近似值。由于你不知道到底有多少人，因此你采用近似值取代了准确值。而你的分析也是正确的，年级中共有125人。

在我们日常生活中，近似值是被广泛应用的。例如我们问一个人的年龄时，人们都会说自己多少岁，而不会说自己是某年某月出生的；当我们向别人询问时间时，别人一般会说现在是几点几分，而不精确到几秒等。这样的事情不胜枚举。

但有的时候却不能使用近似值，比如收音机里每小时的报时信号和真正准确的时间只差千分之几秒，因此远洋航行的轮船就能根据这个信号来确定自己的位置。像发射导弹、定向爆炸的定位装置，都必须严格地计算角度、炸药用量，不然真会差之毫厘，谬以千里，结果是不堪设想的。

那么，何时使用近似值，何时使用准确值呢？这要具体问题具体对待了。因此，在不同问题中，对量的准确度的选择也是绝对不同的。

你知道哪些关于近似值的截取方法

我们经常见到这样的数字：3.435 678 2……1.875 32……这样的数字太难记了，而且在计算时也很容易出错。因此我们在进行计算时经常采取截取的办法，即：取近似值。那么，取近似值有什么方法呢？

一般有以下几种：一是四舍五入法。顾名思义，这个方法是在舍去部分的最高位大于或等于 5 时，在保留部分的最低位加 1，算“五入”。如果小于 5，保留部分不变，称“四舍”。如：2.327 6……保留两位小数约等于 2.33，保留一位小数约等于 2.3。

二是进一法。这个方法是不管舍去部分的最高位是几，均在保留部分的最低位加上 1，称“进一”。如：每盒装 6 个乒乓球，现在有 123 个乒乓球，要装几盒？用 123 除以 6 余 3，这多余的 3 个乒乓球还需要用一个盒装。这时要用进一法。

三是去尾法。这个方法是不管舍去部分的最高位是几，保留部分不变，称“去尾”。如：用 1 千克的毛线可以织一件外套，现有 4.3 千克的毛线可织几件？用 4.3÷1＝4.3（件）。多余的 0.3 千克不能织一件外套，应舍去，所以能织 4 件。这时要用去尾法。

从上面的分析中得知，使用什么方法截取近似值，应根据具体情况具体分析。在计算题中我们一般使用四舍五入的方法，而在应用题中我们则采用后两种方法。

为什么在应用题的解题格式中单位名称要加括号

我们在学习应用题的解答时，对要求在最后一个等号之后的数字末尾附上的单位名称要加上小括号不理解。为什么单位名称要加上小括号呢？

原来，在运算过程中，等号连接的是数，最后一个等号右边的数字末尾的单位名称若不用小括号，这个等号的右边就成为名数了，名数与数是不能相等的。如：“24÷6＝4 千克”的写法是错误的。加了一个小括号只起对数进行附加说明的作用。如 4（千克），这里的千克仅说明 4 是千克数。

而在列方程解应用题时，所设

的未知数（如 x）表示的必须是数，如设 x 千米。这时，在解出来的 x 值后面就不能再附上单位了，如“x＝3 千米”的写法是错误的。

为什么不能写“倍”

我们知道，一个数只有带上计量单位，才能准确表示一个物体的大小、多少、长短、轻重、快慢等。

我们先来看一道例题：小红有 20 本书，而小青有 5 本书，问小红的书是小青的几倍？

解：20÷5＝4

答：小红的书是小青的 4 倍。

这道题对吗？为什么 4 不带单位呢？原来，“倍”不是计量单位，它只表示两个数量之间的关系，而不是我们所说的计量单位，所以不能带。

你能快速画出五角星吗

如果有人问你，你会画五角星吗？你肯定说“会”。可是你会不会快速地画出五角星呢？现在我们就来介绍几种快速画五角星的简单方法。

方法一：首先在纸上画个圆，画出圆的直径 AB 来，然后把 AB 三等分，分点为 C 与 D；过点 C 作 EF 垂直于 AB，交圆周于 E、F；连接 ED 并且延长和圆周交于 H；连接 FD 并且延长和圆周交于 G；最后连接 AH 与 AG，五角星便画出来了。也就是说，“直径三分开，飞梭织出五星来”。

方法二：首先在纸上画个圆，然后画出圆的两条相互垂直的直径 AC 与 BD；之后分别以 C、D 为圆心，以直径 BD 的半径为弧，两弧交在 E 点。则 OE 便近似于圆的内接正五边形之边长。自 A 点开始，以 OE 为半径在圆周上依次截出四个点来，连接相邻的两个点，得到的那个正五边形便叫做圆的内接正五边形（因为它的五个顶点都在圆上）。有了这五个顶点，就很容易画出五角星了。简言之，“城外道儿弯，城门五面开”。

动物中也有数学家吗

你知道吗？在自然界中，有很多奇妙的动物也是“数学家”。

科学家在鹦鹉螺的身上和一些动物的角质体上或是在有甲壳的软体动物身上，都曾发现“黄金螺线”。

科学家还发现，珊瑚虫可以在自己身上奇妙地刻画“日历”：它们每年都在自己的体壁上刻画出365条环纹，即一天“画”一条。更奇怪

的是，古生物学家也发现，在三亿万年前的珊瑚虫每年所“画”出来的环纹是400条。这是为什么呢？天文学家告诉我们，那时地球自转一天仅有21.9小时，一年不是365天，而是400天。由此可见，珊瑚虫可以根据天象的变化来“计算”、“记载”一年的时间，并且十分精确。

蜜蜂可以算得上是“天才的数学计算师和设计师”。工蜂所建造的蜂巢相当奇妙。它所建的蜂巢底部菱形的钝角全部都是109°28′，所有的锐角都是20°32′。经过数学家的计算，若要消耗最少的材料而制成最大的菱形也正是这种角度。

丹顶鹤成群结队地前进，并且排成“人”字形，“人”字形的角度永远都约为110°。“人”字形的夹角的一半正好为54°44′8″。金刚石结晶体的角度也刚好是这个度数。

田忌赛马为什么能得胜

齐王和大将军田忌商量赛马。他们约好：双方各出上、中、下三个等级的马各一匹，一次举行三场比赛，每输一场便要付给对方1 000两黄金。因为齐王的马要比田忌同一等级的马稍胜一筹，而在每场比赛中，双方都使用同等级的马进行比赛。后来，齐王连胜三场，获得了3 000两黄金。

没过多久，齐王再次邀请田忌参加赛马。田忌感到很为难，一方面，齐王的命令不能违抗；另一方面，参加比赛肯定是必输无疑。这时田忌麾下的一位军师孙膑给田忌出了一个主意：用他的下等马去与齐王的上等马比赛，用他的上等马与齐王的中等马比赛，用他的中等

马与齐王的下等马比赛。就这样，田忌赢得两场比赛。可笑的是，齐王输了钱还不知道自己是如何输的。

原来，孙膑早摸清了齐王的对策，他认为齐王上一次赢得比赛以后，便不会轻易改变出马顺序，还会按（上、中、下）的次序来出马参赛。所以，孙膑便采取了相应的对策，利用田忌的马比齐王次一等级的马稍快的优势，放弃一场但抓住另外两场，获得了最后的胜利。而孙膑的策略之所以能成功，就是因为他准确地估计了对方的策略。

你知道从 81 个零件中找出 1 个废品需要称几次吗

有一次，一个工人生产了 81 个零件，这时，他忽然记起其中有一个内部有空洞的原料也被制作成了零件，而他又是个极其认真的人，心想："为确保产品质量，一定要把这个零件找出来。"虽然从表面看不出来，但它的质量肯定比别的轻，也就是说用天平一定能把它称出来。可问题是没有砝码，但他还是想出了一个好的方法来解决这个问题。你知道他是怎么把那个废品称出来的吗？他需要称几次呢？

通常，在天平两边的盘子里各放一个零件，假设平衡的话，说明没有废品；若不平衡的话，就说明比较轻的一个是废品。所以，称一次肯定能判断出在两个零件里有没有废品。其实，只要称一次也能够判断出三个零件里有没有废品。就是说在三个零件里有一个废品的话，拿出其中的两个放在天平的两端，若不平衡的话，废品就能找到；若平衡的话，没有称的那个零件就一定是废品。若在九个零件里有一个是废品，称两次能否把它找出来呢？答案是肯定的。先把九个零件等分成三堆，再随便取其中的两堆，放在天平的两端，称一次就能判断出废品在哪一堆里。接着把有废品的这零件依按照上面讲的方法再称一次，就能够找到废品了。就是说，只要称两次就可以了。

以此类推，把 81 个零件，先等分成三堆，称其中的两堆，就能够判断出废品在哪一堆里了。接下来把这一堆再等分成三堆，称其中的两堆。这样一来，只要称四次，就能在 81 个零件中找出废品了。

你知道数学奥林匹克吗

我们知道体育上有奥运会，数

学竞赛与体育比赛在精神上有许多相似之处，因此，在国际上把数学竞赛叫做数学奥林匹克。最早的数学竞赛是匈牙利于1894年举办的，

从此以后，许多国家争相仿效举办全国性的数学竞赛。1902年，罗马尼亚首次举办数学竞赛；1934年，前苏联首次举办“数学奥林匹克”。之后，保加利亚于1949年，波兰于1950年，捷克斯洛伐克于1951年，南斯拉夫、荷兰于1962年，蒙古人民共和国于1963年，英国于1965年，加拿大、希腊于1969年……也都举办了数学竞赛。

1956年，著名数学家华罗庚教授等倡导的高中数学竞赛先后在北京、天津、上海和武汉四大城市举行，从而揭开了我国数学竞赛的序幕。

国际性的数学竞赛活动是从1959年开始举办的。这一年，罗马尼亚数学学会首先发出倡议，在布加勒斯特举办了第一届“国际数学奥林匹克”，得到了东欧七国的积极响应。此后，每年举行一次国际性的数学竞赛活动。1985年，我国首次派代表参加了第二十六届国际数学奥林匹克。

你知道黄金分割吗

早在古希腊的时候，人们就发现了在造型艺术上有一个比例，也就是造型的长和宽的比，如果运用这种比例就可以产生美感。那这个比例是什么呢？它就是著名的“黄金分割”定理——将一线段分为两部分，使其中一部分与全部的比等于另外一部分与这部分的比。这样的分法称为“黄金分割”，又叫“黄金律”、“中外比”。解这个比例，可得0.618。

我国著名数学家华罗庚运用“黄金分割”创造了优选法，对促进我国的现代化建设起到了十分重要的作用。

放大镜能放大角吗

我们经常看到老爷爷、老奶奶在读书看报时使用放大镜。他们为什么要用放大镜呢？这是因为放大镜可以把书本上的字放大，让花了眼的老年人看得清、认得准。那么，放大镜能放大所有的东西吗？

有一样东西它便放大不了，那就是角。为什么放大镜不能放大角

呢？这是因为，放大镜虽然放大了物体，却并没有改变物体的形状。放大镜不能把方形放大成为圆形，不能把正的字放大为倒的。在放大镜下面，构成角的两条射线的位置都没有变化，本来是垂直的放大以后还是垂直的，本来是斜着的放大以后还是斜着的，因此，这两条射线张开的角度并没有变，角还是那么大。放大镜仅仅是把图形的每个部分成比例地放大，而没有改变图形的状态。若放大镜为10倍的，这个放大比例便是10倍，所有的字都将是原来的10倍那么大。

球面能展成平面图形吗

我们知道，圆柱、圆锥、圆台的侧面面积可以利用各图形在平面内的展开图形来求出，但球面却不可以，这是为什么呢？

我们可以把圆柱、圆锥、圆台的一个侧面看成由一条直线运动生成的图形，而球面不是直线运动生成的图形。

如果在平面上任意剪下一块，如矩形或扇形，我们就可以既不叠皱，也不用撕破地把它贴在圆柱或圆锥的某个侧面上，但是却无论如何也不能将其贴在某个球面上。

事实上，我们知道如果剪下的矩形或扇形，经过任意一点，可以沿任意方向相交于这个点的直线段 a、b、c……然后将这些分别画有线段 a、b、c……或其他的矩形、扇形粘贴在这些圆柱、圆锥的侧面上，a、b、c……的长度都不改变。如果将画有线段 a、b、c……的某形状往球面上贴，或者贴不上，即使贴上，线段 a、b、c……的长度就改变了。因为有使某些图形或某些线段重合的一部分，或者拉长，或者撕断，我们才能够将其贴在球的表面上。

两个曲面可以相互粘贴的必要条件就是两个曲面距离相等。所谓等距是指我们在两个曲面间建立了互相对应关系，而且对应曲线的长度等长。因为平面与球面是不能建立等距关系的，所以球面不能展成平面图形。

那位戴黑帽子的人为什么是最聪明的

有一个土耳其商人想找一名助手，有两个人前来应征，商人想从他们之中找一个更聪明的人。

商人把他们带进一间屋子，这间屋子既没有镜子也没有窗户。商人将照明用的灯点着，然后将一个装着帽子的盒子放到两个人的面前，打开盒盖说："这里有五顶帽子，两顶是红色的，三顶是黑色的。现在我把灯关掉。"随即便关了灯，屋子里一片漆黑。商人接着说："现在，我们三个人每人从盒子里摸出一顶帽子戴在自己的头上。"三个人在黑暗中摸到帽子戴在头上后，商人把装帽子的盒子重新盖上，再将灯重新点着，并说："你们要尽快说出自己头上戴的帽子是什么颜色。"

当灯亮了以后，两个人都看到商人头上戴的是一顶红色的帽子，而另一个人头上戴的是黑色的帽子，自己的头上戴的该是什么颜色的帽子呢？黑的，还是红的？

只过了一会儿，其中一个人兴奋而自信地说："我戴的是黑帽子！"这个人果然猜对了，商人录用了他。

他为什么能很快又十分肯定地说出自己头上所戴帽子的颜色呢？

这是因为："我看到商人已经戴了一顶红色的，心想如果我头上戴的也是红色的，对方就可以毫不犹豫地立刻说出自己戴的是黑色的帽子。可是，对方在灯亮了以后的短暂时间里没有立刻说出，就这一点，便可以肯定我头上戴的不是红色的帽子。正因为我戴的是黑色的帽子，才使他与我有同样的考虑，同样的犹豫。我是在灯亮了以后，对方正在犹豫的瞬间作出了这样的判断。"

九条路不能相交是错误的吗

一个地方有三个村庄及三所学校，从一个村庄到三所学校各自修一条路，能否使这九条路不相互交叉呢？许多人认为，只要你不怕艰难多绕弯子，这件事是很容易办到的。但事实并非如此，上面这些想法是不可能实现的，其中有着奇妙的数学原理。

在19世纪，瑞士著名数学家欧拉，在研究多面体的顶点数、棱数以及面数的相互关系时，从中发现了一个规律，例如立方体共有8个顶点、12条棱、6个面，它们所具有共同的关系 $8-12+6=2$。而其他多面体也具有同样的关系，就是一个多面体如果有 n 个顶点、m 条棱、p 个平面，就一定有 $n-m+p=2$。这就是我们今天仍在使用的欧拉公式。

因为前面说有 9 条棱、6 个顶点，那么算来有 $6-9+p=2$，就是 $p=5$，那么应该有 5 个面。但是从另一个角度去考虑，如果从一个村庄出发，走一条路就可以到达一所学校，然后再走另一条路就可以到达另一个村庄，然后再走一段路就可以到达另一所学校，最后走一段路最终才能回到原地。因此，围成一个面最少要四段路即四条边。现在我们有 9 条棱，如果边数的确是 18 条，最少四条边可以围成一个面，当然不能组成 5 个面。也就是说设计九条路的想法是错误的。

“圆周率之父”是谁

在月球的背面有一座环形山，这座山的名字叫做“祖冲之环形山”。它是用来纪念中国伟大的数学家、圆周率之父祖冲之的。

为什么说祖冲之是圆周率之父呢？他为人类作出了什么贡献呢？

祖冲之在一千五百多年前就确定了圆周率在 3.141 592 6 和 3.141 592 7之间。西方人直到一千多年后才有这样的认识。祖冲之还提出了圆周率的近似值为 355/113，与圆周率的真值相差不到万分之一，称为“密率”，又叫“祖率”。

在古代，祖冲之还制造了计时的漏壶、指南车、水推磨、千里船等。他第一次提出太阳在地球上连续两次通过春分点所需的间隔天数。他得出的数值365.242 814 8与近代测量结果非常接近。

不仅如此，祖冲之还编制出《大明历》。他把过去历法中每 19 年设 7 个闰月改为 391 年设 144 个闰月，使每过 220 年有一天的误差改进为每 1 739 年有一天误差。

英语园地

英语世界的概况，

不同场合的交际英语，

生活中常见的英语用法，

……

怎样学好英语

学习一种语言，必须做到“五多”：多听、多说、多写、多读、多译。英语尤其如此。现在我们就来介绍几种学好英语的方法。

1. 每天抽出半个小时的时间朗读英语，持之以恒。

2. 朗读英语时要大声，要把每一个音都发出、发准。

3. 朗读的目的是为了能背下来，培养语感。

4. 课堂上认真听讲，把听到的或背过的东西默写下来。

5. 多进行口语练习。

总之，学好英语要注重持之以恒，不能三天打鱼两天晒网。

世界上说英语的国家有哪些

英语是世界上最主要的国际性语言，全世界有将近一半的人在使用英语。英语的使用情况可以分为三类。

1. 以英语为母语的国家，如美国、英国、澳大利亚、加拿大、新西兰等，人口有3.5～4亿。

2. 英语不是母语，但是是英、美等国的原殖民地的地区，如：印度、新加坡、赞比亚等国家，说英语的人已超过13亿。

3. 以英语为主要外语的国家，如中国、日本、埃及、韩国、沙特阿拉伯等国家。

英语字母是怎么来的

我们每天都在学习英语，可是你知道英语字母是怎么来的吗？其实，它们与我们的生活联系得非常密切，是由一些物体的形状逐渐演变而来的。我们借助于那些物体的形状，就能很容易地记住26个字母。

字母A源于公牛头，把它倒过来，看上去就像牛头；字母B来源于房子的形状；字母C是由一种与飞镖相似的投掷器的形状演变来的；字母D是由门的形状变化来的；字母E像人举起双手的样子；字母F像棍子的形状；字母H像弯曲的绳子的形状；字母I来自手的形状；字母J就像跷起的指尖；字母K是从手掌的形状演变来的；字母L来自用于捕获野兽的棒的形状；字母M是从水波的形状演变来的；字母N是从蛇的形状演变来的；字母O像眼睛的形状；字母P像嘴的形状；

字母Q像猴子的形状；字母R是从人的头部形状演变来的；字母S则是从牙齿的形状演变来的；字母T来自于符号；字母V来源于树枝的形状；字母X来源于鱼的形状；字母Z是从弓箭的形状演变而来的。此外，由字母C演变出字母G，由字母V演变出字母Y、U、W。

包含26个字母的最短的英文句子是什么

你能想出一个句子，既能包含26个字母，句子又最短吗？我们先来既看看别人的答案，看看对你是否有什么启发？

1. The quick brown fox jumps over a lazy dog .（速度很快的棕色狐狸跳过一条懒狗。）这个句子使用了33个字母，但包括了全部26个英文字母。

2. Pack my box with five dozen liquorjugs .（将五打酒瓶装在我的箱子里。）这个句子用了32个字母，却包括了全部26个英文字母。

3. The five boxing wizards jump quickly .（五个打拳的男巫快速地跳动。）这个句子只用了31个字母，也同样包括了英文中所有的26个字母。

从这几个句子中，你得到什么启示呢？你能否想出用更少的字母写出包括全部26个字母的句子，或者写一个句子且不重复任何一个字母？

英语单词主要分为哪几类

英语的词类一共可分10大类：

1. 名词：n. 表示人或事物的名称。如：man（人），home（家），China（中国）等。

2. 形容词：adj. 用来修饰名词，以表示人或事物的特征。如：red，black，small等。

3. 代词：pron. 用来代替名词、形容词或数词。如：you，her，it等。

4. 动词：v. 用来表示动作或状态的词。如：do，have，is等。

5. 副词：adv. 用来修饰形容词、动词或其他副词。如：very，there等。

6. 数词：num. 用来表示数量或顺序的词。如：first，four等。

7. 介词：prep. 用来说明名词、

代词等和句中其他词的关系。如：on，at，under 等。

8. 连词：conj. 用来连接词与词，短语与短语或句与句。如：and，but，or 等。

9. 冠词：art. 用在名词前面帮助说明名词所指的人或事物。即：a，an，the 等。

10. 感叹词：int. 表示说话时惊喜或害怕等感情的词。如：Oh、Ah 等。

英语中的标点符号主要有哪些

1. 句号：表示一句话说完了，用“.”表示。

2. 逗号：一句话没说完，中间要停顿，用“,”表示。

3. 分号：并列分句间用“;”表示。

4. 冒号：引用原话前用“:”表示。

5. 问号：疑惑或发问用“?”表示。

6. 叹号：命令与感叹用“!”表示。

7. 引号：引用他人话用““””表示。

8. 括号：文中附说明用“()”表示。

9. 方括号：音标注释用“[]”表示。

10. 破折号：转折或说明用“——”表示。

11. 省略号：意思说不完用“……”表示。

12. 连字号：一词写不完用“-”表示。

什么情况下用大写字母

英语中何时使用大写字母是有讲究的。

1. 句中首字的首字母一定要大写，如：This is a book.

2. 直接引语：在引号内的句子开头字母的首字母要大写，如：The father asked：“What day is today ?”

3. 人称代词“I”在任何时候都要大写。

4. 称呼和职称与人名连用时首字母都要大写。如：Miss Zhang。

5. 专有名词（人名、地名、国名、语种等）和专有名词词组（党、政、机关、团体、企业、国际组织）首字母要大写，如：China，Shanghai。

6. 作为表示方位的专有名词首字母要大写。如：East China（华东），South China（华南）。

7. 月份、星期和节日的名称首字母要大写。如：Sunday。

8. 建筑物、工厂、商店和山河海洋等地理名词要大写。如：Yu Cai Primary School（育才小学）。

9. 由字头组成的缩略词，通常每个字母都要大写。

10. Party 用来指“党”时，P 要大写。如：We love our Party（我们热爱我们的党）。

怎样用英语谈论时间

时间问题是我们经常涉及的，因此，掌握下面关于时间的说法是很有必要的。

1. What time is it ?（现在几点了?）

2. What’s the time ?（现在几点了?）

3. It’s six o’clock .（现在 6 点了。）

4. Sorry，my watch is fast.（对不起，我的表快了。）

5. What time do you get up ?（你几点起床?）

6. At half past five.（五点半。）

怎样用英语道别

1. Goodbye .（再见。）

2. Bye-bye .（再见。）

3. See you later .（回头见。）

4. Good night .（晚安。）

5. Take care . Bye !（保重。再见!）

6. So long .（再见。）

怎样用英语道歉

1. Excuse me .（对不起，打扰一下。）

2. Sorry !（对不起!）

3. I’m sorry !（对不起!）

当别人向你道歉时，你可以说：

1. That’s all right .（没关系。）

2. It doesn’t matter .（没关系。）

3. Never mind .（没关系。）

怎样用英语表示感谢

当别人帮助你时，别忘了表示感谢。用英语怎样表示感谢呢？当你需要感谢别人时，你可以说：

1. Thank you!（谢谢你!）

2. Thanks a lot!（非常感谢!）

3. Thank you for your help .（谢谢你的帮助。）

别人对你的帮助表示感谢时，

出于礼貌，你可以说：

1. Not at all!（不客气!）

2. You’ re welcome!（别客气!）

3. That’ s OK!（没什么!）

怎样用英语表示祝福

1. Good Luck!（祝你好运!）

2. Happy New Year!（新年快乐!）

3. Happy birthday to you .（生日快乐。）

4. Have a good time .（祝你玩得愉快。）

5. Merry Christmas!（圣诞快乐!）

当别人向你表示祝愿时，你可以说：You too .（你也一样）。

怎样用英语自我介绍

你会用英语介绍你自己吗？现在我们就来学习几个关于自我介绍的句子。

1. Hello! My name is Lucy.（你好，我叫露西。）

2. I’ m Susan .Glad to meet you .（我是苏珊，认识你很高兴。）

3. I’ m in Yu Ying Middle School.（我在育英中学。）

4. I’ m a student of Grade Two. Nice to meet you .（我是二年级的学生，很高兴认识你。）

5. I’ m in Class one，Grade Two .（我在二年级一班。）

怎样用英语借东西

当你需要向别人借东西时，你会怎么说呢？下面我们来看看这些例句。

1. My book is lost. May I borrow yours?（我的书丢了，我可以借你的用用吗?）

2. Sure，Please return it as soon as possible .（当然可以，请尽快还回来。）

3. I want to borrow a pen from Tom .（我想找汤姆借支钢笔。）

4. Tom，May I borrow your pen?（汤姆，我可以用用你的笔吗?）

5. OK . Here you are .（当然可以，给你。）

怎样用英语谈论运动

你喜欢运动吗？你知道用英语怎样谈论运动吗？下面我们就来看看用英语是怎么谈论运动的。

1. What ' s your favourite sport?（你最喜欢的运动是什么？）

2. Soccer.（足球。）

3. I' m a tabletennis fan .（我是一个乒乓球迷。）

4. What about you ?（你呢？）

5. My favourite sport is badminton.（我最喜欢的运动是羽毛球。）

6. I like basketball very much .（我非常喜欢篮球。）

怎样用英语问路

当你到达一个陌生的地方，你知道怎样向别人问路吗？或者，在一个熟悉的地方，别人向你问路，你怎样为别人指路呢？现在我们就来学习怎样用英语问路和指路。

1. How can I get to the teachers' office?（请问到老师的办公室怎么走？）

2. Where ' s the playground?（操场在什么地方？）

3. Can you tell me the way to the postoffice ?（您能告诉我去邮局的路怎么走吗？）

4. Where' s the school?（学校在什么地方？）

5. Please follow me .（请跟我来。）

6. Go this way, please .（请走这边。）

7. It' s over there .（在那边。）

8. Turn to the left .（向左拐。）

9. It' s far from here. you' d better take a bus .（离这还很远呢，你最好乘公共汽车去。）

10. Let me show you the way .（让我给你指出这条路来。）

怎样用英语写贺卡

逢年过节，我们都会收到很多贺卡，以此来表达祝福，我们也会送出我们自己的祝福。你会用英语写贺卡吗？

现在我们就来看看用英语怎么写贺卡。

1. 生日卡（birthday card），你可以写上：Happy birthday to you !（生日快乐！）

2. 祝贺卡（congratulations card），你可以写上：Congratulations on your entrance to middle

school。(祝贺你升入中学。)

3. 母亲节送给母亲的节日卡(mother's day card),然后写上:Thanks, mom.(谢谢,妈妈。)

4. 朋友生病的慰问卡(get well card),对他说:I hope you'll get well soon.(我希望你尽快好起来。)

5. 圣诞节到了送张圣诞卡,写上:I wish you a merry Christmas.(圣诞快乐。)

6. 新年到了,对朋友说声:Happy new year to you(被新年快乐!)

7. 在你的亲人结婚时,一张结婚卡(wedding card)可以带去你的祝福:May this happy day last forever!(愿你们永远拥有着幸福的生活!)

怎样用英语称呼家庭成员

1. great—grandfather 曾祖父
2. great—grandmother 曾祖母
3. grandfather 祖父,外祖父
4. grandmother 祖母,外祖母
5. father 父亲
6. mother 母亲
7. uncle 叔叔、伯伯、舅舅、姑父、姨夫
8. aunt 阿姨、姑姑、婶母、伯母、舅母
9. brother 兄、弟
10. sister 姐、妹
11. cousin 堂兄弟、表兄弟、堂姐妹、表姐妹
12. brother-in-law 姐夫、妹夫
13. sister-in-law 嫂子、弟媳
14. son 儿子
15. daughter 女儿
16. son-in-law 女婿
17. daughter-in-law 儿媳
18. nephew 侄子、外甥
19. niece 侄女、外甥女
20. grandson 孙子、外孙
21. granddaughter 孙女、外孙女

打电话时如何使用英语

我们在打电话时,经常用到这样的例句:

1. Hello, This is Jim.(你好,我是吉姆。)

2. Who's that speaking?(你是哪位?)

3. Hello, This is Jim speaking.(你好,我是吉姆。)

4. May I speak to Uncle Wang,

please ?（请王叔叔听电话好吗?）

5. Tom，a phone for you .（汤姆，你的电话。）

6. The line is busy.（占线。）

在餐厅如何使用英语

当你去餐厅就餐时，经常会使用这样的句子：

1. I’m hungry .（我饿了。）

2. It’s time for supper.（该吃晚饭了。）

3. Let’s go to the dining-hall.（让我们一起去餐厅吧。）

4. What would you like ?（你喜欢吃什么?）

5. I’d like a hamburger.（我想要一个汉堡包。）

6. I don’t like dumplings. I like rice.（我不喜欢吃饺子，我爱吃米饭。）

怎样用英语表达喜欢与不喜欢

当你遇到喜欢或不喜欢的东西时，你会怎么表达呢？现在我们就来介绍几种简单的表达方法：

遇到你喜欢的东西，你可以说："I love ……"；"I like ……"；"be fond of ……"等。如："She is fond of Chinese food。"或"She likes Chinese food 。"

当遇到你既不喜欢也不讨厌的某样东西时，你可以说："I don’t mind……"，如："I don’t mind walking to work 。"

当遇到你不喜欢的某样东西时，你可以说："I can’t bear ……"；"I don’t like ……"；"I can’t stand ……"；"I hate ……"如："He can’t stand his boss。"

就诊时如何使用英语

当你生病需要看医生时，经常会用到这样的句子：

1. What’s the matter with you?（你怎么了?）

2. What’s wrong with you?（你怎么了?）

3. I have a headache .（我有点儿头疼。）

4. I feel very cold .（我感到非常冷。）

5. There is something wrong with my arms.（我胳膊有点儿不舒服。）

6. You’ll be well soon.（你很快就会好的。）

7. It’ s nothing serious.（没什么毛病。）

8. Drink more water. Water is good for us .（多喝水，水对我们是有好处的。）

商场里如何使用英语

当你走进商场准备购物时，肯定需要跟售货员进行交流。怎样才能更准确地使用英语进行交流呢？

下面我们就来介绍一些最常用的购物英语。

1. Can I help you ? （我能帮你吗？）

2. What can I help you ?（我能为你做点儿什么？）

3. Let me try it on .（我想试穿一下，可以吗？）

4. I want that shirt .（我想买那件衬衫。）

5. How much is it ?（多少钱？）

6. Sixty yuan .（六十元。）

7. Here’ s the money .（给你钱。）

你知道英美人有什么口头语吗

你是否经常说出一些中国式的英语，比如说当你给你的外国朋友拍照时，你对他说“Please smile ”（笑笑），他可能因为语言习惯不同而不清楚你到底想让他干什么？如果你了解一些英美人的口头语，你就不会这样说了，而说“Please say cheese”，这是因为人在说“cheese”时，嘴自然成笑状。

下面我们就来看一些常见的口头语：当你在国外的大街上遇到抢劫时想寻求帮助，如果你大声喊：“Stop thief. ”这时过来帮你的人很少，而你如果说“Help”，肯定很多人过来帮助你。再比如说，你对外国朋友说：“Are you joking?”（你在开玩笑吧？）当然不错，但更地道的说法是：“Are you kidding? ”还有更重要的就是当你不理解一些语言习惯时，反应不过来而违反要求，可能会很危险，比方说当一个美国警察对你说：“Freeze”，你不知道是

什么意思，当然不知道该怎么做？其实，他的意思是让你举起手来，不许动。可能你认为不许动是“Don’ t move”，这样的结果会是什么就可想而知了。

汉语口头语用英语怎么表达

你是否有过这样的经历，当你

与外国朋友一起吃饭时，想让客人多吃点儿，可不知道英语该怎么说？想了很久，终于说了一句："Please eat more。"其实，在这种场合，你只要说"Would you like a little more？"就可以了。现在我们就来看一些比较常用的口头语。

1. 与客人分别时，你想说"请慢走"，就不要说成"Please walk slowly。"最好用"Take care。"

2. 当别人对你说谢谢，你想对他说"别客气"时，千万不要说成"Don' t be polite"，只能说："Make yourself at home。"

3. 在提醒别人走路小心时，不要说"Be careful"，最好说："Watch you steps/Mind your steps。"

4. 在上车或进屋时，请别人先行，也不要说"Please go in first"，最好说"After you"。

要切记：英语是一种语言，不能想当然，要掌握规范用法，不要闹出像上面那样的笑话。

"R"有几种意思

1. 当你看电视时，尤其是精彩的体育比赛时，是否注意到画面的某一处会出现 R 字母，这就意味着"重放"。只要它出现，画面上就会出现刚才放过的镜头，有时还会变成慢镜头，这时的 R 是 repeat（重复）的意思。

2. 当医生开药方时，也经常用到 R，这是在告诉病人及药店需要下列药品，这个 R 是 recipe（处方）的首字母。

3. 当你购买商品时，经常发现商品的商标中印有带圈儿的 R 字母，这是表示该商品已经在有关部门注册了，任何单位和个人都不准仿效和挪用，这里的 R 是英语 registered trade mark（注册商标）的简写形式。

你知道这些常用的英语缩略语吗

你是否发现在英语中经常用缩略语来表达某些意思？下面我们就来看看这些缩略语：

1. 表示机构和组织的：CPC＝the Communist Party of China（中国共产党）；UN ＝United Nations（联合国）；WHO＝ World Health Organization（世界卫生组织）；WB ＝World Bank（世界银行）；IRC＝International Red Cross（国际红十字会）。

2. 表示时间、方位、单位等：am. =上午；pm. =下午；E=East 东；S=South 南；W=West 西；N=North 北；m=meter 米；cm=centimeter 厘米；mm=millimeter 毫米；km = kilometer 千米；kg = kilogramme 千克；g=gramme 克。

3. 其他：OK =好的；WC =厕所；ISBN =国际标准书号；VIP =贵宾；UFO =不明飞行物；eg =例如；etc=等等。

你认识公共场所的常见标牌吗

你认识公共场所的常见标牌吗？如：

1. NO FIRE 禁止烟火。
2. ON/OFF 开/关。
3. PULL 拉。
4. PUSH 推 。
5. POWER 电源。
6. NO TALKING 禁止说话。
7. EXIT 出口处。
8. ENTRANCE 入口处。
9. NO SMOKING 禁止吸烟。

你了解英、美国家的节日吗

一月：New Year' s Day（1 月 1 日）新年；

二月：Valentine' s Day（2 月 14 日）情人节；

三月：Lady Day（3 月 25 日）报喜节；

四月：April Fools' Day（4 月 1 日）愚人节；

Easter 复活节；

五月：International May Day（5 月 1 日）国际劳动节；

Mother' s Day（5 月第 2 个星期日）母亲节；

六月：Father' s Day（6 月第 3 个星期日）父亲节；

七月：In Dependence Day（7 月 4 日）美国独立日；

八月：Lammas Day（8 月 1 日）收获节；

九月：Labor Day（9 月第 1 个星期一）美国劳动节；

十月：Columbus Day（10 月第 2 个星期一）哥伦布纪念日；

十一月：Thanksgiving Day（11 月第 4 个星期四）感恩节；

十二月：Christmas（12 月 25 日）圣诞节。

历史长河

古今历史，悠悠长河，
变幻无数风云岁月，
湮没帝王将相红颜，
前尘往事无法停驻，
只待吾辈开创未来，
……

你知道盘古开天辟地的传说吗

有关世界的起源，自古有很多说法。各国关于此类的传说，也数不胜数。那么你知道我国的传说吗？

中国流传着这样一个神话故事：传说在遥远的古代，天地尚未形成，宇宙只不过是混混沌沌的一团气，

没有方向，不分上下左右，东南西北；没有光，到处寂静无声。这时的宇宙犹如一颗浑圆的鸡蛋，蛋清中间有蛋黄，人类的祖先盘古在这个世界里孕育了一万八千多年，终于像刚孵出的小鸡一样破壳而出。而后，盘古挥舞起一把神斧，把这一团混沌劈成两部分，一部分清而轻的气向上浮升，一天升一丈，天长日久，便形成了蓝天；另一部分浊且重的物质往下沉，一天能沉一丈，久而久之，就形成了大地。而盘古一天也能长一丈高。这样，又过了一万八千年，天升得很高，地沉得很厚，盘古也长成顶天立地的巨人了。

盘古成为巨人后有了喜怒哀乐，他高兴时，天空晴朗；他发怒时，天空阴沉昏暗；他哭泣时，天空下起大雨；他呼吸时，地面形成大风；他睡着时发出的鼾声，便是雷电。

很多年后，盘古死去。他头朝东脚朝西地躺在大地上。头化为东岳泰山，脚化为西岳华山，左臂化为南岳衡山，右臂化为北岳恒山，肚子化为中岳嵩山；他的五脏六腑、头发和汗毛化为太阳、月亮、星星、高山、江河、湖海、草木等。

这就是“盘古开天地”的故事，我国古人认为是盘古创造了世界。当然，这只是一个神话传说，但是它揭示了一个深刻的道理：人的力量是伟大的。

三皇、五帝是怎么来的

我国古代有把远古三个帝王和上古五个帝王合称为三皇五帝的说法，秦始皇为表示地位之崇高无比，曾采用三皇之“皇”、五帝之“帝”构成皇帝的称号。那么，三皇五帝究竟是谁？说法很多。

第一种说法是三皇指天皇、地皇、泰皇，这种说法认为泰皇最贵。另一种说法是三皇指天皇、地皇、人皇。还有古人认为三皇应为燧人、伏羲、神农，或燧人、伏羲、女娲，

因女娲补天创造了人类。此外，《帝王世纪》以伏羲、神农、黄帝为三皇，《通鉴外纪》又以伏羲、神农、共工为三皇。由此可见伏羲和神农占有三皇之两席，诸说基本一致，而第三位，分歧较大。

至于五帝的说法也各有不同，有种说法是黄帝、颛顼、帝喾、唐尧、虞舜这五个人。后来有人认为"五帝"是指伏羲、神农、黄帝、尧、舜。另外，还有炎帝、高辛等人也被列为五帝之中。五帝主要是指传说中原始社会里杰出的部落首领。

中国最早的人类遗址在哪里

1965年，云南的元谋县发现了"元谋猿人"。其原因是发现有猿人的左、右上内侧门齿两颗，这两颗门齿属同一青年的。后来在元谋猿人化石所在的褐色黏土层里，发现了用石英岩打造的刮削器共四件，而且在这个地方还采集到了其他的石制品十几件。并发现在厚约三米的三个地层中零星散布着炭屑，这些是否是人工用火的遗迹现在尚不能肯定。和元谋猿人化石一起被发现的还有多种哺乳动物的化石。这些哺乳类动物有许多是食草类的。一般估计，元谋猿人距今大约有一百七十万年左右，是我国距今为止发现的最早人类。

中国为什么又叫"华夏"

中国自古以来有过许多名称，如中华、中原、华夏等。为什么要把中国叫做华夏呢？

《左传》中说，中国是一个文明古国，一向被称作礼仪之邦，叫做"夏"。"夏"有高雅的意思，再加上中国人的服饰很美，所以又叫做"华"。

还有一种说法，认为中国历史上最早的朝代是在黄土高原上建立的夏朝，它在上古时代文化程度最高，影响也最大，在中国历史上留下了不可磨灭的一页。夏朝从一开始就以中央大国自居，因此，"夏"就有了"中国"的意思。"夏人"也就成了"中国之人"。后来，人们把文化高的地区称为"夏"，把文明程度高的人或族叫"华"，"华夏"合起来就代表了中国是一个有高度文明和发达文化的中央大国。"华夏"

也渐渐成了中华民族的代名词。

你知道“北京人”吗

这里的“北京人”可不是我们常说的北京人、上海人，而是远古时代生活在北京周口店的原始人。

在北京西南郊有一个名叫周口店的小镇，当地采石烧炭的工人发现该地龙骨山的岩洞里有一些奇怪的野兽骨头。消息传出后，瑞典地质学家安特生来到这里，在工人的指引下，发现了一系列北京人的骨骼和生活用品。

原始北京人大约生活在四五十万年以前。他们既像猿，又有一些人的特征。他们前额低平，两个连在一起的粗大眉骨就像房檐一样遮着眼睛，颧骨很高，鼻子扁宽，嘴巴向前伸，没有下巴，牙齿粗大，脑壳比现代人厚一倍，脑子只有现代人平均脑量的80%，胳膊和现代人差不多，腿还有些弯曲。最主要的是北京人已经懂得用火和使用简单的石头工具。特别是火的使用，不仅使他们能够吃到熟食，冬天还可以取暖抗寒，抵御各种野兽的袭击，大大增加了他们的寿命，提高了他们与大自然进行斗争的能力。

图腾是什么

我们在看动画片的时候会遇到“图腾”这个词。那么，你知道图腾是什么吗？

图腾来源于很早的原始社会母系氏族公社时期，每一个氏族都用一种植物或动物，或者是无生命的物象作为自己的徽号，这就是图腾。图腾就是氏族的信仰和象征。在河南省渑池县仰韶文化村发现的仰韶文化表明，这里居住的氏族部落的彩陶上有蛙、鸟、鱼、鹿以及人面、人手虫身等图像，这些都是当时氏族的图腾。每个氏族都有一个自己的图腾，以表示区别于其他氏族。

“炎黄子孙”是什么意思

四千多年前的原始社会时期，在黄河中下游地区有一个部落，其首领姓姬，号轩辕氏，人们叫他黄帝。黄帝领导的部落被称为黄帝族。另外还有一个部落，首领姓姜，大家叫他炎帝。他的部落因此得名为炎帝族。黄帝族和炎帝族是当时两个比较大的部落。为了争夺土地，炎帝族与以蚩尤为首的部落发生了冲突，炎帝被打败了。炎帝向黄帝求助，黄帝和炎帝共同作战，终于在涿鹿大败蚩尤，并杀死了他。就这样，炎帝族和黄帝族结盟，大家推选黄帝为联盟的首领。

后来，黄帝、炎帝部落的势力渐渐扩展到整个中原地区，而且力

量一天比一天强大。其部落联盟也尊黄帝为联盟主。黄帝族和炎帝族的子孙们与东方的夷族、南方的黎族、苗族及其他部落民族不断融合，形成了春秋时期的华族，为汉朝之后的汉族奠定了基础。因此，这两个部落联盟在汉民族的发展史上占有重要的地位，黄帝和炎帝之后的尧、舜、夏、商、周、秦各代以及当时许多小诸侯都渊源于他们。后人认为炎、黄二帝是中华民族的始祖，于是我们中国人都会骄傲地说自己是炎黄子孙。

你知道黄帝战蚩尤的传说吗

在中国的历史上，有很多奇特的传说，其中，黄帝大战蚩尤就是其中之一。

远古时代，中国尚处于氏族时期。那时候，中原有两个较大的部落，一个是黄帝部落，另一个是炎帝部落，这两个部落都居住在今天的陕西境内。

当黄帝族日益兴旺时，炎帝族已经逐渐衰落下来。与此同时，东部有个部落发展起来，常常侵扰其他部落，这个部落的首领就是蚩尤，他率领部落西进打败了炎帝族，也危及黄帝族的生存。炎帝族被蚩尤打败后，便向黄帝族求救。于是两个部落结成联盟和蚩尤展开激战。蚩尤和他的八十一个兄弟凶猛善战，冲杀在前。后来他又请来风伯雨师，掀起了狂风暴雨。炎帝和黄帝的部

落联盟由四支精锐部队充当先锋，用石头、石斧奋勇搏杀。当大雨肆虐的时候，黄帝请来了女神旱魃，她用猛烈的阳光和狂风驱散了风雨。蚩尤马上施放大雾，企图逃跑。黄帝用指南车指明方向，除掉蚩尤，取得了战争的胜利。

你知道“禅让”制吗

在远古时代，我国黄河流域的部落联盟里先后出了三位很有名望的部落联盟首领，即尧、舜、禹。

相传他们有高尚的品德和丰富的生产经验，十分受人尊重。

尧年岁大了，身体一天不如一天，记忆力也不断减退，他已经不能很好地处理日常的政务，就想找一个继承他职位的人。他知道自己的儿子丹朱品德不好，于是把各部落的首领召集到一起，商议要推举一位德才兼备的接班人，大家一致推荐山东农民舜做接班人。

舜是个普通的种田人。他的父亲双目失明，是个糊涂透顶的人。舜的生母早死，继母很坏，继母生的弟弟狂妄骄横。他们都嫌弃舜，并千方百计地谋害他。但舜却能继续孝顺父母，爱护弟弟，所以大家都说舜是个有德行的人。

尧决定对舜进行多方面的考察。他派舜担任司徒，协助自己处理重大事务。舜应付各种特殊情况都很有办法，所经手的工作都办得井井有条，没有一点儿差错。尧非常满意，就把首领的职位传给了舜。

舜接任后，兢兢业业，深受大家的爱戴。当他上了岁数后，又用同样的办法，经过长期治水的考验，选择禹为接班人。

当舜病死后，禹就继任了部落联盟首领。这种让位于贤的做法，历史上称为“禅让”。

大禹是怎样治水的

大禹治水的传说流传了几千年，他的精神感动着一代又一代的炎黄子孙。当初他是怎样治水的呢？

相传，那时候全国洪水肆虐，百姓深受其苦。大禹的父亲受命去治水，可治了九年也没有成功。后来大禹自告奋勇去治理洪水，他总结了父亲在治水中的经验和教训，采取一系列措施。他放弃了父亲只用土去堵塞洪水的失败方法，跋山涉水到各地进行实地考察和测量，了解第一手资料，以便因地制宜。其次，他运用修堤堵水和疏通河道相结合的办法，带领人民挖河道，建大坝，最后终于使大水顺着已疏通的河道流入大海，为人们解除了多年的洪涝灾害。

大禹治水一共用去十三年的时间。在这期间，他曾三次从家门前路过，可都没有进去看一眼自己想念的妻子和儿子。在治理洪水过程中，他亲自参加施工，不怕辛苦不怕劳累，脚趾甲都脱落了，小腿上的汗毛也掉光了，人们见了无不感动得流泪。在洪水退了以后，他又组织人民抓紧时间生产，请专业人士指导人民播种、收割。在他的领导下，人们不仅战胜了洪水，还战胜了洪水造成的饥荒。

天安门前的华表有什么作用

在我国首都北京天安门前有一对汉白玉雕刻的华表，十几米高的大石柱上，从下到上雕刻着精美的蟠龙流云纹饰，形态逼真，栩栩如生。柱的上部横插着一块云形长石片，一头大，一头小，远远望去，好像柱身直插在云间，显示出我国古代雕刻艺术的精湛。

那么，“华表”有什么作用呢？

这有着十分悠久的历史。远在中国的文字还没有成熟的时候，华表的前身就已经出现了。传说在原始社会的尧舜时代就有了类似的标志。尧曾把刮去皮的大木栓立在自己的门外面，让人们在木柱上刻写意见，指责他的过失，引以为戒，因此又叫做“诽谤木”，其作用类似于现在的“意见箱”。后来在大路上也设置了诽谤木，并在木桩上加一根横木，作为指明方向、识别道路的标志，因此又叫做“华表木”或“恒表”。

随着原始社会的瓦解，奴隶制、封建制的建立，广大人民群众言论自由被剥夺，“诽谤木”上不能再写意见了，而被刻上云龙纹，既当做宫殿前的装饰物，更作为皇权的象征。

盘庚为什么要迁都

从汤至盘庚之间，商朝共迁都五次。而对于这五次迁都的年代和地点，历史上说法不一。

当时关于盘庚迁都的事件，据《尚书·盘庚篇》记载，盘庚提起时曾遭到贵族的反对，而后来是在盘庚的胁迫下，众人才勉强服从了迁都。关于迁都的原因《盘庚篇》却没有提到。汉代学者推测可能是当初贵族生活比较奢侈，压迫平民。而盘庚迁都到殷是为了缓和一下贫富之间的矛盾。也有人认为商朝的农业生产力相对比较低下，经常迁都可能与地力耗竭有关。不过这些推测都是缺乏证据的。

《竹书纪年》中说：“自盘庚徙殷，至纣之灭，二百七十三年之外，更不徙都。”从殷墟中发掘得到的从武丁至帝辛的历代王室的不少占卜刻词可证明“更不徙都”的说法是可靠的。而盘庚迁殷以后社会经济方面也有了较大的改善，所以才会改变长期以来经常迁都的局面。

为什么说中国有五千年的文明史

如果从元谋人生活的时代开始算起，中国已有一百七十万年的历史了，但是中国的文明史却只有五千年左右。

首先，我国的文字起源于五千年前。现今我们可以识别的汉字之中，以甲骨文为最古老。甲骨文的时代距今天有三千年到三千三百年。在先后出土的十余万片甲骨中，单字的总数在三千五百个字左右，文字的结构已经由独体字趋向于合体字，在这之中有着大量的形声字。甲骨文已经相当复杂与进步了，从原始的文字发展到甲骨文，这中间需要相当长的时间。考古学家们在山东的大汶口文化的中晚期遗址之中发现了刻有原始文字的陶器，文字的笔画整齐规范，和甲骨文有着一脉相承的迹象。这个陶器年代的测定在公元前三千年到两千五百年之前，也就是距今天五千年左右，这为确定中国有五千年的文明史提供了有力的证据。

其次，中国的奴隶制的上限也是在五千年前，在山东的大汶口遗址中，墓葬存在着极为明显的差异。有的墓穴很宽大，随葬的陶器有九十多件，还有一些装饰品；有的墓穴很小，只能容纳尸体，随葬品也很少，甚至没有。贫富分化与等级贵贱已经出现了。有的合葬墓里能看出当时父系的大家庭之中已有奴隶在内，墓葬的时间距今有五千到六千年。因为目前还没有发现比大汶口更早的既有着原始文字又有着奴隶制特点的墓葬，于是，有的考古学家就认为，奴隶社会的时间上限是在大汶口文化时期。这就说明了距今五千到六千年的时候，中国的文明史就开始了。

从中国历史上有确切纪年的共和元年（公元前 841 年）向上推算到禹时是公元前 2100 年，黄帝到禹也有“三十世”，大概有九百年，也就是黄帝距今天约为五千年。有的考古学家把大汶口文化和古文献之中记载的黄帝时代的情况相对照，有很多吻合的地方，因此认为中国进入奴隶社会的时间应是在传说之中的黄帝时期。

中国人的“姓”是怎么来的

中国人的“姓”最早出现在五千多年前的母系氏族社会。当时，氏族成员以与生产生活息息相关的动植物或其他东西来作为本氏族的标志，这就是最初的“姓”。那时的社会，人人只知其母而不知其父，因此人们都随母姓。拥有同一个姓的人，都是同一位女祖先的子孙。有了姓，就可以防止近亲婚配。“姓”这个字，由“女”和“生”组成，正是因此产生的。

进入父系社会后，“姓”转而表明了父系的血缘关系。后来，由于人口不断增多，姓的支派也增多了，就产生了氏。比如黄帝又叫轩辕氏。夏、商、周时代是姓氏产生的重要时期。当时，统治者对姓和氏的产生制定了严密的制度。一般情况下，君主的封地、所赐的官爵以及死后追加的封号，都可以作为姓氏。还有一些姓氏是以居住地所属的部族名称演变而来的。那时候，贵族男子有姓、有名还有氏，而普通的平民则只有姓、名，这是为了区分贵贱和身份。战国时期，随着奴隶主贵族的没落，“氏”失去了存在的必要，逐渐消亡了。而“姓”则被基本确定而沿用了下来。

唐代太宗时期的吏部尚书高士廉写了一本《氏族志》的书，作为推举贤能或撮合婚姻的依据。宋代时期的《百家姓》则收集了四百三十八个姓。据说，后来共有四千到六千个姓，但现在普遍使用的只有一千个左右。

“春秋”、“战国”各指什么时候

我们都知道春秋、战国时期战乱不断，是奴隶社会到封建社会的过渡时期。

春秋时期借用了鲁史《春秋》的名字，这部书是鲁国的一部编年体史书，记述了鲁隐公元年（公元前 722 年）到鲁哀公十四年（公元前 481 年）这段历史，中国历史上称为春秋时期。春秋时期，特别是后期，作为奴隶制社会经济基础的井田制逐步瓦解，标志着古代社会进入了由奴隶制向封建制转变的时期。

春秋之后，战乱更加频繁，许多小诸侯国被大诸侯国兼并，后来只剩下齐、楚、燕、韩、赵、魏、

秦七个诸侯国，被称为“战国七雄”。这个时期从公元前475年到公元前221年，共计二百五十四年，被称做战国时期，它是我国奴隶社会崩溃、封建社会形成的时期。

我国古代主要的朝代名称是怎么来的

夏：舜死后，禹当上了部落联盟首领。禹原来是夏后氏部落首领，因此，禹的儿子启建立了奴隶制国家后取名为“夏”。

商（殷）：商部落的始祖属于商（今河南商丘），所以以“商”为国名。后来盘庚迁都到殷（今河南安阳），故商朝也叫殷朝。

周：因为武王居住在祁山下的周原，所以武王灭殷后以“周”为国名。

秦：周孝王时，为了嘉奖养御马的非子，还封其于“秦”（今甘肃天水）地，所以后世就以“秦”为国号。

汉：刘邦原来被西楚霸王项羽封为汉王，后来建国就以“汉”作为国号。

魏：曹操被汉献帝封为魏王，曹丕称帝后，以“魏”为国号。

蜀：刘备在蜀称帝，所以称“蜀”。

吴：孙权建都建业（今南京），都城在吴地，所以称“吴”。

晋：司马昭在魏国先封为晋公，后为晋王。他的儿子司马炎逼魏帝退位，自立为皇帝，改国号为“晋”。

隋：隋朝开国皇帝杨坚原是后周随王，因为“随”从结构上有走的意思，所以省去“辶”，为“隋”。

唐：因为李渊的祖父李虎被追封为“唐国公”。李渊称帝后即以“唐”为国号。

宋：赵匡胤在后周时被封为宋州节度使，发迹于宋州，所以国号为“宋”。

元：元世祖忽必烈统一中国后，取《易经》中“大哉乾元”之义。

明：明朝的称呼出于明教。明教有明王出世的传说。

清：开始国号为“金”。1636年改为“清”。

年号和庙号是怎么回事

年号是封建皇帝用来纪年的名称。最早开始使用年号的是汉武帝刘彻，此后延续了数千年，直到辛亥革命为止，随着封建制度的结束而结束了。我国没有统一的纪年方式，而是根据皇帝在位时所取的年号来纪年，例如，唐朝皇帝李世民在位时年号为“贞观”，“贞观十一年”即李世民在位的第十一年。孙中山推翻封建帝制后，取消了年号纪年法，改用民国纪年法。1949年，中华人民共和国成立，改用公元纪年法。

庙号是封建帝王死后，在祖庙里立室奉祀时立的名号。例如宋朝皇帝赵匡胤死后，庙号是“宋太祖”；明朝皇帝朱棣死后，庙号是“明成祖”；清朝皇帝爱新觉罗·康熙死后，庙号是“清世祖”。

台湾在我国历史上都有什么称呼

台湾自古就是我国不可分割的一部分。早在秦汉时期，祖国人民已经开始和台湾人民互通往来。那时台湾还没有确切的名称。到了三国时期，吴国国君孙权派将军率船队到达台湾，那时台湾叫做夷州。

隋唐时代，将夷州改为琉求，这个称呼一直沿用到南宋时期。

元朝时候，又将琉求改为琉球。

明朝中期将琉球改为东番，意思是东方番族聚居的地方。

台湾除了有以上称呼外，在明朝中后期稍有变化，不过这些称呼不是指整个台湾岛。如明朝末期又把台湾称作“大员”，但只是今天台南市西安平镇一带。

清朝于1683年进入台湾，第二年清政府在台湾设置台湾府，隶属福建省，辖境相当于今台湾全省。

为什么说台湾是中国领土不可分割的一部分

台湾自古就是我国领土不可分割的一部分，台湾人民与大陆人民同一祖先，同一种族，有着共同的历史渊源，自古就是血肉相连的手足同胞。

古时候的台湾称作夷州，隋唐时叫琉求，这个名字后来一直沿用到宋元时代，明代以后开始称作台湾。

在历史上，荷兰侵略者曾在1642年侵占台湾，对台湾人民进行残酷的剥削和压迫，并不断骚扰福建、广东沿海地区，激起中国人民的无比愤怒。台湾老百姓说：“台湾本来就是中国的领土，台湾父老乡亲都盼望回到祖国的怀抱，希望郑将军快些收回台湾。”1661年4月，郑成功亲自率领战舰一百二十艘，将士两万五千余人，在金门料罗湾誓师东进收复台湾。经过激烈的海战，郑军击沉荷兰军主力舰“赫克托”号，收复了“赤嵌楼”。在近一年的战争中，荷兰军伤亡近两千人，损失惨重。1662 年 2 月 1 日，荷兰侵略军被迫投降，被侵占达三十八年之久的台湾终于重归祖国怀抱。

这段历史已经过去了三百年，但两岸人民渴望统一的愿望丝毫没有改变。任何分裂的阴谋都不会得逞。

“六大古都”指的是什么地方

我国历史上有名的六大古都分别是：西安、洛阳、开封、杭州、南京、北京。

公元前 11 世纪，西周在西安建都，称镐京。公元前 202 年，刘邦建立西汉，定都于此，取名为长安。以后，魏晋南北朝的前赵、前秦、后秦、西魏、北周均在这里定都。隋、唐两代都建都西安。

洛阳最早是西周的东都，叫洛邑。公元前 770 年，周平王东迁，洛邑正式成为东周的都城。以后，战国时期改称为洛阳。东汉、曹魏、西晋、北魏（孝文帝以后）、隋（炀帝）、武周（武则天）先后在这里建都。

开封最早是魏国的都城，叫大梁，唐朝改称汴州。公元 907 年，朱温建立的后梁也以开封为都城。接着，后晋、后汉、后周相继在这里建都，同时改称为东京，又称开封府。公元 960 年，赵匡胤定都于开封，建立了北宋。

杭州是五代十国时期吴国的都城，后来南宋也定都于此，杭州被改为临安。

南京也是非常著名的古都。最初为三国时期的东吴都城，称作建业。后来是东晋以及南朝的宋、齐、梁、陈的国都，称为建康。五代十国时期的南唐建都于此，称为金陵。明朝开国皇帝朱元璋建都于此，改称为应天。太平天国洪秀全也在这里建都，称天京。辛亥革命以后，孙中山建立的临时政府设在这里，后来，成为“中华民国”的首都。

北京，在战国时期为燕国都城，称为蓟城。辽代改称为燕京。金代于 1153 年迁都于此，称为中都。元朝定都于此，称为大都。1421 年，明成祖迁都于此，改北平为北京。清兵入关后，清王朝建立，都城在北京。1949 年中华人民共和国成立，北京作为首都，成为全国政治、文化中心。

伯夷、叔齐为什么会饿死在首阳山上

商朝末年，河北卢龙的南边一带为孤竹国，孤竹国君一共生了三个儿子，大儿子叫伯夷，三儿子叫叔齐。

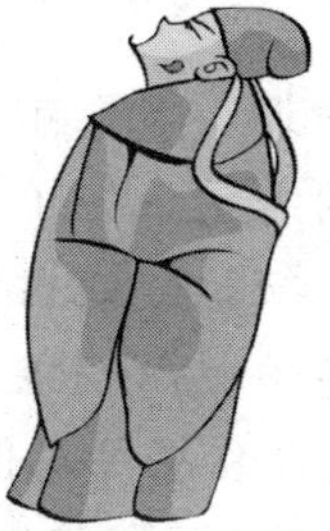

叔齐从小聪明好学，才智聪颖，孤竹国君特别喜欢他，一心想立他为太子。当国君年老病重时，伯夷不愿看到兄弟相残，便借口为父亲上山采药，离开了王宫再也没有回来。叔齐见哥哥如此义气，心里不安，趁王宫里的人没注意，也逃了出来。所以孤竹国的王位只好由老二来继承了。

叔齐逃出了王宫，历尽千辛万苦，终于在深山隐蔽处找到了伯夷。他们经过商量，决定投奔西伯侯姬昌（周文王）。

不久，周文王死了，他的儿子周武王想称霸，决定出兵攻打纣王和其他国家。伯夷、叔齐不愿让自己的国家受侵，所以不顾一切地阻止周武王，但周武王仍然决意灭商。最终，周武王杀死纣王，吞并了其他诸国，建立了周朝。

伯夷、叔齐不肯在周朝称臣，孤竹国也被灭了，兄弟二人无家可归，只得到处流浪，最后来到人烟稀少、树木丛生的首阳山，在一处山洞里隐居下来。兄弟二人忠贞不屈，宁愿整天上山挖野菜、摘野果充饥，也不吃侵略家乡的国家土地上长出的五谷。

当地有几户老百姓看到他们整天吃野菜，便好心地送来粮食。可是兄弟二人宁愿饿死，也不吃周朝的粮食。这时，一位农夫说："你们吃的野菜不也是周国国土上长出来的吗？"伯夷、叔齐听了农夫的话，觉得言之有理，心里更加深了对周朝的愤恨。后来连野菜也不吃了，以示对周朝和周武王的不满和反抗。后来，村民们发现伯夷、叔齐这两个骨瘦如柴的老人死在山洞里了。

你知道姜太公钓鱼的故事吗

商纣王暴虐无道、荒淫无度、骄奢淫逸，常常无缘无故杀害百姓，只懂得寻欢作乐。

传说纣王手下有个大臣，名叫姜尚，又叫姜子牙，他见纣王如此胡作非为，便弃官逃跑，隐居在渭水河边，此处是西伯侯姬昌的势力

范围。姜子牙知道姬昌胸怀大志，渴求人才，就在渭水边“钓鱼”。一般人钓鱼用的是弯钩，弯钩上面挂着鱼饵，然后把鱼钩放入水中，引诱鱼儿上钩。可是姜子牙钓鱼却不这样，他的鱼钩是直的，上面不放鱼饵，而且离开水面足有三尺高。他一边高举钓竿，一边自言自语地说：“不愿活的鱼儿，你要找死就自己上钩吧！”他这种奇怪的钓鱼方法很快传到姬昌那里。

姬昌觉得这个人很古怪，就派士兵去叫他。姜子牙见士兵前来，根本不理，边钓鱼边说道：“钓，钓，钓！大鱼不上钩，小鱼瞎胡闹！”士兵见此情形，赶忙跑回去报告姬昌。姬昌觉得这个人一定是个非凡的人才。于是，他带上厚礼，亲自去请教姜子牙。他认为姜尚就是自己盼望得到的能人，便请姜尚一同回宫。姜子牙见他确实是诚心诚意求贤，便答应替他出力。所以姜尚又被称做“太公望”，俗称姜太公。

进宫不久，姜太公任丞相之职，他一面提倡生产，一面训练兵马，成为姬昌的好帮手，为他灭掉商朝、建立周朝立下了汗马功劳。

什么是“国人暴动”和“共和新政”

西周后期，奴隶主对奴隶实行极为严酷的统治。为了不屈服于奴隶主的暴力统治，奴隶们展开了各种各样的斗争。而奴隶主统治集团为了镇压奴隶和平民对他们的反抗，更是加紧了对人民的控制和剥削。

其中周厉王时代的统治最为恐怖。他连年发动大规模的战争，对内实行“专利”政策，任用卫巫严密监视人民，而且严禁人民议论政事。凡被检举者就会被立刻处死。人们为了免遭迫害，虽然表面不敢说话，但都用眼睛传递愤怒之情，以沉默作为反抗。这种恐怖的局面一共延续了三年之久。最后劳动人民忍无可忍，在公元前841年发动了武装暴动。这次震惊全国的国人暴动首先在京城爆发，而后蔓延到京城周围的城市。平民和奴隶们纷纷冲入镐京，而后杀进了王宫，但是周厉王早已仓皇出逃。这就是历史上有名的“国人暴动”。

之后，由召公和周公（共国在

今河南）代理朝政。他们实行了一系列新政，就是我们说的“共和新政”。

“赵氏孤儿”是怎么回事

“赵氏孤儿”的故事在文学作品里或者京剧和多种地方戏中，都广泛流传着。这是一个怎样的故事呢？

春秋时期，赵氏家族在晋国朝廷里历代为官，他们为官清廉，一心为公。

晋灵公残暴不仁，天下百姓怨声载道。身为宰相的赵盾就劝说灵公不要再滥杀无辜。灵公不但不听，而且还派人多次暗害赵盾。赵盾只好逃往别的国家，但他还没出国境，堂兄赵穿就把灵公给杀了。赵盾立即返回都城，立成公为国公，他继续担任宰相之职。成公很明事理，不但没有惩治赵盾，还很器重他，把自己的姐姐嫁给了赵盾的儿子赵朔。

晋景公即位后，赵盾去世，奸臣屠岸贾得到了重用。他一直对赵氏家族不满，得势之后，便利用皇帝对他的器重，借口当年灵公被赵穿所杀，就将赵氏满门杀害了。只有怀着身孕的赵朔妻子偷偷躲进王宫，避开了这场劫难。

赵朔妻子生下了儿子武。屠岸贾听到风声后，派人搜查王宫。武的母亲利用自己的聪明才智又躲过了一劫。但是一直待在宫中也不是办法。这时，赵朔的门客程婴和公孙杵臼得知了这件事。他们为了保住赵氏的唯一血脉，设计了一个苦肉计。

程婴把自己的孩子交给公孙杵臼，让他们躲在深山里，然后向屠岸贾告发。当屠岸贾把他们杀死后，程婴就带着赵武隐藏在深山中。

十五年后，景公生病，前来算卦的人说，是因为有功于晋国而被杀害的人在作怪。景公最后得知赵氏孤儿的真相，就恢复了赵家的地位和权利，把赵武立为赵氏继承人，并铲除了奸臣屠岸贾。

司马绍为什么一会儿说“太阳比长安远”一会儿又说“长安比太阳远”

晋明帝司马绍自小就聪明伶俐。他三岁时，有一天正在父亲晋元帝司马睿议事的地方玩，刚好有一个长安的使者来了。使者走后，父亲随口问了司马绍一句："儿啊，你说是长安远还是太阳远啊？"司马绍回答说："当然是太阳远。只听人说从长安来，没听说过有人从太阳那边来的，这样就知道是太阳远啦。"晋元帝心中暗暗惊奇。

第二天，晋元帝召集群臣午宴，便得意洋洋地提起昨天的事儿，并重新问司马绍："你说是长安远，还是太阳远啊？"司马绍回答说："太阳比较近。"晋元帝大惊失色，觉得很没面子，就故意提醒他说："傻孩子，你怎么说的和昨天不一样呢？"司马绍说："我们抬起头来就能看到太阳，可是却看不到长安，当然是太阳近。"

你知道"三家分晋"吗

在春秋时期，各诸侯国之间长期争霸，战争不断，中原霸主晋国就是如此。

当时，晋国的权力实际上由智、赵、韩、魏四家把持。而这四家中，智的野心最大，一直想吞并其他三家，成为霸主。因此，智以国防的名义让另外三家各拿出一百里土地和户口来归公，韩、魏两家马上就屈服了，唯独赵家不服。智家大夫智伯瑶很是恼火，于是，命令韩、魏两家出兵和智一起攻打赵家。

赵家大夫赵子襄自知寡不敌众，率兵退守晋阳（今山西太原一带）。智伯瑶紧追不舍，包围了晋阳城。但久攻不下，僵持了两年多。最终，智伯瑶决定用晋水来灌晋阳城。晋阳城眼看就要失守了。这时，赵子襄的一个门客出主意说："游说韩、魏两家，让他们和赵家共同打败智家。"于是，赵子襄向两家派出使者。韩、魏两家想到赵家的今天就是自己的明天，当即就和赵家联手，反过来引水淹了智家。公元前403年，当时的天子周威烈王封韩、赵、魏三家为诸侯，从此晋国就被三家所瓜分了。

"烽火戏诸侯"是怎么回事

周朝最后一个皇帝周幽王是个极其昏庸的君主。他在位期间不理朝政，整日只知道吃喝玩乐。宫中有个叫褒姒的妃子，长的美貌绝伦，周幽王非常宠爱她。褒姒是个贫民女儿，被抓到宫中以后整天眉头深锁，从未笑过。周幽王想尽各种办法取悦褒姒，可她就是不笑。

一天，朝中来了一个大臣，此人很会奉承拍马，他给周幽王想了一个“好主意”。周幽王按照事先安排，带着褒姒来到骊山的城楼上赏月，城楼上准备了许许多多水果和点心，两人对饮过后，周幽王命人在烽火台上点火，一时间狼烟四起。

烽火台上狼烟四起，附近的诸侯以为北方的敌人打过来了，便带领人马，一直奔向骊山援救。当各路大军赶到烽火台下，才发现这里太平无事，没有任何军情。周幽王和褒姒一边饮酒一边让舞女跳舞助兴，诸侯和士兵看见非常生气，掉头往回走，可是后面的援兵还源源不断地赶来，成千上万的士兵在这里乱成一团。褒姒见到这情景终于笑起来。周幽王很高兴，当场以千金赏赐出主意的大臣。

不久，北方的戎狄真的发动了进攻，周幽王命人点火，这次诸侯以为幽王又在戏弄他们，都没来援救，结果戎狄的军队攻占了骊山一带，杀了周幽王，抢了褒姒，接着攻下都城镐京。

周幽王死后，儿子平王继位，迁都到今河南洛阳，之后称作“东周”。

赵母为什么不让赵括当大将

秦军攻打赵国时，因为赵国有名将廉颇指挥，因此秦军在取得一些微小成就后再也无法前进一步。秦相范雎为了除掉廉颇，派人潜入赵国施行反间计，散布谣言说：“廉颇哪是秦国的对手，秦军最怕的是马服军的儿子赵括。”

马服军名叫赵奢，是当时赫赫有名的大将。他的儿子赵括从小学习兵法，用兵之道背诵得滚瓜烂熟。但致命的弱点是缺乏实战经验。他和父亲赵奢辩论战术时，父亲尽管说不过他，但是从没有夸奖过他。赵括的母亲打听其中的原因，赵奢说：“战争是你死我活的拼杀，这孩子谈论起来却不以为然。赵国不用他领兵还罢，若是用他为将，将来断送赵军的一定是他！”

然而，赵王听信流言，决定任用赵括为将。赵括的母亲知道后上书反对，赵王不准奏，她便恳求赵王恩准将来不受儿子的牵连。

后来，秦军和赵军在长平大战，这算得上是战国时期最惨烈的一场战斗了，据说是“血流成河，喊声如雷”。四十万赵军投降秦军，大部分被秦军活埋。赵括也被射杀，这成了天下人的笑柄。

赵武灵王为什么提倡“胡服骑射”

战国时期，赵国处在强敌的包围中，东有齐国，西临秦国，南靠魏国，北接燕国。赵武灵王继位后很想使赵国尽快强大起来，他觉得赵国的作战方式很落后，作战时拉着笨重的战车，远远不如骑马作战行动迅速。而且，赵国军队的服装又笨又长，打起仗来很不方便，经常吃大亏。

一天，赵武灵王对大臣肥义说：“北方的胡人穿着短衣骑马打仗，在战场上所向披靡，我们要是学习他们，不也就能常打胜仗了吗?”

肥义非常赞成他的观点，可是，一些王室成员、大臣听到这个消息却极力反对，他们认为向胡人学习是丢了老祖宗。肥义说：“古时候，舜帝发现一个部落的舞蹈好，也会向他们学习。况且大王要改变赵国落后的军队，就必须按照自己的想法做。”

于是，在公元前302年，赵国采用“胡服骑射”，国力空前强盛，成为“战国七雄”之一。

屈原为什么投江

“长太息以掩涕兮，哀民生之多艰。”这是我国伟大的爱国主义诗人屈原的名句。

战国末期，楚秦交战，楚国屡战屡败。秦国为了早日灭楚，便约楚怀王带武官会盟，并说，只要同意两国联姻就可言归于好。

楚国包括太子子兰在内的亲秦派就劝楚怀王答应秦国的要求。屈原看出了秦国的阴谋，极力劝阻说：“秦国如虎狼一般，这次邀请大王，一定不怀好心，大王不可前去。”楚怀王不听，离开楚国赶往秦国，谁知刚一到武关，秦国立刻捉住楚怀王，以他为人质，要求楚国割地。楚怀王到这时才后悔莫及，他拒绝秦国的要求，又冒险逃走，后被捉住，病死在秦国。

楚怀王之子顷襄王继位后，受奸人蒙蔽，将屈原革职流放出去。

屈原在流放的日子里始终牵挂着自己的国家，他不断写诗歌颂自己的祖国，揭露统治集团的污浊与黑暗，时时担忧自己国家的命运。

后来他来到汨罗江，江边有一个渔夫说："您不就是朝廷的三闾大夫吗？怎么落到这种地步？"

屈原愤愤不平地说："整个世道都污浊不堪，只有我是清白的，大家都喝醉了酒，唯有我是清醒的，所以被流放到这里。"

渔夫说："既然这样，你何不随波逐流呢？"

屈原说："我宁愿投入大江，葬身鱼腹，也绝不能容忍那污浊的世道玷污了自己。"

说完，屈原回到自己的破屋里写下绝命词《怀沙》。然后来到汨罗江边，抱着一块大石头，最后一次望向楚国的都城郢都，然后跳进了汨罗江。

孔子为什么要周游列国

孔子名丘，字仲尼，鲁国陬邑人。父亲在他三岁时就去世了，从小跟着母亲生活。他从小就喜欢读书，遇到不懂的就请教别人，他曾说过："三人行，必有我师焉。"

他精通"六艺"，即礼仪、音乐、射箭、驾车、书写、计算等。后来当了一个小官，因政治见解与当权者不和，就带着一些学生周游列国，希望能找到机会实现他的政治主张，但都未成功。当时各国国君都希望自己能称霸，这与孔子的"仁政"很不相符，因此他并不受欢迎，有时还很狼狈，连饭都吃不上。

但他的学术思想对后世影响很大，如他整理了《尚书》《诗经》《春秋》等古代文化典籍，故被公认为我国第一位大思想家、大教育家。

"卧薪尝胆"的由来是什么

吴国和越国是春秋后期长江下游崛起的两个国家，两国都想征服对方，因而发生过很多战争，双方互有胜负。

公元494年，吴王夫差大举进攻越国，在会稽山大败越军，越王勾践不想亡国，便向吴王请罪投降，表示他和夫人愿做吴王的臣仆和奴妾。夫差骄傲起来，不听谋臣的劝告，答应了勾践的要求。

在吴国期间，勾践为夫差牵马、喂马；在夫差生病时，他甚至帮他尝粪便来辨别病情。三年以后，勾践因为取得了夫差的信任而被放回越国。

勾践回国之后，立志雪耻，发愤图强。他每天晚上睡在柴堆上，并且在柴堆上面挂着一个苦胆，每天早晨起床穿衣时，总要去舔一下苦胆，尝尝它的苦味。他一边卧薪尝胆，磨炼他的意志，一边又在国

内努力发展生产，积蓄力量，并且秘密训练军队。同时，他还把越国的两名美女西施与郑旦献给吴王，让夫差整天荒淫无度，沉醉于美色当中不理朝政。

经过十年，越国集聚了雄厚的力量，终于转弱为强，打败了吴国。勾践成为春秋时期的最后一个霸主。

管仲以“鹿之谋”征楚是怎么回事

管仲是齐国有名的谋臣，齐桓公重用了他，从而使齐国的国力大大增强。当时很多诸侯国都被征服，只有实力较强的楚国专门和齐国抗衡，齐王想尽快征楚，管仲不同意。齐桓公只得等管仲想一个好主意。

那时，楚国产鹿，而齐国却把鹿看做珍稀动物。一天，管仲派了一百多名商人到楚国去买鹿，并四处扬言：“齐桓公最喜欢鹿，无论多贵，都要大量购买，供齐桓公玩赏。”本来，楚国人对鹿并不感兴趣，一头鹿不值多少钱，但管仲不停地派人去买，导致鹿价上涨了十多倍。

楚成王听大臣说齐桓公不惜重金买鹿玩赏的消息后很高兴，他以为齐桓公玩物丧志，齐国很快就会亡国，于是便发号施令，鼓励大家去捕鹿卖给齐国商人。

由于齐商重金买鹿，楚国的老百姓发现一头鹿的价钱可以买上万斤粮食，纷纷弃农捕鹿，大家带上猎具来到深山老林捕鹿，无人种田。后来连军队的士兵也偷偷上山捕鹿卖钱。

一年之后，楚国的老百姓各个腰缠万贯，家里有的是铜币。可是，楚国的大片良田却荒芜了，颗粒无收，老百姓拿钱买不到粮食。这时，管仲又下令各诸侯国不得将粮食送往楚国，楚国的百姓饿死的饿死，逃荒的逃荒，最后连军饷也没有了，民心、军心一片混乱。

这时，管仲见时机成熟，率大军向楚国发动攻势，楚国被征服了。这便是管仲的以“鹿之谋”征楚。

你知道田单的“火牛阵”吗

在战国时期，燕国进攻齐国，一连攻陷齐国七十多座城池，随后又包围了莒城和即墨。

这时，齐国的守将田单就派人散播这样的话：“我们最害怕的是燕国人割掉齐国俘虏的鼻子，这样的话，即墨城里的人就会人心涣散。我们还担心燕军挖掘我们的祖坟，侮辱我们的祖先，要是那样的话，齐国人一定会灰心丧气，失去斗志。”

燕国将军听了这些话信以为真，果然照着做了。即墨人看到燕军如此残忍，而且侮辱齐人的祖先，纷纷请战，决心以死抗战。另外，田单还让即墨城里的财主用黄金收买燕国的将领，假装齐国要投降，请他们进城后保全自己的家人。燕国将领一见这么多的黄金，喜出望外，真以为即墨就要投降，更加放松了警惕。

看到时机已经成熟，田单开始行动了。一天晚上，他把城里的一千头牛集中起来，每头牛身上披着一条被子，上面画着大红大绿的图案，牛角上捆着两把尖刀，尾巴上系着一捆浸油的芦苇。趁着黑夜，他们用火点燃牛尾上的芦苇，把火牛放出去。因为牛尾着了火，这些牛疼痛难忍，横冲直撞。五千名身穿奇异服装的士兵紧跟其后，向燕军的阵地冲去。燕军在黑夜里毫无防备，仓皇应战，他们看到一大批怪物向自己冲来，吓得魂飞魄散。齐国的将士随即冲上去，把燕军杀得七零八落。最终，燕军大败。这就是著名的“火牛阵”。

你知道“晏子舌战楚王”的故事吗

晏子是春秋时期齐国有名的大臣，他胆识过人，口若悬河，被人尊称为“晏子”。

一次，齐王派晏子出使楚国。当时，楚国的势力较强，而楚王又是一个骄横傲慢的君主，从不把齐国放在眼里。楚王知道晏子要来，想捉弄他一番。

晏子来到楚国城门，马车在城门口停了半天，不见有人开门。一个守卫指着城墙上的一处洞口对晏子说：“国王有令，今天不开城门，请您从洞口进出。”晏子看了看那洞口，笑着说：“这是狗洞，只有出使狗国才从这个洞进出，而我出使的是楚国，怎能从这个洞口进出呢？”楚王不得不命人打开城门迎接晏子。

楚王见晏子身材矮小，其貌不扬，故作惊讶地说：“难道齐国没人了吗？”晏子不慌不忙地说：“我们齐国人多得很，别的不说，就拿临淄这一块地方来说，只要他们一扬手，就能遮住天，汗一挥就能下场大雨，大街上的人肩擦肩，脚碰脚。怎能说齐国没人呢？”楚王又问：“既然人那么多，怎么会派你这么又矮又小的人来出使本国呢？”晏子答道：“我们齐国有个规定，访问上等国家，派上等人；访问下等国家，派下等人。我在齐国最矮最小，所以就派到这里来了。”楚王自讨没趣，只得收场。

吃过饭后，武士押着一个犯人从堂前经过，楚王故意问：“这是哪国的人，犯了什么罪？”武士说：“齐国人，是个盗贼。”楚王便说：“齐国人怎么都善于做盗贼呢？”晏子从宴席上站起来说：“大王，人们常说，橘子生在淮南，结的果实又大又甜，若生于淮北，就又酸又小，这是为什么呢？是因为水土不同。我们齐国人在齐国不做盗贼，来到楚国却偷起来，这大概是贵国水土的原因吧。”楚王只得认输，他对晏子心服口服，并对晏子说：“我原想取笑大夫的，没想到反倒被大夫取笑了！”

廉颇为什么要负荆请罪

春秋战国时期的蔺相如是一个家喻户晓的政治家，他出身卑微，原是赵国的一介寒士。赵惠文王时，因秦国向赵国强索“和氏璧”，蔺相如奉命怀璧入秦，当廷力争，使完璧归赵。

后来在渑池会上，蔺相如迫使秦王击缶，使赵王免遭屈辱。他的大智大勇举国钦佩，因此赵王十分器重他，一下子将他提升为上卿，地位与老将廉颇持平。

当时在赵国任大将军的名将廉颇看到赵王对蔺相如如此厚爱，便恼羞成怒，说：“我为赵国攻城夺地，征战沙场、出生入死，大小数百战，屡建大功，才做了上卿。而这个蔺相如，出身低贱，什么才能也没有，光凭一条三寸不烂之舌竟跟我平起平坐，叫我这张老脸搁到哪里去？”他还到处扬言，如果碰到蔺相如一定得当面羞辱他。

蔺相如听说了，就处处避开廉颇。他怕上朝碰面，就推病不出。有一次，蔺相如在大街上看见廉颇的马车迎面驰来，他连忙命人掉转车头让进小巷里。

蔺相如的部下看见主人对廉颇一再退让，觉得面上无光，便相约要告辞而去。蔺相如劝他们不要走，问他们："廉将军同秦昭王相比，哪一个厉害？"

"当然是八面威风的秦昭王厉害！"大家异口同声地回答。蔺相如微笑着说："对啊，就是这个威慑天下的秦昭王我都敢当廷斥骂，羞辱他的满朝大臣。难道我会害怕廉将军吗？"

他目光炯炯环顾众人，又说："我只是想到，强秦之所以不敢侵犯赵国，是因为有我和廉将军在，如果我们两虎相斗，赵国就危险了。我的一再退让，是把国家安危放在前头，把个人恩怨放在后面。"

后来这话传到廉颇耳中，他又羞又愧，深受感动，于是就脱光上身，背着一条带刺的荆条，到蔺相如门上请罪。他一进门就"扑通"跪在地上，请求蔺相如狠狠鞭打他这个狂妄无知的人。蔺相如急忙上前扶起廉颇。从此，廉颇和蔺相如建立了生死不渝的友情，"将相和"的故事也成了千古美谈。

你知道"退避三舍"的典故吗

春秋时期，晋国的公子重耳受到迫害，流亡在外，后来逃到楚国。楚成王把重耳当做贵宾，用招待诸侯的礼节招待他。重耳十分感激，对楚成王说："如果我能回国的话，愿意和贵国和平相处，在两军相遇

时，一定退避三舍。"（古时行军，每 30 里叫做一"舍"，"退避三舍"就是自动撤退 90 里的意思。）

公元前 636 年，流亡 19 年的公子重耳终于回到了晋国。即位为晋文公。不久，楚国攻打宋国，宋国向晋国求救，于是晋军和楚军在战场上相遇了。

楚军气势很盛，主动向晋军逼近，晋文公为了信守诺言，连续后

撤。晋国一口气退了90里，到了城濮这个地方才停下来，并布置好作战的阵势。骄傲的楚军以为晋军害怕，就轻率地发动了进攻，结果被晋军打得大败。

晋国打败了强大的楚国，确立了自己强大的地位。晋文公后来也成为中原有名的霸主。

弦高是如何救国的

公元前475年，郑国国君刚刚去世，秦国准备趁机攻打郑国。

秦国的军队向郑国开去，很快就进入了必经之地滑国。

这天，郑国的一个牛贩子弦高正赶着一群牛准备回家，半路上得知秦国要攻打郑国的事，非常吃惊，但是他很快镇静下来，从街上买了一套官服穿上。而后，从牛群中挑选出12头又肥又壮的牛，迎着秦军走去。

弦高来到滑国境内，果然看见秦国将士和几百辆战车浩浩荡荡开来，他不慌不忙地迎上去，笑容满面地对秦军大将说："我国国君听说将军要率兵来敝国，特地派微臣送上12头肥牛，慰劳贵国军士，请收下这小小的一点心意吧！"

秦国大将很吃惊，料想郑国已经知道秦国出兵的用心，只得假惺惺地说："听说郑国国君新亡，新国君继位不久，国内动荡不安，敝国国君特命我带兵来加强贵国的国防力量，以免贵国再遭到别国袭击。"

弦高听了，不甘示弱地说："我郑国虽是一个小国家，但是为防止大国的袭击一贯加强防守，随时准备歼灭入侵的敌人，请大将军放心吧！"说完，弦高就离开了。

秦国大将认为郑国有了准备，偷袭没有成功的希望，便带兵回国了。

商鞅立杆是什么用意

商鞅（约公元前390年至公元前338年），卫国人，姓公孙，名鞅，亦称卫鞅，后封于商邑，因而又称商鞅。战国时期著名的政治家和法家的主要代表人物。他自幼喜好刑名之学，初为魏相公叔家臣，后入秦跟随秦孝公。公元前356年，秦孝公任商鞅为左庶长，实行变法。

最初，商鞅拟好新法，就要公布的时候，不知如何才能使人民相信。经过一番考虑，他让手下的人把一根三丈长的木杆竖立在国都的南门，能把它搬到北门的人赏给十金。人们觉得奇怪，不敢搬动。他却接着又悬赏说："有能搬去的，赏给五十金。"有一个人把木杆搬到北门，商鞅立刻赏给五十金，以示信用。接着，公布了新法。这时候，在朝廷内部新旧两种势力斗争更激烈了。当时有人议论新法不便执行的多至千数。太子的老师公子虔和公孙贾在幕后唆使太子触犯新法，他们企图用这个办法破坏变法。商鞅说：“太子犯法是老师没有教育好，应该给老师处罚。”于是下令将他俩一个割掉鼻子，一个脸上刺了字。从此再没有人敢议论新法了。为了保证新法顺利实行，商鞅还杀了贵族祝欢，把捕获的七百多个违法乱纪的坏分子押到渭水边上镇压。

商鞅是中国历史上伟大的改革家，商鞅变法也是中国古代一次最彻底的改革，在中国历史上占有重要地位。变法使秦国一跃而成为诸侯中的强者，为秦国最终统一中国打下了坚实的基础。

你知道“狡兔三窟”的由来吗

孟尝君，战国时期齐国人。他很好客，天下很多有能力的人都投奔他的门下。这时，有一个穷人叫冯谖，听说孟尝君的好名声后就过来投奔他。

冯谖见孟尝君对自己很好，于是决定报答他。这时，孟尝君要派人到封地收债，冯谖说：“让我去吧！”可是，冯谖到达封地后，不仅没有向欠债的老百姓要钱，反而当众烧毁了借据。

孟尝君听说了冯谖的所作所为后很生气，可事情已经发生了也只好这样了。

不久，孟尝君被罢官了。他只好回自己的封地居住。当他走到封地时，却看见那里的百姓倾城而出来欢迎他。这时，他才知道，冯谖当众烧毁借据的确是为了让自己赢得百姓的爱戴啊！

孟尝君向冯谖表示感谢，可冯谖说：“这只是第一个洞穴，只有再营造两个洞穴，您才可以高枕无忧！”接着，冯谖要求孟尝君给他准备马车和财物，然后他就带着这些东西到各国拉关系去了。没多久，孟尝君就接到国君的道歉信，信上说：“我不该罢你的官，我现在请您回来接着做我的大臣吧！”这是第二个洞穴。

在冯谖的建议下，孟尝君请求国君允许在他自己的封地上建立宗庙。古人很重视宗庙，这样孟尝君的地位也得到了巩固。这就是冯谖为孟尝君营造的第三个洞穴。

果然，孟尝君后来当了几十年的高官，却没有招来一点儿灾祸。这全是冯谖的功劳呀！

“孙膑减灶灭庞涓”是怎么回事

孙膑是我国古代著名的军事家，与庞涓一起拜鬼谷子为师学习兵法，在魏国做官时被庞涓陷害，失掉了两块膝盖骨，以致终身残疾。

后来，孙膑逃到齐国，被齐威王重用。公元前341年，魏国派庞涓出兵攻打韩国。韩国向齐国求救。齐国派大将田忌、军师孙膑出兵救韩。孙膑先采用当年“围魏救赵”的战略，不直接救韩，却举兵攻打魏国都城大梁。庞涓接到告急文书，只好退兵救魏。庞涓没有一心回兵，

而是派人查探齐军人马数量和去向。手下人察看了齐军第一次扎营的地方后报告说：“齐军建的炉灶够十万人吃饭用。”庞涓吓得说不出话来。第二天，魏军赶到齐军第二次扎营的地方，数了数炉灶，只够五万人吃饭用。第三天，魏军赶到齐军第三次扎营的地方，又数了数炉灶，发现只够两万人用的了。庞涓这才重重松口气，得意地分析说：“我就知道齐军胆小怕死，十万大军到了魏国，才三天工夫就逃走了一大半。”于是命令魏军不分昼夜地猛追齐军。

当魏军追到马陵，前面的士兵报告说：“路被木头堵住了！”庞涓上前查看，却看见一棵树的树皮被刮掉一块，上面写着：“庞涓死于此树下！”没等魏军反应过来，齐军乱箭齐发，魏军溃败，庞涓拔剑自杀。

什么是“合纵”与“连横”

在战国七雄中，秦国最为强盛。齐、楚、赵、韩、燕、魏六国都很害怕，于是提出了“联合”抗秦的主张。因为这六国都在秦国以东，纵贯南北叫做“纵”，所以这个联合抗秦的行动称为“合纵”。最著名的当数燕国的“苏秦合纵”了。苏秦为了组织联合抗秦的行动，行使反间计，先后在齐、赵、魏、韩等国活动了十几年，可是最终还是因为六个国家之间互不信任，团结不起来而使“合纵”最终失败，苏秦也落了个五马分尸的下场。

“连横”是与“合纵”唱反调的。秦国偏西，六国居东，因为从东到西叫做“横”，所以人们把主张

跟秦国联盟的行动称为“连横”。这里最著名的便是张仪了。张仪是魏国人，他凭着一条三寸不烂之舌，到处欺诈蒙骗，手段卑鄙，是个典型的政客。而在“张仪连横”中，却以各国归顺秦国，秦始皇统一中国而告终。

伍子胥的头发在一夜之间全白了吗

在春秋战国时期，楚平王荒淫无耻，见到自己儿子的未婚妻漂亮，便在儿子娶亲时用调包计把她占为己有。儿子发现后不满，平王便要儿子的老师伍奢来诬陷儿子想谋反。伍奢不愿意，平王便杀掉了他，而且在全国通缉他的儿子伍子胥。通缉令与伍子胥的画像都挂在楚国的每个关隘、渡口，上面写着：“只要能捕获伍子胥献给楚王的，赏粟米五万石，让他当上大夫；只要窝藏、收留、放跑伍子胥的，全家都处斩！”伍子胥前脚离家，搜捕的楚军后脚便赶来了。伍子胥急中生智，把自己所穿的白袍脱下挂在树枝上，把鞋子脱下来扔在河边，等追兵研究伍子胥到底是逃过了河还是投河自尽的时候，他早就摆脱了他们。伍子胥经过辗转躲藏，最后逃到了昭关地面。逃出了昭关，渡过了长江，便是吴国了。

到傍晚，伍子胥在昭关附近的一个森林里碰见了一位老医生东皋公。东皋公依照外面悬挂的缉拿画像一眼便认出了伍子胥，可老医生十分同情他，叫伍子胥在自己的茅屋里面等着，等他去找朋友商量救伍子胥通过昭关的办法。老医生走后，伍子胥不能辨真伪，便在茅屋里急得团团乱转，想走，可人生地不熟，会更加危险；若不走，万一老医生去告发他，就插翅难逃……就这样，他既恐惧又发愁，等到东方发白了，老医生回来一看，一夜之间，伍子胥的头发、胡须竟然全都变白了！当然，东皋公没有出卖伍子胥，而是找来了自己的朋友皇甫讷，两人最后终于设法让伍子胥化装逃出了昭关。

“皇帝”一词是怎么来的

在我国封建社会时期，皇帝掌握国家至高无上的权力。“皇帝”的称呼从秦始皇时开始，之前国家的最高统治者被称为“王”或者单称作“皇”或“帝”，如周文王、周武

王，三皇、五帝等。春秋战国时代，王室衰弱，一些国力强大的诸侯国的国君也自称为王。如齐王、楚王、秦王等。

秦王嬴政统一天下以后，自认为这是自古未有的功业，甚至连三皇五帝也比不上他，如果不改变“王”的称号“无以称成功，传后世”。于是让李斯等人商议改称号。他们和众博士商议后报告秦王说：“上古有天皇、地皇、泰皇，可改为泰皇”。秦王经过反复思考，认为自己“德高三皇，功高五帝”，决定再加上“帝”的称号，为“皇帝”，并自号“始皇帝”。从此，“皇帝”的称号被历代君主袭用。

你知道荆轲刺秦王的故事吗

荆轲是战国时期的卫国人，他从小就力大无穷，是当时的第一剑术高手。

公元前230年，秦国灭韩国。两年后，秦国攻占了赵国都城邯郸，向燕国进军。燕国太子丹十分着急，就找荆轲商议刺杀秦王。于是，荆轲就带着流亡在燕国的秦国将军樊於期的头和燕国的地图去进献秦王。

临行前，大家都赶到易水的河边上为荆轲送行。太子丹送给他一把锋利的匕首；高渐离弹起了琴，唱道：“风萧萧兮易水寒，壮士一去兮不复返。”

荆轲到咸阳后，受到秦王接见。在秦国的朝堂上，荆轲捧着地图和装着樊於期头颅的木匣献给秦王。秦王打开木匣，看到了樊於期的头颅，很高兴，就命荆轲将地图拿来。

荆轲把地图慢慢打开，到地图全部打开时，他事先卷在地图里的匕首就露了出来。秦王惊呼“救命”，荆轲连忙抓起匕首，左手拉着秦王的袖子，右手里的匕首刺向秦王的胸口。秦王挣断了衣袖，逃跑到柱子的后面。

后来，秦国的医官把手里的药袋向荆轲扔了过去。荆轲一闪身的工夫，秦王往前一步，拔出宝剑，砍断了荆轲左腿。此时，侍从武士一拥而上，杀死了荆轲。

都江堰是什么时候修建的

都江堰是战国后期秦国修建的。那时候，秦国为了统一中国，不断完善制度，加强国内建设，特别注意兴修水利，发展农业生产。

公元前256年，秦昭襄王命令水利专家李冰做蜀郡太守。李冰上任后，马上对蜀郡的农田水利状况进行考察。他发现蜀地四周都是高山，中间却是块大盆地。要发展农业，关键是要解决这里的农田灌溉和排涝问题。岷江从西边的岷山上流下来，湍急的水直流到灌县，因为地势突然变得平缓，泥沙就大量沉积下来，河床也增高，河水常常泛滥成灾。然而盆地的东边却被玉垒山阻隔，岷江的水流不过去，又常常闹旱灾。所以，李冰决定在灌县城郊打通玉垒山，引水分洪。同时，为了将江水引到东边灌溉东边的大片农田，他还在这段江中筑坝使水分流。

在修筑过程中，李冰组织数十万民工开山凿石，修堰开渠，经过好多年的艰苦奋战，最终建成了中国历史上有名的都江堰水利工程。这项工程完成后，蜀郡的盆地也开辟出了千顷良田，成为有“天府之国”之称的鱼米之乡。

秦始皇为什么要修建万里长城

孟姜女千里寻夫，哭倒万里长城的故事流传至今。亲眼见到长城的人，无不为它的雄伟壮观而赞叹，它像一条巨龙翱翔于天地间，蜿蜒起伏在我国的北部，被誉为中华民族的象征。那么，当初为什么要修建长城呢？

秦国建立后，秦始皇收到紧急军情，说北疆以外的匈奴向北部边境发动进攻，于是派蒙恬和冯劫前去讨伐。蒙恬与冯劫前呼后应，大获全胜，不但把匈奴赶到阴山以北，还收复了被其占领的九原郡。秦始皇得到捷报大喜，将蒙恬加封为大将军，犒赏全军将士。但是他从这次讨伐匈奴的战争中深刻体会到，要根除外患靠战争付出的代价过大，只有建立一个坚固的屏障，才能保证永久安全。于是，秦始皇下令边关30万将士和内地来的由无辜百姓、犯罪官员和儒生组成的20万人共同建造长城。他们冒着严寒风雪，顶着酷暑，没日没夜地凿石、制砖、运料、砌墙，生活之凄苦到了难以想象的程度。因冻饿、疾病、虐待、劳累而死的人随时随地都有，真是触目惊心，惨不忍睹。

经过 50 万人三年的艰苦劳动，原来燕、赵和秦国的长城被连接起来，西起临洮，东到辽东的万里长城终于建成了。它在当时对保卫北方农业区域，防御匈奴骚扰起到了积极的作用。

秦始皇陵兵马俑是什么

秦始皇陵兵马俑是世界第八大奇迹。它在秦始皇陵里被发现，位于陕西省临潼县地区。兵马俑是用陶土或者木头制作成的人形。中国古代的君主死后，他的奴隶要随主人陪葬。到后来，随着社会的发展，用活人殉葬的制度逐渐被废除，改用陶土和木头制作成的假人当替身，这种替身就叫作俑。秦始皇陵的兵马俑就是此类，有木制的，称作木俑；有陶土制的，称作陶俑；也有石雕的。俑在中国历史上有着一定的位置，它能充分反映主人生前的地位、权势与威严，因此很多朝代都有很多专门负责制造俑的机构。秦始皇建立了中国历史上第一个统一的中央集权的封建主义国家，他在中国历史上有着极为重要的地位，所以他的陵墓同样也要反映出他活着时的功绩。

秦始皇陵的兵马俑数量庞大，

从已经发掘的兵马俑看来，有武士八百多个，战车 18 辆，战马一百多匹。这么多威风凛凛的兵马俑按照不同的兵种来排列，有步兵俑、有骑兵俑、有车马俑、有弓弩手、有军俑，阵势非常强大，真不愧为惊世奇迹。

秦始皇为什么要“焚书坑儒”

秦国统一六国前，中国社会处于战乱不断的战国时期，许多诸侯国并存，中国社会也处于奴隶社会。秦国因为商鞅变法而强大起来，最后终于灭掉韩、赵、燕、楚、齐、魏六国，建立了我国第一个封建王朝。嬴政，称为始皇帝，被后人称为秦始皇。他进行了一系列政治上和经济上的改革，其中最重要的是加强中央集权，用郡县制替代落后的分封制，这对后世有着很大的影响。自此以后，封建王朝都采用这种制度。

但是，在这种制度实施之前遭到很多人反对，丞相李斯进言：“有些读书人总觉得现在的制度没有古时候好，到处散播谣言，利用古书记载来攻击现行的法律制度。这种情况如果不制止，对陛下统治不利。”秦始皇认为有理，便采纳了他的建议，下了一道“焚书令”，规定除了秦国的历史书、博士掌管的国家图书和医药、算卦、种树一类的书外，私人收藏的各种书籍一律焚毁。

秦始皇焚书使那些儒生和方士们更加反对他。公元前212年，有两个为秦始皇找仙药的方士在一起大骂秦始皇，还带着从秦始皇那里骗来的钱逃跑。秦始皇发现后，马上追查那些诽谤自己的读书人，并亲自圈定活埋了460人。

这就是历史上有名的“焚书坑儒”。它摧残了文化，压制了人们的思想，对后世产生了极坏的影响。

赵高为什么要“指鹿为马”

秦始皇死后，秦王朝内部较为混乱。宦官赵高想乘机篡夺大权。他先隐瞒了秦始皇的死讯，假传圣旨让皇太子自杀，扶持年幼的皇次子胡亥当皇帝。随后，他又杀害了丞相李斯，自己坐上了丞相之位。不仅如此，他还想篡夺皇位。为了试探百官的态度，他想出了“指鹿为马”之计。

早朝时，当文武百官到齐后，赵高牵着一头梅花鹿，对秦二世说：“这是臣下刚得到的一匹好马，特来献给皇上！”秦二世虽然年幼但也分得清马和鹿啊，于是说：“丞相别开玩笑了，这明明是头鹿，怎么说是马呢？”赵高不紧不慢地回答：“如果皇上不信，就请大臣们说说，到底是鹿还是马。”那些为了讨好赵高的官员们都赶快回答是马，一些不愿说假话的官员则默不作声，而那些刚正不阿的大臣们则说是鹿。

赵高把说实话的大臣记在心间，后来以各种借口将他们杀害。不过，赵高最终被子婴所杀。

后来，“指鹿为马”就成了混淆黑白、颠倒事非的代名词。

你知道“揭竿而起”的事件吗

秦始皇统一中国后，大兴土木，劳民伤财，对人民实行残酷的统治。他死后，秦二世杀害贤明的公子扶苏，自己当上皇帝，更加荒淫无度。

宿县南边有个地方叫阳城（今河南登封县东南）。离阳城不远有个小陈庄，庄东头有个壮年小伙子名叫陈胜，既无父母又无哥嫂，只有兄妹俩在家生活。

他十几岁就去给别人种地，以换些钱来维持家里的生活。有一天，天气很热，陈胜和另外几个雇工还没干一会儿活就已经累得浑身是汗了。于是他们一起到田埂边休息。想着这日复一日的辛苦劳动，陈胜叹了口气，自言自语道："要是我陈胜将来有一天能出人头地，我绝不会忘记现在所吃的苦。如果咱们当中的哪一个变得富贵了，可别忘记老朋友呀!"

"我们现在靠着别人才能吃到饭，却想着有一天能出头，这不是白日做梦吗?"大家都觉得陈胜的想法有些异想天开，只是当做笑话。陈胜听到大家的话，无奈地摇摇头，长叹一声道："燕子和麻雀是无论如何也不能理解天鹅的远大志向的。"

那时正是秦二世横征暴敛的时候，连年征粮抓人当兵，闹得老百姓没法过日子，年轻点的人差不多都被抓去当兵了。陈胜在几次抓兵时虽然侥幸躲过，但日子却过得非常困苦。他恨透了残暴的秦王朝和剥削压迫农民的地主们。

陈胜决定反抗，命令手下人砍树为兵器，每人拿根木棍，这就是后人所说的"揭竿而起"。陈胜正在土台上和大家说话，忽见一只鹿远远地跑来。陈胜拔出一支箭，搭上弓，对大家说："我若有王位，这箭就能将鹿射死!"说罢，弓开弦响，一箭正射在鹿身上，鹿负伤逃走，死在一个空湖里。于是，后来人们就把陈胜射鹿的土台称作"射鹿台"，死鹿的地方称作"死鹿湖"了。

陈胜发动了秦末的农民大起义，推翻了秦朝，从而成为我国历史上第一位农民起义领袖。

"漂母分食侍韩信"是怎么回事

韩信是历史上很有谋略的名臣，他为刘邦统一天下立下了汗马功劳。

韩信生于淮阴，小时候家里很穷，但他爱读书，同时喜欢习武，不但才华出众，而且武艺高强。父母早死，他缺乏挣钱的本领，不得不靠一个远亲亭长供养。

韩信一连在亭长家白吃白住了几个月，引起了亭长老婆的反感，她为人小气、凶恶，动不动就辱骂韩信。韩信哪里肯忍受这样的委屈，于是愤然离去。

由于生活所迫，韩信只得每天来到淮河捕鱼捉虾，到集市上去卖，然后换点油米回来度日。每逢刮风下雨，天寒地冻，韩信捕不到鱼虾，只好饿着肚子，生活非常艰苦。

韩信捕鱼捉虾时，经常看到有位老奶奶在河边漂洗纱絮，人们都称她“漂母”。漂母看到韩信饿得有气无力，十分怜悯他，就经常给他食物吃。韩信遇上这样一位善良的老人，心里很感激她。

于是韩信对老婆婆说：“您老人家这样待我，这恩情我永生不忘，有朝一日我出人头地了，一定好好报答您。”谁知老婆婆听到这句话，反而很生气地说：“我是可怜你才给你饭吃，谁指望你报答！不过，像你这样的男孩子连自己都养不活，太没出息了！”韩信听了老人的话，羞愧万分，便去投奔项羽大军。

项羽刚愎自用，有勇无谋，韩信虽胸怀韬略，但得不到重用。刘邦善于用人。楚汉相争时，他去投靠汉王刘邦，果然辅佐刘邦打败了楚军，被刘邦封为“淮阴侯”。

韩信有此成就，却时刻不忘漂母之恩，派人到处打听她，并带厚礼千金报答她。

“澶渊之盟”是怎么回事

景德元年，辽帝耶律隆绪与他的母亲萧太后亲自率领辽军大举南下。辽军绕开宋军重兵驻守的城池，一路挺进，包围定州（今属河北）。在辽军猛烈的攻势下，宋朝北方州县纷纷告急，宋朝廷上下大为震惊。宋真宗一面表示要统兵抗辽，一面又心虚胆怯，犹豫不决。大多数大臣都劝说真宗迁都南下，只有宰相寇准力排众议，主张真宗亲征北上。经过朝廷中主战派的力争，真宗被迫同意北上。为了防止发生意外，寇准等人又调兵遣将，进行了一系列周密的部署和安排后，才让宋真宗出发。此时，辽军又攻陷了几个重镇，直抵黄河北岸的澶州（今河南濮阳）城北。这对宋朝都城开封构成很大的威胁。辽军统帅在攻城时中箭身亡，辽军士气受挫。

真宗从开封出发后行动迟缓，经寇准再三催促，才在11月抵达澶州南城。真宗不想再去北城，寇准说服大将高琼用鞭子抽打真宗的抬轿士兵，进一步催促他们前进。当真宗和前来增援的数十万人马来到北城时，宋军一片欢呼，士气大振。辽军见到这种局势，急着想要和谈。宋真宗大喜，与主和派坚持忍辱议和。

12月，宋辽双方达成协议，订立盟约：双方仍维持原来的疆土，并结为兄弟之国，宋帝称辽帝为弟，称萧太后为叔母；宋朝每年给辽国白银10万两、绢20万匹，称为“岁币”；双方沿边驻军各守本方疆界，相互遣送对方逃亡入境者，不能新增修筑城堡、开挖或改移河道；辽军北撤时，宋军不得在途中攻击。

因澶州又称“澶渊”，所以这次约定史称“澶渊之盟”。

历史上真有武大郎吗

《水浒传》中的武大郎是“三寸丁谷树皮”的形象，即使是戏剧舞台上的武大郎也是个卖炊饼的，又矮又丑，没有一点儿男子气概。其实历史上的确有武大郎这个人，但形象却与此截然相反。武大郎原名叫武植，是河北清河县武家村人。据家乡人说，真正的武大郎是一位身材高大、文武双全、英华内蕴、为官清正的知县。

武大郎的形象为什么有如此大的差别呢？肯定事出有因。

武大郎少年考中进士后，在山东阳谷做了知县。曾资助过武大郎的一位同窗由于怀才不遇，家境日渐贫寒，就来找武大郎，想谋个一官半职，养家糊口。从他到了以后，武大郎一直盛情款待，却半年也不提为他谋官的事。他认为“武大郎真乃忘恩负义之辈”，于是不辞而别，并在回家的路上编写了许多谩骂讽刺武大郎的故事。他把这些故事写在纸上，沿途贴了很多。于是，关于武大郎的粗俗之语很快就流传于大街小巷。他回家后，才发现武

大郎早已派人送来了银两，买了良田。他后悔极了，赶快返回去撕自己贴的纸张，但为时已晚。后来又经过文人墨客的借题发挥，就成了现在我们看到的武大郎形象。

至于潘金莲，也有其人。她是贝州潘知州的千金小姐，知书达理。她与武大郎恩恩爱爱，白头到老，一共生下四个儿子。据说，武松也是她一手拉扯大的。由于年龄上的悬殊，不可能有武松“杀嫂祭兄”之事发生。

"莫须有"的罪名指什么

岳飞（1103年至1142年），字鹏举，出生于北宋相州汤阴（今河南汤阴县）的一户佃农家里。青年时代，正遇上金女真贵族对宋发动大规模掠夺战争。他亲眼目睹北宋灭亡前后的惨痛史实，和当时中原沦陷区的人民一样，有坚决抗击女真贵族民族压迫，收复故土，统一祖国的强烈愿望和要求。

可是，腐败的北宋统治集团采取妥协、投降的政策，到了南宋皇帝赵构统治时期，投降派思想更盛。赵构偏安于江南一地，沉醉于歌舞享乐之中，没有真正想组织抗金民族战争并把它进行到底的决心和打算。他一面任用秦桧等投降派，通过他们出面进行一系列议和投降活动；一面则利用宗泽、岳飞、韩世忠等抗战派，抵挡金军的凌厉攻势，以保住他的皇帝宝座和积累屈膝求和的资本。

岳飞坚决反对议和，主张抗战到底，置个人荣辱安危于度外，对赵构、秦桧的投降活动进行坚决斗争和抵抗。这使赵构、秦桧怀恨在心。但他不顾个人得失，坚持抗战到底的立场，率领军队，联络北方义军，卓有成效地从事抗金战争，筹划收复中原、统一祖国，成为全

国抗金民族战争中的有力支柱。

绍兴十一年，岳飞遭诬告"谋反"。但岳飞正气凛然，光明正大，忠心报国，从他身上，秦桧一伙找不到任何反叛朝廷的证据。韩世忠当面质问秦桧，秦桧支吾着说："其事体莫须有（也许有吧）。"韩世忠当场驳斥："'莫须有'三字，何以服天下？"民族英雄岳飞就在"莫须有"的罪名下，含冤而死。临死前，他在供状上写下"天日昭昭，天日昭昭"八个大字。这是悲愤的呼喊啊！

你知道蟋蟀宰相贾似道吗

一个市井无赖、斗蟋蟀的赌徒，在南宋末年竟登上国家权力的顶端，专横跋扈，权倾天下。当蒙古军队南下，攻城略地，兵锋直指都城临安之时，此人身系军国重任，却仍旧游山玩水，甚至聚众大斗蟋蟀。斗蟋蟀，给此人带来了无限的政治灵感和想象，并使他一步步登上权

力的顶峰。但也正是斗蟋蟀，注定了他的政治生涯是一盘输定了的赌局。死到临头，照样纵情于声色犬马，这就是“五毒俱全”的大奸相贾似道。

贾似道，字师宪，南宋末年台州人，他的父亲贾涉曾是南宋的一个小官。而他则靠同父异母姐姐的关系成为皇亲国戚，使他后来借机发达。

他精于权术、曲意逢迎的技巧使他官运亨通，当权时又与金兵私缔和约，谎报战功以达到独揽朝政、权倾天下的目的。最终，贾似道因鲁港兵败，丧权辱身，被杀死于漳州。

米芾是怎么成为书法家的

米芾在书法上是“宋四书家”（苏轼、米芾、黄庭坚、蔡襄）之一，而且还是宋朝著名的画家。传说他个性怪异，喜穿唐服，嗜洁成癖，遇石称“兄”，膜拜不已，因而人称“米颠”。他六岁熟读诗百首，七岁学书，十岁写碑，二十一岁步入官场，确实是个早熟的怪才。

他小时候家里很穷，虽然很聪明，但是写的字并不出众。老师拿给他一本字帖，叫他天天照着写。但他写了三年也没有任何长进。于是，他拿着自己的字去找秀才请教。

秀才看了他的字，说：“请我教你写字可以，条件是要买我的纸练习，五两银子一张。”米芾回家后，把这件事情告诉了母亲。母亲很开明，她变卖了家里的贵重物品，换了五两银子，给米芾买了一张纸。

米芾拿着这么贵的纸，不敢轻易下笔。他认真地看字帖，经过反复琢磨，把字帖上的每个字的写法牢牢地记在脑子里。秀才看到有了效果，就让米芾写个字看看。米芾提笔写了一个“永”字。这个字比他以前写的都漂亮。秀才问：“你现在为什么能写好了?”米芾回答：“过去写字没用心，这次是因为纸贵，我先把字琢磨透了才下的笔。”秀才高兴地说：“对，现在你已经领悟了写字的诀窍了。”

从此，米芾时刻铭记秀才的教导，刻苦练习，终于成了书画一流的大才子。

你知道一代天骄——成吉思汗吗

1162年，成吉思汗生于蒙古贵族世家，名铁木真，姓孛儿只斤，乞颜氏，元代庙号太祖。约在1170年，父亲也速该被塔塔儿人毒死，母亲诃额仑领着铁木真和他的几个弟弟度过了数年艰难的生活。少年时期的艰险经历，培养了铁木真坚毅勇敢的性格。

蒙古部主忽都剌汗死后，铁木真和蒙古群众一样大都在札木合控制之下。但是铁木真不甘心受人奴役，便笼络人心，招揽人马，最终脱离札木合，并建立了自己的斡鲁朵。约在12世纪80年代，铁木真称汗。札木合率领札答阑、泰赤兀等十三部来攻，铁木真兵分十三翼迎战，因实力不敌而败退，史称十三翼之战。

1206年，铁木真在斡难河（今蒙古鄂嫩河）源召开忽里台大会，即蒙古国大汗位，号成吉思汗。邻近的吉利吉思、畏兀儿、哈剌鲁等部分别在1207年、1209年、1211年归附成吉思汗。

新兴的蒙古贵族渴望占有大量财富。于是，成吉思汗分别大举入侵西夏、南下攻金、占领中都、攻占北京、灭西辽等，并统一蒙古各部，起到了推动历史进程的作用。

蒙古开国君主成吉思汗具有卓越的军事才能，是著名的军事统帅。1227年夏历七月十二日，成吉思汗在西夏病逝，临终提出联宋灭金的战略部署。

元朝皇帝为什么没有陵墓

古代中国，历代帝王都很注重陵墓的建设，很多都是从在位期间开始修建陵墓的，不惜劳民伤财，花费巨资。他们为自己修建豪华奢侈的墓葬，希望死后可以继续享受荣华富贵，像陕西的秦始皇陵，被认为是世界一级遗产。此外还有北京的十三陵、咸阳的汉陵。人们不禁要问，为什么元朝的皇帝没有留下陵墓呢？

原来，元朝是蒙古族人所建，元朝皇帝自然也是蒙古族人。根据他们“深葬不见坟”的风俗，人死后不用棺材，而是在楠木两端凿出一个空洞，然后将遗体放入其中。安葬时要挖很深的土坑埋下去，然后用土掩埋平整，不留任何痕迹，还要派一支队伍踏平这里。此后，这支队伍要守护在周围，一直等到这块地面长出青草，再也看不出与四周有区别的时候才会撤离。因此，后人很难发现元朝皇帝的葬身之处。

你知道马可·波罗与《马可·波罗游记》吗

元朝时，中国成为世界上最强大富庶的国家，西方各国的使者、商人、旅行家纷纷来到中国。公元1271年，威尼斯人马可·波罗随父亲和叔父一起到了中国，受到了元世祖的热情款待。后来，他就留在了朝廷里做官。

很快，他就学会了蒙古语和汉语。元世祖对他非常赏识，不久，就把他派到云南。因为马可·波罗每到一处就把当地的风俗人情详细记录下来，汇报给元世祖，所以凡有外出考察任务，都派他去。

马可·波罗在中国整整生活了17年，担任过许多重要官职，到过许多地方，还去过南洋好几个国家。公元1292年，他随叔父一起，经过三年的行程，回到了家乡威尼斯，在当地引起轰动。

紧接着，威尼斯和邻邦热那亚发生了战争。威尼斯战败，马可·波罗也被俘关在监狱。在狱中，他把自己去东方和中国的见闻记录下来，这就是著名的《马可·波罗游记》。

你知道郑和下西洋的壮举吗

郑和，本姓马，字三保，公元1371年出生于云南。郑和的父亲与祖父均曾朝拜过伊斯兰教的圣地麦加，熟悉远方异域、海外各国的情况。受父亲与祖父的影响，小时候的郑和已对外界充满了强烈的好奇心。

明朝统一云南战争后，11岁的郑和被明军俘虏，被阉割，当了宦官后被分到北平，在燕王府服役。从此，他追随在燕王朱棣身边，逐渐得到朱棣的信任。在四年之久的“靖难之役”中，郑和跟随朱棣出生入死，南征北战，参加了多次战斗，建立了许多战功，成为朱棣夺取政权即位称帝的主要功臣之一。朱棣登上皇位后，郑和被提升为内官监太监。1404年，朱棣为表彰郑和的功绩，亲笔赐姓“郑”，从此更名郑和，史称“三保太监”。

公元1405年至公元1433年，郑和先后率领庞大船队七下西洋，经东南亚、印度洋远航亚非地区，最远到达红海和非洲东海岸，航海足迹遍及亚、非三十多个国家和地区。

郑和下西洋，比其他国家的航海家都早了近百年。

郑和的船队超过两百艘，其宝船的载重量达到一千多吨，船队总人数达两万多人。

他在下西洋过程中打通并拓展了中国与亚非三十多个国家和地区的海上交通，为世界航海事业的发展和各国人民的交流作出了不可磨灭的贡献。

你知道戚继光抗倭的故事吗

明朝时期，日本海盗经常在我国沿海一带骚扰，到处走私抢掠、杀害百姓。百姓们把他们称为“倭寇”。

戚继光是山东蓬莱人，出身将官世家，从小练就一身好武艺。二十五岁时担任都指挥佥事，负责山东一带海岸的防务。后调到倭寇活动猖獗的浙江。当时浙江的军队缺乏训练，纪律松弛。戚继光招募了农民和矿工组成六千多人的新军，严格训练，使这支军队成为一支抗倭主力，被称为“戚家军”。在台州一战中，“戚家军”大败倭寇，取得重大胜利。第二年，他又奉命南下福建，在一个叫横峪的小岛上跟倭寇展开决战，全歼敌人，彻底捣毁了倭寇的老巢。倭寇从此以后再也不敢来骚扰。从此，东南沿海的倭患基本上被肃清了。

你知道《永乐大典》吗

《永乐大典》是我国有史以来最大的一部类书，共辑入古今图书七八千种，装成两万两千八百七十七卷。这是在明成祖朱棣继位后编成的。明成祖朱棣热爱文学，十分重视文化典籍的搜集整理工作。在他继位后不久，就召见解缙等大臣，交代编书任务。

解缙受命后，第二年就将文稿编好，明成祖看了，认为取材太简单，不符合自己所提的凡有文字以来的经、史、子、集百家之书以及天文、地理、阴阳、僧道、技艺之言都要收罗进去、“毋厌繁浩”的要求，下令重修。又经过几年的努力，才终于把这部书编辑就绪。据说，当时参加修书工作的多达两千一百六十九人。明成祖审阅后很满意，亲自撰写序文，并赐名为《永乐大典》。

你知道明末三案吗

明末三案指的是明朝宫廷中发生的梃击案、红丸案、移宫案三桩事件。

明神宗时，神宗皇帝迟迟不立太子，引起朝野上下的不安。原来，皇长子的母亲是位宫女，神宗觉得他母亲地位低下，就不愿立他为太子，打算立他所宠爱的郑贵妃的儿子为太子。这引起了大臣们的不满，纷纷上书神宗，要求立皇长子为太子。神宗没有办法，只好在1601年封十九岁的朱常洛为太子。1615年5月的一天，一个高大魁梧的壮汉手拿一根枣木棍冲进皇太子住的慈庆宫，打伤了守门的太监，一直冲到前殿的房檐下才被太监们捉住。后经这个人供认说，是郑贵妃手下的太监庞保、刘成把他领到太子住的宫门口，让他进去撞着一个打死一个。因事情牵扯到郑贵妃，神宗皇帝不愿把事情闹大，就把这个人处斩，庞保和刘成也在宫内被处死。这就是梃击案。

1620年，神宗死后，皇太子即位做了皇帝，就是光宗。他在即位不久后就得了重病，什么药都不行。这时一个叫李可灼的大臣自称有仙丹可以治光宗的病。光宗有病乱投医，听说是仙丹，就要来一粒红色的药丸吃了。谁知这天夜里就忽然死去了。因为李可灼曾在郑贵妃宫中做事，所以有人怀疑是郑贵妃指使下毒，谋害光宗。这就是红丸案。

光宗死后，他的儿子熹宗继位。熹宗的母亲死得早，是由光宗的另一个妃子李选侍把他抚养大的。熹宗继位时年龄还小，李选侍就勾结心腹太监魏忠贤，利用熹宗年少的机会垂帘听政，把持政权。李选侍原来是和熹宗一起住在皇帝住的乾清宫里，熹宗做了皇帝后，她仍想赖在乾清宫。但大臣们不让她与熹宗住同一个宫殿，要求她搬出来，李选侍不得已只好移居仁寿殿。这就是移宫案。

郑成功是如何收复台湾的

郑成功，1624年出生于福建南安县石井村。他的父亲郑芝龙是明朝“建安伯”，曾经组织向台湾移民，积极开发台湾岛。1645年，二十一岁的郑成功在福州受到明朝皇帝的召见，很受赏识，被认为本家，赐他国姓(朱)，因此被尊称为“国姓爷”。

1646年秋，清兵进攻福建，郑成功的父亲郑芝龙率兵投降了清朝。郑成功反对父亲降清，就率领部下先在广东南沃岛起兵，然后又占领厦门、金门两岛。以后与清军展开不断的战斗，很快控制了北至浙江舟山，南至广东潮惠的东南沿海地区。

郑成功在坚持抗清的同时，又和侵占我国领土台湾的荷兰殖民者展开长期的斗争。台湾自古是中国的领土，是中国不可分割的一部分，于1624年被荷兰殖民者侵占。侵略者对台湾人民进行残酷的剥削和压迫，并不断骚扰福建、广东沿海地区，激起中国人民的无比愤慨。

1661年4月，郑成功亲自率领战舰一百二十艘，将士两万五千余人，在金门料罗湾誓师东进收复台湾。经过激烈的海战，郑军击沉荷军主力舰“赫克托”号，收复了“赤嵌楼”。在近一年的战争中，荷军伤亡近两千人，损失惨重。1662年2月1日，荷兰侵略军被迫投降，被侵占达三十八年之久的台湾终于重归祖国怀抱。

郑成功于1662年旧历五月初八因病逝世于台湾，终年三十九岁。

什么叫做“连中三元”

科举又称做“开科取士”，在我国有一千三百年的历史。这一制度经过了长期的演变和改革，才逐步固定为乡试、会试、殿试三级形式。乡试是由各省在省城主持的考试，考中的称为举人，第一名为解元。会试是由礼部在都城主持的考试，考中的叫贡试，第一名为会员。殿试是由皇帝亲自主持的最高一级的考试，考中的称为进士，第一名称为状元，也叫做殿元。

“元”是“首、头”的意思，第一名的“解元”、“会元”、“状元”合称为“三元”。在乡试、会试、殿试中，连得三个第一名的叫做“连中三元”。

古代要想取得三个考试的第一，即连中三元，非常困难。所以古人说：“三场辛苦磨成鬼，两句功名误煞人。”据有人统计，在科举制度推行的一千三百年里，连中三元的只有十七人。所以，古时候连中三元就成了十分荣耀的事，其中还有很多趣事。比如，唐代诗人张又新连中了三元，人们称他为“张三头”。金朝开封人孟宗献在大定年间，参加乡、府、省、御四次考试均为第一，被称做“孟四元”。

通过科举考试来选拔官吏，在历史上产生过一定的进步作用。但是，科考也存在很多舞弊现象，甚至丑闻百出，所以登科之人没有真才实学者屡见不鲜。

你知道“冲冠一怒为红颜”的红颜是谁吗

“鼎湖当日弃人间，破敌收京下玉关。恸哭六军俱缟素，冲冠一怒为红颜……”明末清初的杰出诗人吴梅村这首《圆圆曲》描述的就是明清时期的绝代美女陈圆圆。在明清交替之际，她使吴三桂冲天一怒引清兵入关。

吴三桂原来是明朝派到关外抗清的，1644年，李自成率领百万大军进攻北京。到了这年3月，义军在北京城下会师，17日开始猛攻北京城。第二天晚上，崇祯皇帝在一棵槐树下上吊自杀。

起义军逼近北京的时候，崇祯皇帝接连下命令要吴三桂带兵进关，对付起义军。吴三桂赶到山海关，北京已被起义军攻破。过了几天，他接到父亲的劝降信倒犹豫起来，心想，既然李自成来招降，不如到北京去看看情况再说。

于是，他带兵来到了滦州，离北京越来越近，遇到一些从北京逃出来的人。他找来一问，原来他父亲被抓，最宠爱的歌姬陈圆圆也被起义军抓走。这时，他怒气冲天，下令立刻退回山海关，并且要战士们一律换上白盔白甲，给死去的崇祯皇帝报仇。

李自成得知吴三桂拒绝投降，决定亲自带二十万大军进攻山海关。吴三桂吓得灵魂出窍。他也顾不了什么民族气节，写了一封信，派人飞马出关，请求清朝帮助镇压起义军。

清朝辅政的亲王多尔衮立刻亲自带着十几万清兵，日夜不停地向山海关进兵。清军到了山海关下，吴三桂卑躬屈膝地哀求多尔衮帮他报仇，多尔衮自然顺水推舟地答应。从此清兵入关，明朝被清朝取代，吴三桂成了卖国求荣的罪人。

少年康熙是如何巧灭鳌拜的

康熙亲政后，鳌拜仍然结党营私，在朝中专横跋扈，甚至公开与康熙对抗。他常常称病不上朝，非得康熙亲自到他的府第问安之后才

肯来上朝，这引起了康熙的强烈不满。于是少年康熙决定除掉他。康熙深结大臣索额图，又以游戏为名，选择勇武少年至宫中演练扑击之戏，秘密做好对付鳌拜的准备。

康熙采用的方法非常巧妙。公元1669年5月，鳌拜进宫。在一个校场，康熙一声令下，练扑击的那些少年蜂拥而上，将鳌拜擒拿。康亲王杰书等人列举了鳌拜三十大罪状，奏请将其问斩，并没收他家的全部家产。康熙帝念他为朝廷效力很久，不肯诛杀他，只是将他的职位革除，将他终身监禁，并将他的死党一律斩首。次年，鳌拜死在狱中。

雍正为什么要杀年羹尧

年羹尧是清朝康熙、雍正年间的人。康熙时，他考中了进士。由于他有胆识、有才干，官越做越大。这时康熙皇帝年老体衰，他的儿子们为了争夺皇位，展开了一场激烈的斗争。

年羹尧原来在四皇子手下做官，他的妹妹还嫁给了四皇子当王妃，这使他积极支持四皇子继位，并牵制住十四皇子的势力，为四皇子最终夺得皇位立下了汗马功劳。

四皇子（雍正皇帝）继位后，年羹尧取代十四皇子做了抚远大将军，率军平定叛乱。雍正皇帝因他效忠辅佐自己继位有功，对他格外恩宠，不仅封他为一等功，连他的父亲、儿子都被封了爵位。

而这时年羹尧仗着皇帝对他的宠幸，变得骄傲起来。他对待部下官吏总是盛气凌人，每次巡视各地防务时，都命当地官员跪在路上迎送。他则骑着马飞奔而过，就连王公贵族他也爱答不理的。所有的这一切都引起了很多人的不满，纷纷在皇帝面前说他的坏话。

而雍正皇帝也觉得年羹尧太张狂，言行不检点，就以他所奏奏章字迹潦草，把“朝乾夕惕”四字倒写为“夕惕朝乾”，犯了大不敬罪为借口，让群臣弹劾年羹尧，然后连降他十八级，削去他所有官爵，由原来的一等功降为杭州看守城门的小卒，并罗列了他九十二条大罪，赐他在狱中自杀，抄没了他所有家产。

什么是“文字狱”

清朝初期，一些知识分子通过文字反抗清朝的统治。于是清政府在文化上实行专制，知识分子如果在写诗著书时批评清政府，或是无意中冒犯了清政府，都会遭到无情打击，引来杀身之祸。这就是我们说的“文字狱”。

清政府兴起了一百多起文字狱，严厉压制了知识分子的反清思想。例如雍正年间的吕留良、曾静之狱。吕留良因为拒绝清朝的征聘，剃发为僧，并著书反抗清朝的统治，宣扬反清思想。曾静读了吕留良遗著，受其影响，反对清朝统治。后来派学生张熙来到陕西，劝说陕西总督岳钟琪反清，被岳钟琪告发下狱，雍正十三年被捕杀害。吕留良因为这个案子，竟被剖棺戮尸。

到了乾隆时期，也大兴“文字狱”，造成不少冤案，给知识分子带来极大的摧残。

为什么称乾隆为“十全老人”

大家对清朝的乾隆皇帝大概一点儿也不陌生，有关他的故事拍成了很多电影和电视剧，被人们所津津乐道。他被称为“十全老人”，这是为什么呢？

乾隆皇帝执政的六十年里，在文治和武治方面都很有建树。在文治方面，他勤于朝政，善于控制各级官员并能恩威并施。他曾多次外出巡游，其中六下江南，了解南方的政治、经济形势和民俗，考察各级官员，每到一地，执笔挥毫，留下许多墨宝。

乾隆皇帝不仅文治显著，而且极有军事才干。我国边疆不断出现危机，但乾隆皇帝却能运筹帷幄，及时调兵遣将，多次平定一些叛乱、外族的入侵和少数民族的起义。他非常得意自己一生的武功，晚年曾经写出《十全武功记》：两次平定准噶尔，定回部，两定大小金川，靖台湾，降服缅甸、安南（今越南），两服廓尔喀，合计为十。他自诩为“十全老人”，并刻了“十全老人之宝”的印章。他凭借清初发展起来的国力，东征西讨，使清朝国势在他统治时期达到鼎盛，仅人口就增加到三亿多，这是自古以来没有的。

但是他晚年宠信奸臣和珅，以和珅为首，朝政贪污受贿成风。他退位不久，便爆发了全国性的白莲教起义。嘉庆四年，乾隆帝以八十八岁高龄寿终正寝。

和珅是一个什么样的人

和珅任职期间，倚仗乾隆皇帝的宠信，植党营私，招权纳贿。乾隆死后，嘉庆即下令逮治，宣布罪状二十款，责令其自杀，并抄没家产。和珅被抄家时的财富折合白银

有十亿两之巨，相当于清政府10～15年的总收入，因此历史上有“和珅跌倒，嘉庆吃饱”之语。那么，和珅究竟是一个什么样的人呢？

历史上通常把和珅称为“贪污之王”、“巨贪奸相”。从和珅被赐死至今，人们所关注的是他的贪污奢侈生活、专横跋扈和权倾一时。其实，如果和珅没有足够的智慧和才华，就不可能升到宰相之职，更不可能成为“贪污之王”。

和珅虽出身贫寒，但受到了良好而系统的正规教育。这使得和珅能够随心所欲地应付各种突发场面。和珅的记忆力惊人，聪明决断，办事利索，多才多艺。

乾隆一生喜爱作诗、书法，为了迎合乾隆，和珅在这些方面下了不少工夫，并达到了较高的水平。乾隆的书法很见功力，和珅的字酷似乾隆，乾隆后期的有些诗匾干脆交由和珅代笔。挂在北京故宫崇敬殿的御制诗匾，据考证就是由和珅代笔。和珅精通满汉、蒙古、藏文等多种语言。在乾隆《平定廓尔喀五功臣图赞》中有乾隆注：“去岁(1791年)用兵之际，所有指示机宜，兼用清、汉文。颁给达赖喇嘛，及传谕廓尔喀敕书，唯和珅承旨书谕，俱能办理秩如。”如此说来，乾隆依赖和珅办事并非因他们的“同性之恋”，而是和珅实有其才。

乾隆在晚年时仗着国家繁荣昌盛，生活奢华，大兴土木。他六次南巡，沿途建造了三十个行宫；移天缩地，在圆明园和避暑山庄仿造世界各国著名景致；八十岁时举行万寿大典。亏得和珅发挥聪明才智，闪躲腾挪，不仅巧妙支持了皇帝的用度，更使得内务库、国库收入逐年增加，民间得以休养生息，从而开创了辉煌的乾隆盛世。作为正总裁修撰《四库全书》，他独具慧眼发掘旷世之书《红楼梦》，主持数十次科举考试。其间，果断处置了一品大员云贵总督李侍尧、二品大员山东巡抚国泰等多起贪污大案。

至于乾隆皇帝，他精明干练、明察秋毫，在位时为什么不惩治和珅？大多数史学家的解释是：乾隆希望和珅像辅佐自己一样，继续辅佐自己的儿子嘉庆。而嘉庆并未遵照父亲遗愿，乾隆一死他就对和珅顿生加害之意，也许从这个角度上分析，嘉庆确实是犯了一个重大的失误。历史上，乾隆和和珅相继离世后，大清帝国的社会局势立即发生逆转。这也可以说明，和珅的被杀和嘉庆的无能是大清王朝由强变弱的一个转折点。

清朝四大冤案是怎么回事

清朝四大冤案：杨乃武与小白菜、名伶杨月楼案、张文祥刺马案、淮安奇案。

杨乃武与小白菜案：清末，余杭士子杨乃武应乡试中举。他与家里的帮佣“小白菜”毕秀姑早有情愫。但漂亮的毕秀姑是葛家葛小大的童养媳。最后二人只得各自婚娶。

余杭知县刘锡彤贪赃枉法，滥收钱粮，杨乃武联络士子上书举发。从此，刘锡彤下定决心要治杨乃武。他儿子刘子和用迷药奸污了毕秀姑，又把她丈夫葛小大毒死。刘锡彤便“移花接木”，把杨乃武骗至县衙，严刑逼供，以“谋夫夺妇”判杨乃武死罪。

杨乃武和妻子詹氏、胞姐杨淑英屡屡上诉，两年间经历审讯几十堂，都因刘锡彤的贿赂仍旧判定死罪，并详文刑部。幸亏同科举人汪士屏联合士绅上书刑部辨冤，刑部侍郎夏同善驳回详文，并请得谕旨命浙江三大宪会审。会审期间，“小白菜”决定翻供，说出事实真相。但浙江巡抚杨昌浚依仗拥兵边疆的左宗棠之势，会同藩台、臬台蓄意抗命，不准毕秀姑翻供，复以“通奸谋命”定拟，并上奏。

光绪帝生父醇亲王痛恨杨昌浚蔑视朝廷，决意替杨乃武翻案。正当杨乃武看透黑暗吏治，与“小白菜”欲以鲜血、头颅祭告天下“大清百姓盼望青天”之际，得到了醇亲王“大清有青天”的回答。

出狱之日，“小白菜”奉懿旨被押解尼姑庵削发为尼。杨乃武自已虽保住了命，却因为多次逼打，早已身为废人，而且连举人功名也不准恢复。“我这冤案是昭雪了吗？大清真有青天吗？……”

名伶杨月楼冤案：杨月楼是京剧戏班演小生的名伶，由于演技扮相俱佳，人们都夸他“玉立亭亭，艺兼文武”。同治十一年至十二年期间，上海租界著名戏园金桂园演出京剧时，如果没有杨月楼，戏园里定是空无一人。

同治十二年冬天，杨月楼在金

桂园连续演出，广东香山籍茶商韦姓母女被杨月楼的演技吸引，连看了三天。十七岁的韦女阿宝对杨月楼心生爱慕，修书细述思慕意，并把生辰八字连同订嫁婚约一并交付杨月楼。当时的优伶一向被视为贱民，韦姓茶商不仅属良家且捐有官衔，是有一定身份的。当时法律规定良贱不通婚。所以，杨月楼收到信后，受宠若惊却不敢如约相见。

阿宝相思至病，其父亲长年在外地经商，母亲一时不知如何是好。见女儿的病日益加重，母亲只好顺遂女儿之意，遣人告知杨月楼，令其请媒人求婚。杨月楼欣然应允。但阿宝的叔父知道后，以“良贱不通婚”为由，坚决不同意，并告杨月楼拐盗罪。

在新居行婚礼之日，县差及巡捕将杨月楼与阿宝一起拘捕，并将价值四千两黄金的七箱衣物首饰全部没收。观看的百姓如云。审案的上海知县叶廷眷当堂对杨月楼和阿宝施以严刑，押监待韦父归后再行判决。此案一出立刻传遍街头巷尾。最后为此案澄清冤屈的人是慈禧太后。

虽然结案了，杨月楼的妻子韦阿宝被其父逐出家门不知下落。但参与制造此案的人都未受到一点影响。杨月楼忧愤改名为杨猴子，自取辱名，表示对官场黑暗及当时戏子社会地位低下、处处受欺的不满。

张文祥刺马案：太平天国失败后，人们传言曾国藩有野心，其实他的部下早就怂恿他谋取帝位。在与太平军作战时，清廷不得不依重湘军，但是，如今太平军被“荡平”了，清廷就马上把曾国藩调离江宁，派马新贻任两江总督，迅速裁撤湘军，以防后患。

江宁是湘军攻下来的，两江一直被湘军视为私地，他们在那里经营了数年，岂能轻易让给马新贻？马新贻没有自己的军队，所以，他刚到两广，就被张文祥刺杀了。朝廷心中明白，为了不激起兵变，动摇清王朝的统治，只好让曾国藩重回江宁。

张文祥刺杀马新贻，在警卫森严的督署重地一扑而中。马新贻被刺后，立即有“刺马案”戏文上演，而且正值乡试，安徽学政殷兆镛出试题，竟然寓意讥讽；乔松年也来凑热闹，写了一首歪诗作证；湘军将领给张文祥立碑等等。颜士璋写了一本《南行日记》，记述了赴江宁的全部过程。据他的曾孙颜牧皋说，日记中写道："刺马案与湘军有关。""刺马案背后有大人物主使。"所有这一切都说明刺马案是一件有计划、有组织的政治谋杀事件。

淮安奇案：清嘉庆十三年（1808年）淮安水灾，官府赈济，李毓昌奉命至山阳县查赈，住在善缘庵。知县王伸汉要李毓昌多开户口，以中饱私囊，被刚正的李毓昌拒绝了。王伸汉怕事情泄露，就买通李仆毒死李毓昌。知府王毂受王伸汉赂银四千两，验尸时即以自缢报案。

李毓昌的叔父从遗物中发现血迹，开棺验尸见服毒状，赴京告状。山东抚臬奉旨复查如实，就把王伸汉等拘至刑部严讯。一讯得实，王伸汉侵贪赈灾银二万多两，同知林永升一千两，其余数十人各得不等。皇帝下令：王伸汉处斩刑，知府王毂处绞刑，江督铁保、同知林永升均革职，遣戍乌鲁木齐，江苏巡抚汪日章革职，当河工效力，李仆在李的墓前凌迟处死。

清宫四大奇案是怎么回事

清宫四大奇案是指太后下嫁、顺治出家、雍正被刺和乾隆身世。

太后下嫁：太后下嫁就是太后下嫁摄政王。太后是指清太宗皇太极之妃、世祖福临的生母，卒于康熙二十六年（1687年），被谥为孝庄文皇后；摄政王即指摄政睿亲王多尔衮。孝庄文皇后系多尔衮之兄嫂，弟妻兄嫂，按照汉人道德观念来看，是一件太不光彩也太不文明的事。但是满洲入关以前的社会性质虽已由奴隶制迅速向封建制过渡，但很早很早以前女真人的落后习俗，如弟娶兄妻等群婚制的残余延续到入关初年，也是不足为怪的。

顺治出家：顺治十七年（1660年）八月十九日，皇贵妃董鄂氏薨。顺治非常哀伤，接连五天不上早朝，不理国家大事，并下谕追封董鄂氏为皇后。之后，顺治仍然闷闷不乐，几个月后，他放弃皇帝之位，遁入山西五台山，削发为僧，做了一名和尚。

雍正被刺：关于雍正的死因有很多说法。有人说是被刺死的，这一说法起因于雍正七年（1729年）曾静、张熙一案。

曾静派他的徒弟张熙，投书川陕总督岳钟琪，劝他为祖先岳飞举义，岳钟琪将其告发，事情牵连到明末吕留良。雍正将吕留良的尸体挖出后，又戮杀。吕留良的儿子吕葆中当时官至编修，也被处斩。

传说吕留良有一个幸存的孙女，名叫吕四娘，她的剑术一流，立志要为父祖报仇。后来她潜入宫内，刺死了世宗，并把世宗的脑袋割下，提着逃走了。根据鄂尔泰传记的记载，说世宗暴崩的那一天，上午还“视朝如恒，并无所苦”，就在那天下午，忽召鄂尔泰入宫，而外间哄传世宗暴崩的消息已满城风雨了。鄂立刻“入朝，马不及备鞍，亟跨骣马行，髀骨被磨损，流血不止。既入宫，留宿三日夜，始出，尚未及一餐也”。

乾隆身世：是指雍正与海宁陈氏换子的传说。浙江海宁陈氏，从明末起，一直到清朝，如陈说、陈世倌、陈元龙等父子叔侄，都是高官厚禄。

康熙年间，雍正还是皇子时，与陈世倌关系友好，交往特别密切。当时，又恰巧两家各生一子，年、月、日、时辰无一不同。雍正听说后，十分高兴，就命陈世倌抱子入宫。儿子送进宫中很长时间才被送出来。陈世倌接住孩子，发现送还的已经不是自己的男孩，而变成女婴了。陈家万分震惊，但又不敢说出来，以免引来杀身之祸。后来，乾隆登基后，听说了此传言。他南巡至海宁时，去陈家详细地询问了陈氏的家世。乾隆快要走出陈氏大门时，下令将大门封闭，并告诉陈家，以后不是皇帝临幸，此门不得再开。从此，陈氏家中永远关闭其门，再也没有开过一次。

清初的皇帝喜欢读哪部小说

清朝初年的几位皇帝都喜欢读《三国演义》。这是一部描写东汉灵帝（184 年）至晋武帝（280 年）期间统治集团之间矛盾和斗争的历史小说。书中描绘了三国时代尖锐复杂的军事斗争和政治斗争，是一部形象的历史和军事参考书。它对政治、军事胜败的原因更是分析透彻，见解独到。

清太祖努尔哈赤少年时代在抚顺做买卖时，第一次见到了《三国演义》，他一下子被这本书的内容吸引了，从此便对此书爱不释手，哪怕是行军打仗，也随身携带此书。

清太宗皇太极受到父皇的影响，也特别爱读《三国演义》。他还时常引用书中的故事来讲道理。由于他对此书偏爱至深，臣子沈文奎曾这样劝他："《三国演义》仅是一隅之见，皇帝不该偏重一本书，以一本书的观点治军治国。"但是清太宗根本没有理睬，还命文武百官都要熟读此书。由于清朝入关不久，很多人不认识汉文，于是，清太宗还命一批官员将《三国演义》译为满文，只是没等到满文版的《三国演义》问世，清太宗就死了。

顺治皇帝继位后，也非常喜欢读《三国演义》。1650 年，满文版的《三国演义》译成后，他下令将此书颁发给满族官员，并重赏了此书的翻译人员。

到了乾隆当皇帝，由于他经常打仗，所以也非常喜欢《三国演义》，将领们也把此书当成了学习兵法的捷径之一。据说，地位低的士兵如果能够熟悉《三国演义》的兵法，还能被提拔当将领呢。

你知道我国国旗的历史吗

我国第一面国旗产生于清朝末年。当年，清政府洋务派官僚李鸿章向慈禧太后奏请制定国旗，并呈上画有虎、豹、狮、龙、麒麟、八卦等图案的国旗。慈禧决定用金龙旗为国旗，通称黄龙旗。黄龙旗最初为三角形，后改为长方形。从 1900 年起，在全国悬挂，直至清朝灭亡。

1911 年，辛亥革命推翻了清朝的腐朽统治，12 月 29 日，17 省代表在南京召开会议，一致选举孙中山为临时大总统。"中华民国"的国旗也由代表们拟定为红、黄、蓝、白、黑五色旗，表示汉、满、蒙、回、藏五个民族共和。1927 年，蒋介石发动反革命政变，建立了独裁的"国民政府"，改"国旗"为"青天白日满地红"旗。

1949 年 4 月，中国人民解放军解放南京，宣告了蒋介石反动统治的垮台。9 月，在北京召开全国人民政治协商会议第一届会议，会上一致通过了中华人民共和国的国旗为五星红旗。国旗旗面的红色象征革命，旗上的五颗五角星及其相互关系象征中国共产党领导下的革命人民大团结。星用黄色表示在红色大地上放出光彩，四颗小五角星各有一尖对着大星的中心点，在形式上显得紧凑有力。

中华人民共和国的五星红旗是谁设计的

鲜艳的五星红旗是中华人民共和国的标志，你知道它是谁设计的吗？

1949 年 7 月，上海解放不久，32 岁的曾联松看到报上征求国旗设计方案的启事激动不已，便用了半个月的时间构思，设计了五星红旗。

一个月内，全国应征的国旗图案多达3 012幅，最后选定 38 幅，曾联松的红旗方案编号为 32。

当时多数人倾向于另一方案，五星红旗的方案被否定。最后，田汉等人还是认为曾联松的方案好，因为原先的那个方案有把中国分成南北之嫌。后来经过民主投票，终于选定了五星红旗。毛泽东说：“这个图案表现了我国革命人民大团结。现在要大团结，将来也要大团结。”

我军最早获得军衔的是谁

我们知道很多军人都有军衔。那么，你知道我军最早获得军衔的是谁吗？

我军公开实行军衔制是在 1955 年 10 月。然而，在十年前，毛泽东主席就曾分别授予六位同志以将、校军衔。

1945 年，苏联红军进入我国东北对日作战。这年 9 月，驻东北苏军派人去延安，要求我党中央迅速派人去沈阳，协调苏军与我军的行动。9 月 16 日，党中央决定派彭真、陈云、叶季壮、伍修权、段子俊、莫春和六位同志担当此项重大任务，考虑到苏方有军衔，为了便于开展工作，我方也应有相应的军衔。于是，我党以中央军委主席毛泽东的名义，授予彭真、陈云、叶季壮三人中将军衔，伍修权少将军衔，段子俊和莫春和上校军衔，并用中俄两种文字写了任命书。这样，彭真、陈云等六位同志成为最早获得我军军衔的人。

人民英雄纪念碑的碑文是谁题写的

在北京的天安门广场上坐落着气势雄伟的人民英雄纪念碑，这是根据1949年9月30日中国人民政治协商会议第一届全体会议的决议而建立的，毛泽东和全体政协委员于当天下午参加了奠基典礼。1952年8月正式动工建设，1958年4月落成，同年5月1日隆重揭幕。碑身高37.94米，碑座东西宽50.44米，南北长61.5米，整个碑用一万七千多块花岗岩和汉白玉砌成，雄伟壮观，庄严肃穆。

纪念碑的正面（北面）镌刻着毛泽东亲笔题写的“人民英雄永垂不朽”八个镏金大字；背面是毛泽东起草、周恩来题写的如下碑文：

“三年以来，在人民解放战争和人民革命中牺牲的人民英雄们永垂不朽！三十年以来，在人民解放战争和人民革命中牺牲的人民英雄们永垂不朽！由此上溯到一千八百四十年，从那时起，为了反对内外敌人，争取民族独立和人民自由幸福，在历次斗争中牺牲的人民英雄们永垂不朽！”

你知道中国史学八大家是谁吗

左丘明：春秋时期鲁国人，著有《左传》，编年体史书创始人。

司马迁：西汉人，著《史记》，首创正史纪传体。

班固：东汉人，著《汉书》，开创断代史体例。

刘知几：唐朝人，编著《史通》，是我国第一位史学批评家。

杜佑：唐朝人，著《通典》，是我国第一部记叙典章制度的通史。

司马光：北宋人，编著《资治通鉴》，为我国第一部编年体通史巨著。

袁枢：宋朝人，著《通鉴记事本末》，创立了记事本末的体裁。

顾炎武：明朝人，著有《天下郡国利病书》等。

天南地北

科学认识天地的真面目，
奇山异水，怪石巨洞，
千奇百怪的自然现象，
日渐恶化的生存环境，
……

你知道地震预报歌吗

地震破坏力真大，
事先防备损失少。
只要留心细观察，
自然现象有预兆。
牛羊骡马不进圈，
老鼠成群满街跑。
鸡飞上树猪拱圈，
鸭不下水狗乱叫。
冰天雪地蛇出洞，
鱼儿惊慌水面跳。
地下水位不正常，
不是上涨就下降。
苦的变甜甜变苦，
水温变冷又变热。
清水变浑浑变清，
还会翻花冒气泡。
地震云在天边飘，
地声地光是警报。
发现异常快报告，
地震要来早知道。

地球的内部是什么样子

地球作为一个整体是由同心圆构成的，从外到里依次为地壳、地幔、地心。地球在形成过程中外部先冷却固化，地幔以下仍处于高温熔融状态，在重力作用下，重元素下沉，轻元素上浮，从地心向各个方向扩展至地表，呈现同心圆状结构。

地壳是地球外部的一层坚硬外壳。地壳由各种岩石组成，除地表覆盖着一层薄薄的沉积岩、风化土和海水外，里面由各种岩石组成。地壳的平均厚度为33千米，底部温度能达到1 000℃左右。

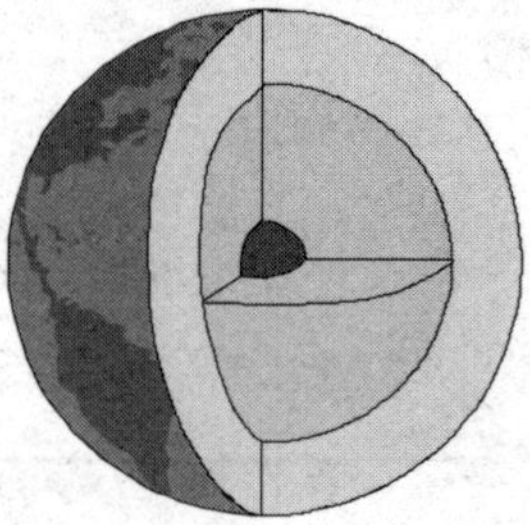

地壳往里是地幔，地幔为固体层，厚度2 900千米左右，体积占地球总体积的83%，质量占地球的66%。地幔的物质成分有硅、铁、镁、镍、铝等。由于高温高压的结果，地幔物质经常处于熔岩状态，成为岩浆的发源地。

地幔再往里就是地核，它的半径约3 500千米，成分主要是铁。地核可分为“外地核”和“内地核”两层。处在地表以下2 900千米至4 980千米的部分叫外地核，是液体状态。从4 980千米直到地心则为内地核，是固体状态。

科学家通过模拟的方法来推测地心的温度。由于地球中心是熔融状态的铁，通过建立与地球内部相同的压力条件，在此条件下测出铁熔化的温度就可以测出地球中心的温度。经过五百次试验，得到铁在这种高压条件下的熔化温度是7 300℃,但由于地心还存在硫等其他元素，会降低铁的熔化温度，因此最终结论是地心温度约为6 800℃。

天有多高，地有多厚

古人常以“不知天高地厚”来形容事物的复杂性，但随着科技的发展，天高地厚已经被人们测量出来了。

1989 年，苏联的九位科学家曾坐气球对天空颜色作了一次详细的观测。当他们从地面上升到 8.5 千米的高空时，天空一直是青色的。上升到 10.8 千米的高空时，天空成了暗青色。超过 18 千米后，由于空气稀薄，光不发生散射，天空中一片黑色，这里太阳与星星同辉。因此，天空离地面只有 10 千米左右。

地的厚度是说地壳的厚度。地壳由各种岩石组成，但厚度并不相等，平均厚度为 33 千米。大陆地壳的厚度为 35 千米，最厚的是我国的西藏地区，厚度达到 60～80 千米。海洋的地壳很薄，平均不到 27 千米，最薄的是太平洋地区，厚度仅 4～7 千米。

现在，别人再也不能说你“不知天高地厚”了！

天上有多少颗星星

“天上星，亮晶晶，数来数去数不清……”你会唱这首儿歌吗？天上的星星真的数不清吗？其实天空中的星星虽然看起来密密麻麻，但是只要我们有足够的耐心，一个星座一个星座数，几个夜晚就能将看到的星星数个遍。天文学家仔细计算过，全天空用肉眼能够看见的星星大约只有六千九百多颗。而且，一个人在同一时刻只能看到头顶的半个天空，另一半在地平线以下，是看不到的。所以，人们在同一天空所能看到的星星只有三千颗左右。

当然，如果我们借助望远镜，情况就不同了，哪怕用一台小型天文望远镜，也可以看到五万颗以上的星星。现代最大的天文望远镜能看到二十亿颗以上的星星。其实，天上星星的数目还远不止这些。宇宙是无穷无尽的，现代天文学家所看到的只不过是宇宙中很小很小的一部分。

地球是怎样形成的

地球是我们人类的家园，但生活在地球上的我们是否知道地球是怎样形成的呢？

大约在几十亿年前，我们的太阳系还只是一团不断旋转的星云盘。盘中的星云微粒在互相碰撞、吸附和旋转的过程中不断壮大，最后形成几个原始星球的胚胎。其中的一个就是地球。刚刚形成的地球不断旋转，重的物质沉到地心，轻的物质留在表层，从而形成由地壳、地幔、地核组成的地球内部层圈。

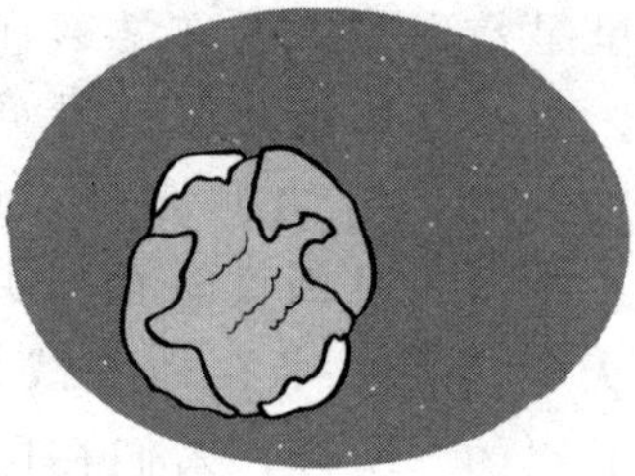

早期的地球在不断的熔融和凝结过程中释放出大量的甲烷、氨、水和氢气，它们被地球捕集而形成原始的大气和海洋。在阳光的沐浴下，地球逐渐变暖，并产生了风暴和电闪雷鸣、火山爆发、岩浆奔流。经过分子的组合和复杂的化学变化，逐渐形成了能不断自我复制的分子，又经过了漫长的不断演化，最终形成了原始的生命。

为什么会有佛光

晴朗的冬日，在著名旅游胜地四川峨眉山的金顶上常能看到巨大的彩色光环，像如来佛祖头上的光圈，因而被人们称为“佛光”。

峨眉佛光的出现其实是由于光的衍射造成的。发生衍射现象时，光在传播过程中由于通过了一个大小近似于光线波长的小孔，光线就以小孔为中心，形成环状向前传播。峨眉山地区森林茂密、河流众多，弥漫的水汽和云雾经常飘浮在半山腰。当人站在山顶上时，背对着太阳，太阳光从背后射过来，在射向云层之前通过薄雾的时候，光线在薄雾中的小水滴之间的空隙中通过，就出现了衍射现象。这时就能看到前方云雾上出现了一个巨大的彩色光环。

另外，在泰山、瑞士的北鲁根山和美国亚利桑那州的大峡谷，由于具有相似的地理因素也会出现彩色光环。

为什么地球上经常闹水荒

我们知道，地球被称为“水球”，可是为什么地球上还经常闹水荒呢？

地球上水的储量有140亿亿立方米，这是一个多么庞大的数字啊！

可是，这些水94%都分布在海洋中，不能被人们直接利用。根据联合国1997年的统计，全世界的淡水储量只有3.5亿亿立方米。

虽然淡水资源有限，人均淡水量还是比较多的。可是为什么有的地方闹水荒呢？其实，淡水资源在世界上分布很不均衡。多水的地区，比如东亚、南亚，大量的淡水随着地表白白流入大海。而在干旱的地区，比如南非、苏丹、肯尼亚等地区，到处都是荒漠，严重缺乏淡水资源。

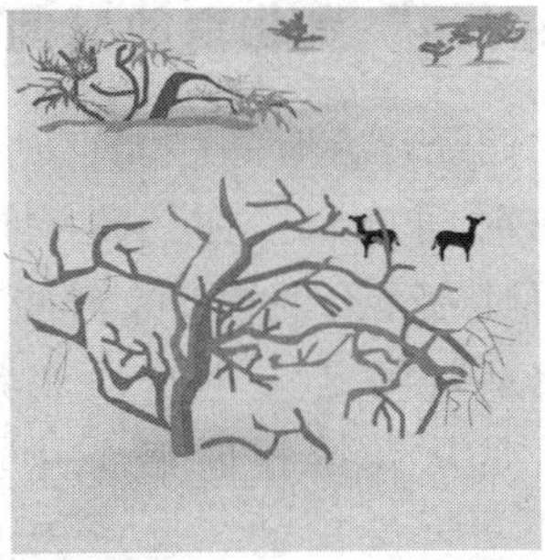

我国水资源分布也不均衡，内蒙古及大西北是十分干旱的地区，那里到处是沙漠和戈壁滩，水资源相当缺乏。而在南方的大部分地区水量充足，因此我国正在实施南水北调工程。

火山是如何形成的

炽热的岩浆在地下运行，遇到合适的机会就会喷涌而出，形成火山爆发。那么，引发火山爆发的动力在哪里呢？

地球的地心处是熔融状态，炽热的岩浆在地球内部不停地翻滚运动，当运动十分剧烈时，在地壳的薄弱地带，尤其是板块交界处，就很容易喷射而出，形成火山爆发；板块活动比较剧烈时，容易引起火山爆发；月球在绕地球公转时，到达近地点，对地球的引力加大，就会加剧地球内部岩浆的活动，而月球引发的潮汐会改变海水对海岸线和岛屿的压力，也会引起火山爆发；暴雨的冲刷也会使处于萌芽状态的火山加速爆发，大量的雨水渗入地下，然后被高温熔岩加热蒸发，这样，在雨水变成蒸气时压力大大增加，从而引起火山爆发。

岩石是如何形成的

地球上的岩石千姿百态，而且地球内部的岩石呈层带状结构分布。那么这些岩石究竟是怎么来的呢？

岩石依照其形成原因可以分为火成岩、沉积岩、变质岩三种。

火成岩又叫岩浆岩，是岩浆侵入地壳上部的岩层中或喷出地表后冷凝而形成的岩石。火成岩也是地壳中分布最广的一种岩石。例如，黄山、华山、衡山等都是岩浆侵入地壳上层形成的侵入岩，主要成分是花岗岩；而火山喷发出来的岩浆凝固而成的则是喷出岩，如玄武岩。

沉积岩是地壳最上部的岩石，它是由一万年前的岩石经过水、风或冰川冲刷、堆积而成的，例如页岩、石灰岩等。

变质岩是原来的沉积岩或火成岩，在高温、高压下发生变质作用而形成的一种全新的岩石，例如花岗岩就能变成片麻岩。

沙漠是如何形成的

说起沙漠，大家都不陌生，一望无际，满是黄沙，荒凉而寂寞。在我国广袤的土地上，沙漠就占了国土总面积的13%。而世界上最大的沙漠——非洲的撒哈拉大沙漠足足有中国的陆地面积那么大。那么，地球上这么多的沙漠究竟是怎么形成的呢？

就自然条件来说，干燥的气候是形成大范围沙漠的重要条件。在干燥地区，除了岩石风化成碎屑物外，还有干枯的河流带来的大量泥沙、石子，在地面缺乏植物覆盖的情况下，一旦狂风刮起，地面上的

大量泥沙将被卷扬飞起，这些沙尘在风力减弱或遇到障碍物时，便大片堆积下来成为沙漠。于是，在干燥地区或地形比较低的盆地内很容易形成大面积沙漠。

同时，由于人类滥伐森林、过度放牧和盲目开垦土地，也加快了土地沙漠化的进程。世界上每年因沙漠化而丧失了大量耕地，土地的日益沙化已成为人类共同面临的严峻现象。

“北京时间”是北京的时间吗

我们经常会听到“北京时间8点整”的时间报告。你知道我国在报告时间时为什么说“北京时间”吗？

北京时间其实不是从北京发出的，而是从我国授时服务中心——陕西天文台发出的。这座天文台的原子钟房里有国际先进的铯原子钟和氢原子钟。这两种钟能长久地保持着高精度的标准时间，三十万年才会差一秒钟。

陕西天文台用特殊的方式将时间传到广播和电视等全国各媒体，媒体按收到的时间将自己的石英钟调好，每到整点就准确地向外报告。

庐山的屋顶为什么都用铁瓦

你见到过铁瓦房子吗？庐山的铁瓦房子就很多。从明代起，这里

开始使用铁瓦，到了民国以后基本上所有的房顶用的都是铁瓦。

其实房子的结构都是由当地的地理环境和气候环境决定的，用铁瓦也是这个原因。庐山地处长江和鄱阳湖之间，海拔一千一百多米，山高风大，冬季气温极低。房子上如果用陶瓦既容易被风吹跑，又容易被冻裂。于是，人们在房顶铺一层木板，木板上铺一层油毡，再在上面盖上铁瓦，用铁钉把它们固定在房梁上。为了防止铁瓦生锈，人们还用油漆刷出各种颜色的屋顶，既自然又美观。

1928年后，当时的一些达官贵人纷纷在庐山建别墅，最多时达到千余幢。虽然这些别墅风格迥异，但房顶盖的都是铁瓦。

“钱塘江潮”为什么特别壮观

钱塘江潮又叫“海宁潮”，以每年农历八月十八在浙江海宁的钱塘江边所见到的海潮最为壮观。涌潮袭来时，潮头高度可达3.5米，潮差可达8.9米，气势磅礴，十分壮观。

钱塘江海潮的形成和涌潮的壮观景象与杭州湾得天独厚的地理环境有关。杭州湾位于亚洲大陆东部边缘，形如喇叭口，外宽里窄，面向辽阔的太平洋水域，潮水由东向西推赶。每逢潮来，大量海水一起涌进，越往里越拥挤，促使水位很快被抬高，并在滩高水浅的地方激起一堵水墙。这种壮观景象，在中秋时节更加显著。因为这时东南季风盛行，风助潮势，潮借风威，滚滚江水与潮头顶撞，更加激起潮涌。从天文因素上说，每逢初一、十五的时候，受太阳和月球的引力影响，也形成大潮。因此有“初一、十五涨大潮”的说法。就这样，众多天文和地理因素相互配合，共同制造了闻名中外的“钱塘怒潮”。

柴达木盆地为什么被称为“聚宝盆”

柴达木盆地是我国三大内陆盆地之一。周围被4千米以上的昆仑山、阿尔金山、祁连山所环抱，盆地中间海拔在3 000千米以下，四周逐渐升高，面积约有25万平方公里。

柴达木盆地是个古老的陆块，几千万年前这里就是一个大湖盆，而且生物很多。后来，生物遗体不断堆积，逐渐形成了石油和煤。湖水蒸发后，又形成了丰富的食盐、钾盐、石膏等矿产。

“柴达木”是蒙古语，意为“盐泽”，更确切的意思为“一片浅缓倾斜的，有着鹅卵石的大漫坡”。它形象地反映出盆地内既有丘陵沼泽，又有沙漠戈壁的地理景观。

这里的盐特别多，简直是盐的世界！大大小小的盐湖有一百多个，食盐总储量有六百亿吨之多！不仅数量大，而且质量好，经检测，这些盐中含有丰富的钾、镁、硼等多种化学元素，是非常好的工业原料。现在，冷湖的石油、鱼卡的煤、察尔汗的食盐和钾盐都已被开采。

盆地内部不仅有盐，还含有丰富的矿产资源，种类多、储量大、品质高，人们称它为“聚宝盆”。盐、石油、铅锌和硼砂是盆地中的“四大宝”。

新疆为什么被称为“瓜果之乡”

肉嫩汁多、甘甜可口的哈密瓜、葡萄、香梨都是新疆有名的特产。其实这里的瓜果甘甜都是由其特殊的地理环境决定的。

新疆位于我国的西北部，它距海遥远，被山地、高原环绕，湿润的空气很难到达，形成了特有的干燥、少雨、日照强、昼夜温差大的特点。这种气候正好适合瓜果的生长。

由于白天的气温高，加强了植物的光合作用，有利于碳水化合物的合成；夜间气温低，减弱了植物的呼吸作用，减少了养分的损耗，利于植物中糖分的储存。所以，这里的瓜果有高糖分的特点。

台湾为什么被称为“祖国的宝岛”

台湾岛是我国富饶的宝岛。台湾森林资源丰富，树种很多，是亚洲有名的天然植物园。樟树最为著名，樟脑产量居世界首位。台湾享有热带和亚热带“水果之乡”的美名，四季鲜果不断。台湾岛不愧为“祖国的宝岛”。

台湾岛形似纺锤，是我国最大的岛屿。它是一个年轻的海岛，山地约占全岛面积的三分之二，山势巍峨，群峰挺秀。台湾山脉中的中央山脉纵贯全岛，像个“屋脊”。台湾岛山势陡峻，河流湍急，水力资源蕴藏量大。岛上最长的河流是浊水溪。

台湾的地下矿藏多种多样。中央山脉是金、铜等金属矿的主要产地。西部是煤、石油等的分布区。台湾周围浅海还蕴藏着石油和天然气资源。广阔的浅海区水产资源丰富，西海岸又是重要的海盐产区。

四川盆地为什么被称为“天府之国”

四川盆地是我国著名的盆地之一，位于长江上游，面积约为十六万平方千米，四周环绕着高原和山地。

自古四川盆地就有“四川粮，天下尝”的美称，享有“天府之国”的美誉。这是由其地理条件和气候造成的。

四川盆地在形成的过程中，周围高原和山地的细沙泥土流入盆地，沙中的矿物质经过氧化变成紫红色。紫红色的砂岩也很容易风化，成土也快，所以四川盆地的土里含有丰富的磷、钾等养分，非常肥沃，是十分适宜农作物生长的土壤。

四川盆地的气候终年温暖，也适合农作物的生长。这里的热量条件同两广差不多，所以也适合南方水果的生长。盆地雨量充沛，湿润的环境为农作物的生长提供了有利的条件。所以这里自古以来农业生产就很发达，是我国重要的农耕地区。

吐鲁番盆地为什么被称为“火洲”

吐鲁番远离海洋，处于盆地之中，地面升温快，降温慢，加上日照时间长，夏季气温很高。在8月和9月，瓜果已经成熟。9月下旬以后，夜晚的气温骤降，但白天的气温依然很高，昼夜温差极大，所以有句谚语：“早穿皮袄午穿纱，围着火炉吃西瓜。”

吐鲁番气温高，少雨，有“火洲”之称。每年6～8月份平均气温

为30℃。35℃以上的气温全年持续5个月，40℃以上的高温时间超过40天。全年日照时间高达3 000～3 200小时，有10个月不见雪，年平均降水量只有16毫米，蒸发量却高达3 000毫米。

火焰山横卧于吐鲁番盆地中部，由红色砂岩组成，像一条红色巨龙。火焰山上几乎寸草不生，山色青红似火，夏季十分酷热。这里是全国最热的地方，夏季最高气温高达

47.8℃，地表最高温度高达70℃以上。

我国的“三大火炉”在哪里

炎炎夏日，我国长江流域的平均气温最高，其中南京、武汉、重庆被称为“三大火炉”，它们的极端最高气温都在40℃以上，而且高温持续时间比较长。

造成这种情况的主要原因是，三伏期间长江流域高空被副热带高压所控制，温度增高，同时万里无云，太阳似火一样地炙烤着大地，温度急剧上升。

其次，三地都位于长江沿线，地势比较低，地面热量不易散发，都聚集在近地空中。

还有，在这三个城市的郊区湖河密布，水田河渠纵横交错。在阳光照射下，水分蒸发，使空气变得十分沉闷。

由于上述原因，再加上近年来经济的发展，人为污染的加剧，不断造成空气升温。所以，武汉、重庆、南京被称为“三大火炉”。

南极的冰为什么比北极的多

南极和北极是地球上纬度位置最高的地方，终年积雪覆盖，寒冷异常。而南极比北极要冷得多，不仅如此，南极的冰层平均厚度在1 880米以上，最厚的地方超过4 000米，而北极的冰层只有2～4米厚。南极和北极同处地球两极，纬度相同，接受太阳照射的角度和时间也相同，为什么南极的冰要比北极的多呢？

因为，南极有一块很大的陆地，面积约为1 240万平方千米。陆地储热的能力差，无法将夏季获得的热量有效地储存起来，在接受热能的同时又将热量辐射掉了，所以冰多。

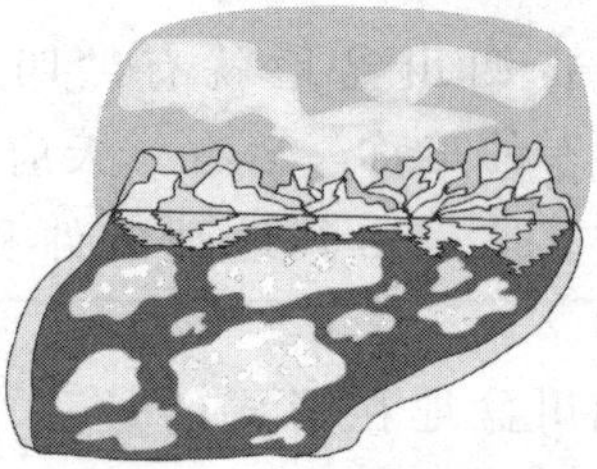

南极大陆上的冰川缓缓地移动，在四周的海岸断裂成巨大的冰块漂浮在水里，有二十多万座之多。这些冰块就似一个个围绕南极大陆的岛屿。而北极地区主要是海水，海水能储藏较多的热量，然后再慢慢地把热量释放出来。所以，北极比南极气温高，因而冰层也就薄，所以南极的冰比北极的多。

我国的九大名关在哪里

自古以来，关口都以交通要道或地势险要而著称。我国最出名的关口有九处。

嘉峪关：位于甘肃省嘉峪关市西，是长城的终点，南面是终年积雪的祁连山，北面是马鬃山，此处是河西走廊最狭窄的地方，历来是军事重镇。

居庸关：位于北京昌平县西北部，是长城险关之一。居庸关地势险要，是古代的西北门户，为历代兵家必争之地。

山海关：在河北省秦皇岛市东北，北依燕山，南临渤海，地势险要，素有“京都锁钥”之称，是兵家必争之地。明朝大将在这里构筑长城，建关防护，因“关”在山海之间，所以叫“山海关”。

紫荆关：在河北省易县紫荆岭上，为河北平原进入太行山的要口之一。

娘子关：在山西省平定县东部，始建于唐初，地势险要，为长城重要关隘。由于唐太宗之妹平阳公主曾率军驻于此，所以称为“娘子关”。

平型关：在山西省繁峙县东北，是长城要口之一，也是晋北通往河北的交通要冲。

雁门关：在山西省代县北部，为长城要口之一。附近峰峦林立，异常险要。

武胜关：位于河南省信阳县南部，与平靖关、九里关合称“义阳三关”，是南来北往的交通要道，又是古代南北抗衡的军事关隘。

友谊关：位于广西凭祥市西南，为我国的边关。明代洪武年始建时，称镇南关，1965 年改为友谊关，是我国通往越南的交通要口。

火龙洞为什么四季火热

火龙洞位于新疆伊犁的铁厂沟西山，是公元 1814 年被发现的，不仅洞里气温很高，就是洞口最低气温也超过 40℃。更有意思的是，一处向阳的小洞口的温度竟高达 100℃ 以上，不仅可以煮鸡蛋、烤馕，还可炖羊肉。

火龙洞是由地下煤田自燃形成的地热资源。煤自燃所产生的热气从断裂的缝隙中溢出，这种含有硫黄、白矾、水晶等多种矿物质的气体对治疗多种慢性顽症有一定的作用，对高血压、风湿病、皮肤病等疾病有十分奇特的治疗效果。当地的医院还根据洞口不同的温度设置了埋沙、烤腿等不同的治疗室。

由于火龙洞具有奇异的治疗功效和神奇的传说，使之不仅受到伊犁各族群众的推崇，同样也吸引着许多到此观光的国内外游客和各地的患者。

“九州”是怎么来的

“九州”是我国的别称，泛指全国。相传，五千年前我国发生了一次大洪水，人们不得不向山顶和高地迁徙。后来，经过大禹治水之后，天下分为九个区域，于是就有了“九州”之名。当时的九州是这样划分的。

冀州：今山西、河北、辽宁一带。

兖州：今河北、河南、山东交界部分。

豫州：今河南、湖北北部。

青州：今山东、辽宁东部、渤海与泰山之间。

徐州：今山东南部、江苏、安徽北部，黄海、泰山、淮河之间。

扬州：今江苏、安徽南部，江西东部，淮河以南东至海。

荆州：今两湖及江西西部。

梁州：今陕西南部和四川一带。

雍州：今陕西北部、中部和甘肃及其以西地方。

为什么有的泉水能治病

有的泉水能够治疗某些疾病，这已经得到了证实。但是泉水不是药物，怎么有这么神奇的本领呢？

原来，由于地下含有许多种矿物质，地下水在地下流动时，溶解了它所流经地区的可溶矿物质。而泉水恰恰就是从地下涌出地面的地下水，所以泉水里含有不同的矿物成分。我们把含有大量矿物质的泉水叫做矿泉。矿泉里不仅含有矿物质，而且还含有气体。这就是有的泉水可治疗某些疾病的原因。呼伦贝尔盟的泉水含有较多的二氧化碳和铁质，这就是它能够治好某些胃肠疾病的主要原因。出产石油的地区，矿泉水里含有比较多的硫化氢，这种矿泉水能辅助治疗心脏病和风湿病。

相比之下温泉具有更高的医疗效果，因为温泉里不仅含有矿物质，而且还有热量。人们常用温泉洗澡，可以治好皮肤病和风湿病。

天文台的房子为什么是圆顶

天文台的半圆形屋顶实际上是天文台的观测室，这半圆形的设计是为了便于观测。

在天文台里，人们通过天文望远镜来观测太空，天文望远镜往往非常庞大，不能随便移动。而天文望远镜观测的目标又分布在天空的各个方向。如果采用普通的屋顶，就很难使望远镜随意指向任何方向上的目标。天文台的屋顶造成圆球形，并且在圆顶和墙壁的接合处安装了由计算机控制的机械旋转系统，使观测研究十分方便。这样，用天文望远镜进行观测时，只要转动圆形屋顶，把天窗转到要观测的方向，望远镜也随之转到同一方向，再上下调整天文望远镜的镜头，就可以使望远镜指向天空中的任何目标了。在不用时，只要把圆顶上的天窗关起来，就可以保护天文望远镜不受风雨的侵袭。

当然，并不是所有天文台的观测室都要建成圆形屋顶，有些天文观测只需要对准某一方向进行，观测室就可以造成长方形或方形的，在屋顶中央开一条长条形天窗，天文望远镜就可以进行工作了。

煤矿中的瓦斯是从哪里来的

现在翻开报纸，经常能看到煤矿灾难造成人员伤亡，损失惨重的报道。在矿难事故中，瓦斯爆炸是比较常见的。

煤矿中为什么会有瓦斯呢？众所周知，煤是由远古时代的植物演变而成的，而植物在形成煤的漫长而久远的历史过程中，会产生一系列相当复杂的化学反应。瓦斯就是煤在形成过程中产生的各种可以燃烧的气体，它的主要成分是沼气。据测算，在地下每生成一吨煤，就会产生约一千立方米的沼气。但是大部分沼气都在煤生成后的漫长岁月里慢慢从煤层中渗出去了，残存在煤层里的已经很少。但是，在采煤时，这些残存的气体就会跑出来。当矿井中空气里的瓦斯含量达到5%以上时，只要遇到一丁点小火花，就会点燃瓦斯，发生爆炸，造成事故。所以在井下作业时，要注意通风防火，以防瓦斯爆炸。

为什么冬天的早晨经常有雾

在深秋的早晨，我们会在起床后发现外面白蒙蒙的一片，几步之外就看不清东西，我们就会说：下雾了。

其实，雾是由数不清的小水滴组成的，就像云一样。雾的形成需要三个条件：空气中大量的尘埃等凝结核，充足的水汽，空气变冷。秋冬季节，在比较湿润的地区，由于昼夜温差比较大，白天受太阳照射，水汽大量蒸发，到了晚上，气温下降，空气变冷，水分子就不断凝结在空气中悬浮的一些小颗粒上，变成了无数的小水滴，就形成了雾。而海面上的雾多半是由于暖湿空气吹过冰冷的海面形成的。这种浓度高、范围大、持续时间长的大雾现象，多生成于寒冷区域。我国春夏季节，东海、黄海区域的海雾多属于这一种。

雾对交通的影响很大，飞机遇上大雾就难以起飞或降落，而且长期的阴冷多雾气候也会影响农作物的生长。

地下为什么会有石油

石油是我们人类赖以发展的重要能源，在现代工业、交通、国防等多方面都起到了极为重要的作用。石油产品已被广泛地应用到国民经济的各部门。

石油的主要成分是碳氢有机物的混合物，占石油成分的97%～99%。石油是由埋藏在地底的生物遗体变化而成的。石油的形成经过了漫长的年代。

沿着地表深入地壳，平均每三千米就有含石油的岩层。石油层是在数亿年前沉积而成的，当时陆地面积还很小，地球的绝大部分都是海洋。随着时间的流逝，泥沙掩埋了远古的动植物的残骸。这些埋藏在沉积盆地的动植物残骸在缺氧环境下经细菌作用，将碳水化合物中的氧逐渐消耗掉。随着地壳运动的变化，这些有机物越埋越深。随着深度的增加，温度和压力升高，这些沉积的有机物逐渐受热裂解成为石油。

为什么会有溶洞

自然的景观千奇百怪，奇妙多姿，溶洞就是其中之一。到过溶洞的人都不会忘记那千姿百态的钟乳石、石笋和石柱，不会忘记那宽敞高大的洞穴、曲折迂回的通道。那么这些引人入胜、宛如地下龙宫的溶洞是怎么形成的呢？

溶洞的形成是石灰岩地区地下水长期溶蚀的结果，石灰岩里不溶性的碳酸钙受水和二氧化碳的作用能转化为微溶性的碳酸氢钙。当溶有碳酸氢钙的水从溶洞顶滴到洞底时，由于水分蒸发或压力减少，加上温度的变化都会使二氧化碳溶解度减小而析出碳酸钙的沉淀。这些沉淀经过千百万年的积聚，渐渐形成了钟乳石、石笋等。如果溶有碳酸氢钙的水从溶洞顶上滴落，随着水分和二氧化碳的挥发，则析出的碳酸钙就会积聚成钟乳石、石幔、石花。洞顶的钟乳石与地面的石笋连接起来，就会形成奇特的石柱。

云彩是怎么形成的

“蓝蓝的天上白云飘，白云下面马儿跑……”歌声中我们经常听到对蓝天、白云的赞美。那么，云彩是怎么形成的呢？

形成云彩的主要原因是由于潮湿空气上升造成的。暖湿气流在上升的过程中，因为外界气压随高度降低，而它的体积逐渐膨胀，膨胀必然要消耗能量，消耗能量导致的结果就是降温。

上升空气的气温降低了，它里面所含水汽的压力就会减小，就会有一部分水汽以空气中的尘埃为核形成小水滴。这些小水滴体积非常小，但浓度很大，因为它下降的速度很慢，所以被上升的气流托着，形成浮云。

我们已经知道，云彩是由于潮湿空气上升造成的。那么，怎样才会产生潮湿空气的上升运动呢？

首先是热力作用。夏天，太阳光辐射强烈，近地面的空气被急剧加热，热而轻的空气很容易发生上升运动。

其次是冷暖空气交锋，暖空气在冷空气上面上升也会形成云层。

最后是因为地形的作用，平流的湿空气遇到山脉、丘陵的阻挡，就会被迫上升而形成云。

雨后为什么会有彩虹

在炎热的夏日，有时候，雨后天晴我们能看见一条七色的彩虹高挂空中，十分美丽。

彩虹究竟是怎么形成的呢？大家知道，太阳光是白色的，但通过光的折射作用，太阳光可被分解为红、橙、黄、绿、青、蓝、紫七种颜色。当阵雨过后，空中还飘浮着许多小水珠，太阳光通过每一颗小水珠时，都会在小水珠内发生折射、反射和色散作用。由于太阳光所含的各色光的折射率不同，所以不同的光就被分散了，被分散的不同光再经过折射和反射，就形成了我们看到的彩虹。

由此可以知道，出现彩虹的条件一是天空要有较多的小水珠，二是要有强烈的太阳光。所以，在天气干燥的冬天很难出现彩虹。

酸雨为什么被称为“空中死神”

雨露滋润禾苗壮。适量的雨水对地球非常有益，可以为我们人类及地球上的动植物提供生存必需的水分。

而酸雨对人类的危害却是多方面的。酸雨流入河里，会导致河水变酸，鱼卵不能孵化，水中的生物生长受到抑制，严重的还会破坏水生生态系统，使河变成“死河”；酸雨会破坏树木的生长，严重的会导致大面积森林树木枯萎死亡；酸雨对人体的危害也极大，当酸雨形成硫酸雾时，人把这种毒素吸入体内，会引起肺水肿等疾病，并会引发其他器官癌变。此外，酸雨对铁路轨道、机电设备、电路等都能起到破坏作用。

酸雨的危害如此之大，我们怎么才能扼制酸雨呢？这要从酸雨的形成说起。酸雨的形成其实是人类造成的。燃煤的发电厂、金属的冶炼厂和各种机械、汽车排放的废气中都含有有害气体，经过化学反应就生成硫酸、盐酸等，随雨水降到地面，这就是酸雨。由此可见，控制大气污染就是扼制酸雨唯一的有效方法。

我国比较有名的山有哪些

明代地理学家徐霞客有诗曰：“五岳归来不看山，黄山归来不看岳。”可以看出，我国比较有名的山就是这六座山了。

东岳泰山：在山东省泰安市，有“旭日东升”、“晚霞夕照”、“黄河金带”、“云海玉盘”四大奇观。

南岳衡山：在湖南省衡阳市境内，全山盘绕八百里，七十二峰，

南岳有“祝融峰之高”，“水帘洞之奇”，“方广寺之深”，“藏经殿之秀”，合称南岳四绝。

西岳华山：在陕西省西部，山势险峭为诸名山之冠，李白曾有“势飞白云外，影倒黄河里”的名句描述华山。

北岳恒山：在山西省浑源县南。山上松木苍郁，古迹遍布。传说山上的悬空寺是鲁班设计的。

中岳嵩山：在河南登封市。此山雄伟庄严，是中原大地第一名山。嵩山少林寺就在山下。

黄山：在安徽省南部。黄山以奇松、怪石、云海、温泉闻名，号称“黄山四绝”。

为什么说“桂林山水甲天下”

我们都知道桂林的风景秀丽，那一座座山峰如玉笋、翠屏、巨象、驼峰，形态万千。在起伏的山峦里，还有曲折离奇的洞穴，洞内钟乳石、石笋、石柱、石幔、石花组成的景观更是一奇。桂林至阳朔沿江一带，群山峭拔，绿水迂回，青山浮水，景色清幽，百里之内美景如画。韩愈用“江作青罗带，山如碧玉簪”来形容桂林的风景。

桂林不但山奇水秀，而且是历史名城，有很多文物古迹，仅石刻就有两千多件。中唐以来，一直是风景胜地，自古就有“桂林山水甲天下”的美称。

是什么创造了如此美景奇观呢？是流水。桂林曾经是一片汪洋大海，大量的海洋沉积物形成了石灰岩层，由于地壳运动，海底升为陆地。石灰岩一部分被含有二氧化碳的水溶解，一部分由于地壳错动形成裂缝，再加上水流的不断洗刷，就形成了今天的奇峰怪石。当雨水渗透到地底下后，不断扩大形成洞穴，水滴中的碳酸钙还沉淀堆积，形成许多石笋、石柱和钟乳石。而水经过石灰岩并不会产生大量泥沙，所以水也保持了清澈。

瀑布为什么能飞流直下

我国著名的贵州黄果树大瀑布在夏季洪峰到来时宽达八十多米，

从高达七十多米的悬崖上飞流直下，飞落犀牛潭中，发出惊心动魄的轰鸣，溅起的浪花和水雾弥漫成蒙蒙细雨，十分壮观。瀑布为什么能飞流直下呢？

原来，这是地壳运动的结果。地壳运动时发生断裂或错动，会造成陡壁。由于受地球重力的作用，水流从这种落差很大的峭壁上突然跌下，就形成了瀑布，自然就能飞流直下了。另外，由于火山爆发或地震，产生的泥沙、岩石阻挡了原来的河道，河水水位升高，从别的地方溢出也能形成瀑布。再者，在海岸边上由于海浪的侵袭，海岸边的怪石嶙峋，河水流经这样的海岸而落入海中时也会形成瀑布。还有，石灰岩地区常有暗河涌动，这些暗河流出地面，落差大的也能够产生瀑布。

火山有什么好处

地球内部充满着炽热的岩浆。在极大的压力下，岩浆会从薄弱的地方冲破地壳，喷射而出，造成火山爆发。

火山爆发的危害是众所周知的，它会吞噬生命、破坏建筑、改变气候、带来旱涝灾害等。但是火山的爆发也是有好处的。科学证明，没有火山，就没有如今的世界板块。

火山还可以使地面形成山，不会被海洋占据。如果地面一直被雨水冲刷，一定会逐渐变低，而且地

面上的有利于生命生存的成分也会被冲入海洋。那样，生物将无法生存。

火山还有一个显而易见的功劳，就是把地下的矿产带到地面上来，形成矿床。我国鞍山铁矿、南京梅山铁矿、浙江平阳的明矾矿等的形成，都有赖于火山的爆发。火山爆发还向人们提供了白银、黄金、钻石晶体、镁、锂、铜、锰、铅、锌等矿物呢。南极大陆的雷布斯火山灰中就含有纯金。

自然奇趣

日月星辰的运转变化，
四季变更，昼夜更替，
鱼虫鸟兽的独特生活，
花草树木繁茂凋零，
……

为什么要学习自然学科

自然学科是进行科学普及教育的学科。通过这门学科的学习，可以获得一定的自然科学知识，揭开一些大自然中的奥秘，比如花鸟虫鱼是如何生存的、风雨雷电是怎么回事、钢铁有什么用途、机器人是怎么回事等。

学习自然学科时，我们要树立科学的自然观，培养自己相信科学、破除迷信、实事求是、尊重自然规律的科学态度。

通过学习，我们要认识到自然事物和科学技术对祖国建设的意义，树立爱祖国、爱科学、学科学、用科学的志趣和风尚。

通过学习，培养和提高自己学习和研究自然的能力，包括观察能力、实验能力、逻辑思维能力、想象能力、创造能力以及栽培、饲养、制作等技能。

尽管世界上有许多问题已经有了答案，但还有许多不解之谜需要我们继续去探索和研究。

地球离月球有多远

随着人类登月的成功，地球与月球间的距离已经不再是未知数。美国宇航员到达月球后，在那里安装了激光反射器，美国和法国科学家分别在美国的得克萨斯州和法国的格拉斯市设置了两个天文台，他们从地球向月球发射短激光，由月球上的激光反射器反射回来，被两个天文台接收，于是测出了月球与地球间的平均距离为384 400千米，月球对地球轨道的近地点距离为356 500千米，远地点为406 800千米。

其实早在公元前2世纪，古希腊天文学家就预测，从地球到月球的距离为367 000千米。直到1946年，科学家才利用雷达测出地球与月球的距离为384 397千米，其误差仅为3 000米。

月球上的“一天”有多长

众所周知，地球上的一天约是24个小时。那么，如果我们去月球旅行，月球上的一天又是多长时间呢？假如我们着陆的地方正好是黑夜的开始，我们就需要等待很长一段时间才能看见日出，这段时间有多长呢？大概是地球上的 15 天。月球上的一天等于地球上的 29.5 天。

地球由于自转形成了黑夜与白天的交替，它对着太阳的一面是白天，背着太阳的一面是黑夜，每当白天和黑夜交替一次，就是地球上的一天。

月球也在自转，和地球上的一样，面对着太阳的一面就是白天，背对着太阳的一面就是黑夜。不过月球的自转比地球慢得多，需要地球上 27.3 天的时间，所以月球上的一天比地球上的一天时间就长得多。

月球的一天不等于地球上的 27.3 天，而是 29.5 天，这是由于月球不仅自转，还要绕着地球公转，而地球又绕着太阳公转。当月球转了一周以后，地球也在绕着太阳的轨道上走了一段距离，此时，月球原来正对着太阳的那一点现在并没有正对着太阳，还要再转过一个角度才能正对着太阳，这段时间是 2.25 天，再加上原来的 27.3 天就是 29.5 天。月球上的一天也就相当于地球上 29.5 天的时间。

牛郎星和织女星能相会吗

传说，牛郎和织女在每年的七夕都会在鹊桥上相会。但牛郎星和织女星是不会相会的。

织女星在中国人的心中是一颗美丽的星星，它代表着爱情与智慧，但是真正的织女星只是一颗普通的恒星。

织女星呈白色，被称为“夏夜的女王”，它位于天琴座中，是夏夜天空中最著名的亮星之一。它离我们的距离为 26 光年，比太阳远 170 万倍。织女星的光度等于太阳的 50 倍，直径等于太阳直径的 2.76 倍，质量差不多等于太阳的三倍。它位于银河西岸，与银河东岸的牛郎星隔河相望。在织女星旁有四颗暗星，组成一个小菱形。

牛郎星位于银河的东南侧，距离地球大约 16 光年，比太阳远 100 万倍。它的直径为太阳直径的 1.6 倍，表面温度在7 000℃左右，呈银白色，发光本领比太阳强八倍。牛郎星的自转速度很快，约七小时自转一周，所以它的形状呈扁圆形。古希腊人把它所在的星座想象为一只在夜空中展翅翱翔的苍鹰，牛郎星就是鹰的心。

表面上看，牛郎星和织女星只有一河之隔，其实它们相距非常遥远，如果“牛郎”每天走 100 千米的话，走到“织女”那里需要 43 亿年时间。即使“牛郎”给“织女”发电报，也需要等上三十多年才能有回音。

人造卫星为什么在晚上七点到九点之间发射

如果我们留意我国火箭的发射时间，就会发现都是在晚上七点到

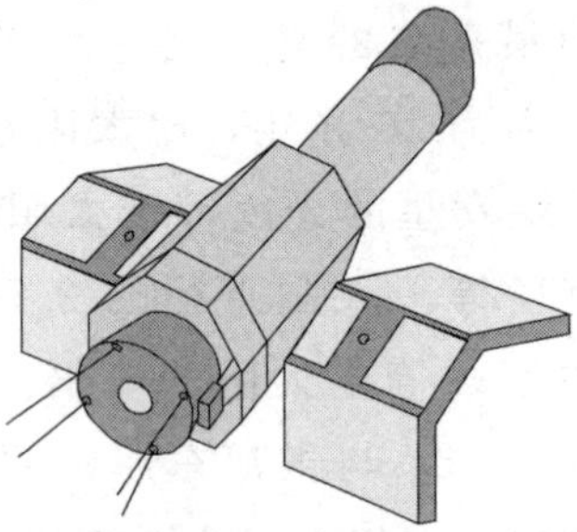

九点之间。原来，火箭上装载的蓄电池容量有限，当卫星上升到35 800千米的高空时，太阳正好以最大的夹角照在卫星的一万多块太阳能电池上，使太阳能电池接替蓄电池工作。这样卫星就获得了大量的能源。如果不在这个时间段发射，卫星的电池很难继续工作。

哈雷彗星有什么奥秘

中国是世界上对哈雷彗星记录最早的国家，早在公元前240年，我国就已经有对哈雷彗星的记载了，以后每一次哈雷彗星的出现都有详细的记载。

那么，哈雷彗星是怎么得名的呢？原来在公元1682年，英国天文学家哈雷对当时出现的一颗明亮显眼的彗星进行观测计算以后，声明这个彗星的运行周期是76年，并且预言这颗彗星下次将会于1758年底或1759年初再度出现。1742年，哈雷就去世了。这个预言在公元1759年得到了证实。人们为了纪念哈雷的重大贡献，就把这个彗星取名为哈雷彗星。

哈雷彗星最近的一次现身是在1986年。1986年哈雷彗星回归的时候，由于它黯淡无光，竟然使无数人难以看见它的真面目。然而，在1991年2月，当它已经距离地球20多亿千米时，竟然在几天内亮度突然增加了几百倍，并且长出了直径达200 000千米的“慧发”。这个现象引起天文学家的关注，因为这几乎是哈雷彗星的一次大爆炸。

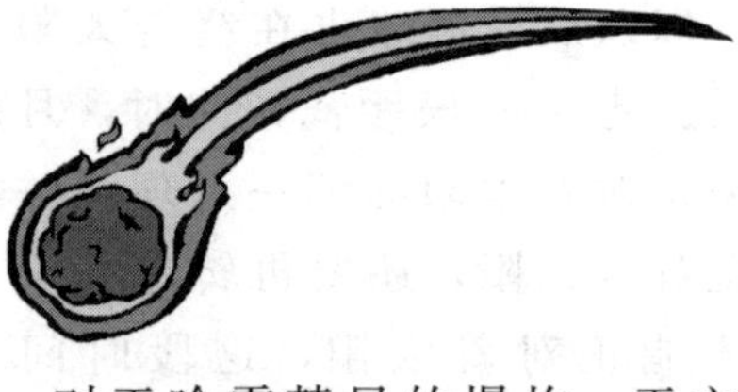

对于哈雷彗星的爆炸，天文学家们进行了种种推测。英国天文学家休斯认为，这是由于一颗直径为2.6～60千米的小行星横向撞击了哈雷彗星。如果这个猜测正确的话，等到哈雷彗星2061年再度回归的时候，人们就可以发现它身上有一个近两千米的伤痕。美国的两位天文学家则认为，这也许是由1991年1

月 31 日爆发的太阳特大耀斑引发的。太阳的这次特大耀斑爆发产生的巨大能量的冲激波，在两个星期之后到达哈雷彗星，震破了哈雷彗星薄弱的外壳，使大量的尘埃散入太空。

而英国夏威夷大学的天文学家米茨则不同意上述观点，他认为组成彗星的成分除了冰以外，还有固态一氧化碳。如果固态的一氧化碳的压力聚集到足够大的时候，就能在表层的薄弱处冲开缺口，喷出大量的冰、尘埃而引起爆炸。我国紫金山天文台的专家于 1986 年 12 月 10 日拍到类似哈雷彗星爆炸的照片。

日食是怎么回事

我们知道，月亮围绕地球转动，而地球是围绕太阳转动的。地球和月亮都是不发光的球体，它们在太阳的照射下，在背向太阳的一面必然产生黑影。当月亮运行到太阳和地球之间时，如果太阳、月亮和地球正好位于或接近同一直线，月影延伸到了地球的表面，被月影扫过的地带以及区域，就形成日食现象。月球在农历的每月初一运行到太阳和地球之间，因此日食肯定会发生在朔日（即农历初一）。

不过并非每逢朔日都会有日食现象发生。由于月球与地球两者的轨道之间有 5°左右的夹角，导致在大多数的朔日里，月球尽管处在太阳和地球之间，可是这三个天体并没有处在一条直线上。

日食分为日全食、日偏食以及日环食三种。不同类型的日食主要和日、地、月三者的距离以及近似成一条直线的程度有很大关系。

月食是怎么回事

月食是月亮运行到了地球背对着太阳的阴影区内的时候，月亮被地球的阴影遮掩时产生的天文现象。出现月食的时候地球位于太阳与月亮之间，所以，月食肯定会发生在望日，就是每个月的农历十五、十六。不过因为地球公转轨道面与月亮公转轨道面并不在同一个平面上，月亮并非每个望日都会进入地球的阴影区域，在一般情况下，月亮不是从地球本影的上方通过，就是在下方离去，很少通过或部分通过地球本影，所以不可能每个望日都出现月食。每年月食最多发生三次，有时一次也不发生。

月食分为月全食和月偏食两种。月食出现的时间比日食长，月食的全食阶段比日全食要长许多。日全食的全食阶段仅为七分半（全过程长达两小时），可是月全食的全食阶段时间为一小时以上（全过程长达三个小时）。

水星上有水吗

水星虽然被称为水星，但是水星上一滴水都没有，是一个死寂的星球。水星是太阳系里最小的一颗行星，个头儿和月球差不多。1974年，人类第一次向水星发射探测器，发现水星像月球那样有大大小小的环形山，还有山脉、平原、盆地和峡谷。

水星离太阳很近，水星本身的大气层又十分稀薄，所以太阳的热量可以长驱直入水星表面，使其表面温度非常高，达到400℃以上。在这样的高温下，锡、铅等金属会熔化，水则变成水蒸气。

地球绕太阳一周需要365天，而水星只需要88天，水星自转却又极慢，水星上的一昼夜相当于地球上的59天，所以水星接触太阳的时间很长，以至于水星表面的温度在430℃左右。所以水星上没有水存在。

水星上没有水，为什么依然叫它水星呢？是因为我国古时候用阴阳五行代表日、月、行星，把行星命名为金、木、水、火、土等。水星只不过是给它起的名字，并不是因为上面水多才这样叫的，就像金星上面也没有金子一样。

金星上为什么会有迷雾

一直以来，人们对金星的了解并不是很多，虽然金星是离地球最近的一颗大行星，但是它的周围有一层很浓的气体，这种气体挡住了人们的视线，使人们一直看不清它的真面目。

科学家们经过长时间的观察和研究，发现金星周围的气体云雾有着很强的反射日光的作用。它可以把75%以上的光线反射出来，对红光的反射能力最强，对蓝光的反射能力比较弱。那么，这层云雾到底是由什么东西组成的呢？

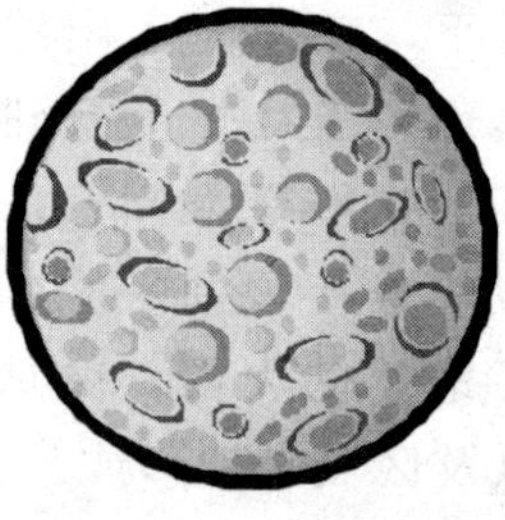

1932年，天文学家从金星的光谱里发现，在金星的大气中含有比地球大气中含量多一万倍的二氧化碳气体。科学家们据此推测，这层云雾是由二氧化碳被太阳的紫外线照射以后变成的。20世纪60年代，有科学家发现金星的大气中含有大量的水蒸气，他们猜测这层云雾是由水蒸气构成的。1978年，美国科学家通过两个专门研究金星的航天器测出金星大气的主要成分是二氧化碳，还发现金星的北极周围有一个暗色云带，很有可能是一种卷云。

北斗七星在变吗

北斗七星是大熊星座的一部分，位于大熊的背部和尾巴上，像一个大勺子。但是北斗七星的位置并不是固定不变的。在宇宙中，没有绝对的静止，只有绝对的运动，所有的静止都是相对的，因此宇宙中的一切事物都不是静止不动的，而是处于永恒的运动变化之中。北斗七星也不例外，这七颗星都在各自运动着，而且它们的运动速度和方向各不相同。天文学家们指出，北斗七星在10万年前和10万年后所组成的图形，和今天我们看到的样子都有很大的不同，也就是说，10万年以后的人类再看到的北斗七星极有可能不再是今天的勺状。

为什么“月亮跟人走”

人之所以觉得月亮会跟着人走，是人的视觉特性造成的结果。人眼睛的视野有一定的范围，在走动的时候，近旁的东西一会儿就在视野里消失了。比较远一些的事物在视野里占的范围比较小，消失的也就相对慢一些。月球与地球的距离是38万千米，它高挂在空中，所以这么远的距离使月亮在人们的视野里一直存在，不会消失。当人走动的时候，虽然移动了一定的距离，但是相对于地球和月球之间的距离来说，这点儿距离完全可以忽略不计，看月亮的视角变化也完全可以忽略不计，所以看起来当然就好像是月亮跟人走了。

“白洞”是怎样形成的

根据爱因斯坦的广义相对论，人们由黑洞推测出来了另一种奇特的天体，叫做白洞。黑洞的基本特征是任何物质只能进入它的边界，而不能从中跑出来。和黑洞截然相反，白洞内部的物质可以流出边界，而边界的物质却不能进入白洞。换句话说，白洞拒绝任何外来者，只允许自己的物质和能量向外辐射。

一直以来，科学家们对白洞的形成有着种种猜测。有人认为，白洞是黑洞的“物极必反”，是黑洞演化而来的。白洞中的超密度物质是由原先因引力坍缩而形成黑洞时形成的。现在，通过白洞的形式将它在身为黑洞的时候搜刮来的“不义之财”全部施舍殆尽。还有人认为，在宇宙最初的大爆炸中，由于爆炸是不均匀的，有些密度极高的物质没有立即膨胀开来，它们过了很长时间才开始膨胀，就形成了新的膨胀中心，源源不断地向外界散发物质和能量。

人类能收到外星人的信息吗

人类已经向其他星球发去了很多电报、无线电信息等一系列的信息。那么，人类有没有收到过外星人的信息呢？人类能收到吗？自1996年1月以来，天文学家们已经获得了三个比较重大的发现，能够为找到外星人增加推测的依据。

天文学家们发现了两颗围绕着离地球70光年的恒星运行的行星。一颗是室女座的70室女星，围绕这颗星星运行的行星可能存在着人类赖以生存的水分。另一颗是大北斗星座中的47大熊星。

1977年科学家在一个探测项目中检测出一种极强的信号，排除了来自地球和已知的人造卫星的可能性，很有可能是来自外层空间的寻找外星人存在的信号。可惜的是后来再也没有获得在这方面的进展。

1996年3月，美国斯坦福大学和华盛顿大学的研究生在对四颗陨星表面刮下来的一些“星尘”进行分析后，发现了综合芳香碳氢化合物的存在。在地球上，这种化合物存在于火山喷发物、森林大火、户外烧烤和柴油机的废气之中，由此推断外星球中存在着人类活动的痕迹。

天上的星星为什么数不清

天上的星星到底有多少颗，没有人能够数得清，因为它实在是太多了。我们人类肉眼大概能看见的星星是三千颗左右，其余的星星我们不能看见，也就没有办法数清了。就是这三千颗星星要想数清楚，没有一点儿技巧，只是用手指一个一个地点名，也是不可能数清的。

我们可以先把看得见的星星分成许多区域，再用想象中的线条把每一个区域的星星都用线条连起来，

构成天文学上的星座，就比较好数了。北斗七星是一个星座，它由七颗星星组成。这样一个区一个区，一个星座一个星座地往下数，这三千颗星星就可以数清了。

但是数完了这三千颗星星可不是把天上的星星都数清楚了，因为我们看到的星空只是整个星空的一半，还有另外的一半我们没有看见，也就是说至少还有一半的星星没有数呢。即使我们能够把另一半星空的星星也数完，还有一些星星接近地平线，它们若隐若现，很难看清楚，也就没有办法数清了。

为什么人们认为中秋之夜的月亮分外明

“月到中秋分外明”，早在两千多年前，我国就把农历的八月十五作为中秋节了。人们认为中秋节的月亮是一年当中最大最圆的。但是从天文学的角度看，中秋节的月亮并不比其他时候更亮更圆。

由于月球是在一个椭圆形的轨道上运行的，它离地球的距离是时近时远的。中秋节这一天，月亮时常不在离地球最近的地方。所以说，八月十五的月亮并不是最亮最圆的。

我们在地球上看见的月亮总是有圆缺的变化，从一个满月到下一个满月，平均大概需要 30 天的时间，这就是一个朔望月。朔就是每个月的初一，15 天以后就是“望”。只有当“朔”发生在初一，“望”才会在十五晚上，这是非常罕见的。一般情况下望月不是正巧发生在十五晚上，而是在十六晚上。因此中秋节晚上的月亮往往还没有十六晚上的明亮。

人们长期以来认为中秋节的月亮分外明，这是一种主观感受，另外还与季节有关。因为春天天气比较冷，人们不习惯观赏月亮；夏天的月亮比较低，月光比较少，不适合观赏；冬天比较冷，没有人会出外聚众观赏；而秋天正好不冷不热，月朗星疏，非常适合观赏。

怎样正确看星图识星星

星图是将天体的球面视角位置投影到平面上，表示它们的位置、高度和形态的图形，是天文观测的基本工具之一。星图上用赤经和赤纬来表示星星的位置，用星等来表示星星的亮度。人们把肉眼可以看见的星星分为六个等级，最亮的叫一等星，大约 20 颗，其次是二等星，再暗的是三等、四等、五等星，肉眼勉强能看见的是六等星。每相差一个等级，亮度就相差 2.5 倍，所以，一等星就比六等星亮大约 100 倍。

星图和地图一样也是有方向的，北在上、南在下、东在左、西在右。古人为了辨别方向，就把天上的星星分为一群一群的，并用一些想象中的线条连接起来，就构成了一个一个的星座。全天共有 88 个星座，每一个星座都有一定的形状和名字，如大熊座、小熊座、猎户座、仙女座等。

在三月份的半夜前后观察星空，就会发现头顶上方有七颗明亮的星星，它们就是北斗七星。北斗七星是大熊座的主星，顺着北斗七星的斗柄弧线向东南方向弯过去，从斗柄上的最后一颗星星开始，大约有一个北斗七星的长度有一颗橙红色的很明亮的星星，就是牧夫座的大角星。沿着这个方向继续往南，在离大角星有一个北斗七星的距离的地方有一个蓝白色的星星，就是仙女座中最亮的一颗星。

这样按照星图上表示的位置，一一予以辨认，很快就能学会看星图识星星了。

为什么白天看不到星星

星星实际上是天体。其实，这些天体中我们看得见的，除了少数几颗是行星外，绝大多数都是恒星。它们一年到头、一天到晚都亮着。之所以白天看不到星星是因为白天太阳中的一部分光线被地球大气所散射，把天空照得十分明亮，我们就看不出星星来了。如果没有大气，天空是黑洞洞的，即使阳光十分强烈，我们在白天也能看到星星。

其实只要用一架天文望远镜，我们就可以在白天看见星星了。通过天文望远镜，我们可以在白天观看星星。这里面有两个原因，第一是天文望远镜的筒壁把大部分散射在大气里的阳光挡住了，就像是人工造成了一个“小黑夜”；第二是望远镜中的透镜发生了折射作用，使得天空的背景黯淡下去，而使恒星的光点加强了。这样，星星又显露出它们的本来面目。

四季是如何划分的

大家都知道，一年有春夏秋冬四季。但是这四季究竟是怎样划分的呢？

其实四季的划分，我国与西方

有不同的标准。我国的四季强调季节的天文特征，分别以立春、立夏、立秋、立冬为四季的起点。但这样的四季与实际的气候情况不符。西方的四季划分侧重于气候方面，把春分、夏至、秋分、冬至看做四季的起点。这样的四季比我国的天文四季各推迟一个半月。要使春夏秋冬四季反映地面上的气候特征，就要采用气候本身的标准来划分四季。

气候学上通常以气候平均温度（每5日的平均气温）作为季节的划分标准：气候温度高于22℃的时期为夏季，低于10℃为冬季，介于二者之间的为春季和秋季。这样，各地的春夏秋冬四季都有共同的温度标准。但是，同一地点，四季可能长短不一；不同地点，同一季节也是长短不一的。而且，并不是所有的地方都有四季。

为什么说“一寸光阴”

我们都知道谚语“寸金难买寸光阴”，为什么用寸来量光阴呢？这需要从古代人们记时的方法说起。

很早以前，人们用“晷”来测算时间。就是在圆形石板上刻上度数，在圆心立一个小棍。从日出到日落，小棍的阴影由长变短，又由短变长地映在度数上，这样来标示时间，“寸阴”即代表阴影缩短或延长一寸的距离，由于这段时间很短，所以有了我们现在的惜时名言——“寸金难买寸光阴”。

古今时间如何对照

在看古装电视剧时，经常听到“午时、子时”等代表时间的词，你知道他们说的是什么时间吗？我国古代计算时间的单位主要有两种：时辰和时段。时辰是把一昼夜的每两个小时叫一个时辰，共12个时辰。时段也是分为12个时段，但它是根据一天中太阳的运动情况来命名的。以24小时制来算，列表如下（前面是时辰，后面是时段）：

23～1点：子时、夜半
1～3点：丑时、鸡鸣
3～5点：寅时、平旦
5～7点：卯时、日出
7～9点：辰时、食时
9～11点：巳时、隅中
11～13点：午时、日中
13～15点：未时、日跌
15～17点：申时、哺时
17～19点：酉时、日入
19～21点：戌时、黄昏
21～23点：亥时、人定

国际日期变更线是如何定的

我国冬季的早晨8点时，大家正忙碌着开始一天的工作，而这时在美国的西部地区却是华灯初上的傍晚时分。地球上的时间究竟是怎样确定的呢？

1884年国际经线会议规定：把太平洋上的180度经线作为区分今天和昨天的分界线，这就是国际日期变更线。沿这条线向西日期要加一天，相反，沿这条线向东日期则要减一天。国际经线会议还把全球划分为24个时区，每个时区跨经度15度。以英国格林尼治天文台为零时区，零时区的区时为国际标准时间。零时区各跨东经、西经7.5度。零时区向东向西每隔15度进一个时区，向东依次为东一区、东二区……东十二区；向西依次为西一区、西二区……西十二区，东、西十二区重合为一个时区。每个时区的区时都是中央经线的时间，每两个相邻的时区，时间刚好相差一小时。

你会唱月相变化规律歌吗

月相变化就是月亮在一个月内的变化形象。

月黑无光称作朔，初二西天是新月，初七初八月正南，明暗各半上弦月。

十五十六月儿圆，全月通明是满月。二十二、三半夜升，东明西暗下弦月。

黎明之前东方起，二十七、八是残月。每月一次日期定，月相变化记心中。

阳历每个月的天数是怎么确定的

阳历是以回归年为基础的。地球绕太阳公转一周是365天5小时48分46秒，称回归年。

公元前46年，古罗马独裁者恺撒主持制定阳历时，规定每年单月为大月，也就是31天，双月为小月。这样一年就成了366天，超出了回归线，当时的2月是古罗马处死囚犯的月份，人们都觉得不吉利，就在这个月里减了一天。但是这样又余下了五个多小时，怎么办呢？恺撒就规定每隔三年，在这个月加一天，也就是四年一闰。

后来，奥古斯都当了皇帝，他发现恺撒是7月出生的，是大月，而自己是8月出生的，也应该是大月，于是，就把8月后面的双月改成大月，9 月和 11 月改成小月。这样，又多出了一天，于是又在 2 月里减了一天。这个日历形成后，两千多年来，人们一直沿用至今。

什么是农历

农历又叫阴历，是起源于夏代的一种历法，所以又叫夏历，也叫旧历。

农历是根据月亮的圆缺周期来制定历法的。我们知道，月相变化的周期是一个朔望月。农历把朔望月定为一个月，即一个朔望就是一个月。同时又用设置闰月的方法，使历年的平均长度接近于回归年。也就是说，农历要同时考虑朔望月和回归年这两个周期，并把这两个周期协调起来。农历把月亮全暗时的日期定为月首，即农历初一，这一天就是朔日。由于朔望月的周期平均约等于 29 天 12 小时，所以有的月份是 30 天，称为大月；有的月份是 29 天，称为小月。农历一年有 12 个月，共有 354 天或 355 天，与回归年 365.2422 天相比，两者大约相差 11 天。为了使平均历年接近回归年，大约每隔三年就要设置一个闰月，这一年称为闰年。闰年有 13 个月，平均历年仍比回归年少几小时。

我国天文学家早在公元前 6 世纪就开创了“十九年七闰法”，即在 19 个历年中加入 7 个闰月，就同 19 个回归年的长度基本相等了。

二十四节气有什么含义

节气就是把一年内地球围绕太阳公转在轨道上的位置变化及其引起的地面气候演变次序分为 24 段，每段约隔半个月时间，分列在十二个月里，然后定出各段名称。

立春：春季的开始。

雨水：严寒就要过去，降雨开始，雨量逐渐增加。

惊蛰：温度逐渐升高，开始打雷；冬眠动物苏醒。

春分：春季的中间，太阳正好直射赤道。这天的白天和晚上一样长。

清明：气候温暖，草木繁茂，天气晴和明朗。

谷雨：雨生百谷的意思。降雨量增多，对谷类生长有利。

立夏：夏季开始，作物生长旺盛。

小满：麦类等夏熟作物的子粒逐渐饱满，但是还没有成熟。

芒种：在这个时期，麦类等农作物成熟，进入夏收夏种的大忙季节。有“芒种忙种”的说法。

夏至：炎热的夏天到了，这天北半球白天最长，夜晚最短。

小暑：还没到最炎热的程度，

正值初伏开始，进入炎热初期。

大暑：一年中最热的时期，正当中伏前后。

立秋：秋季开始，逐渐降温。

处暑：炎热即将过去，早晚的气温明显下降。

白露：气温下降较快，夜间较凉，早晨露水较重。

秋分：秋季的中间。这天的白天和晚上一样长。

寒露：开始降霜的意思。天气转冷，夜间露水可以凝成小冰晶，形成霜。

霜降：天气渐冷，开始有霜。

立冬：冬季开始。

小雪：开始下小雪。

大雪：降雪已经较大。

冬至：开始进入一年中最冷的时期。这天北半球白天最短而夜晚最长。

小寒：进入严寒时期。

大寒：我国大部分地区在一年中最冷的时期。

节气是华夏祖先历经千百年的实践创造出来的宝贵科学遗产，是反映天气气候和物候变化、掌握农事季节的工具。

天空为什么会呈现不同颜色

晴朗的天空经常是蔚蓝色的，特别是一场大雨之后，更是碧空如洗，湛蓝无比。但有的地区看到的天空会是白茫茫的。这是为什么呢？

天空的颜色是大气对太阳光的散射反映。天空是蓝色的不是因为大气是蓝色的，大气本身是无色的。天空的蓝色是大气分子、冰晶、水滴等悬浮在大气中的微小粒子对太阳光散射的结果。由于介质的不均匀性，使得光线偏离原来的传播方向而向侧方散射开来的现象，称为介质对光的散射。阳光进入大气时，波长较长的色光，如红、黄、橙色光，透射力大，不容易被散射，能透过大气射向地面；而波长短的紫、蓝、青色光，碰到大气分子、冰晶、水滴等时，就很容易发生散射现象。被散射了的紫、蓝、青色光布满天空，就使天空呈现出一片蔚蓝了。

如果悬浮在空气中的尘埃、烟粒、水滴等比较多时，由于其直径大于波长，所以天空就会呈现白色。被严重污染的工业区，大气中尘埃的含量比较多，太阳光被大量散射，太阳看上去就会是一个无光泽的红色球体。

为什么会"秋高气爽"

秋季是由夏到冬的过渡季节，这时太阳照射的角度由大变小，地面所受的太阳光热比夏季显著减少。在9月初，就有冷空气频频南下，长驱直入长江中下游地区，促使夏季滞留在此地区的南方暖湿空气迅速南移。因此在9～10月份，长江中下游地面上往往已被冷高气压所控制。而在高空，夏季盘踞在这里的太平洋副热带高气压还没有向南退却，所以这时地面和高空都在高气压控制之下。在高气压区，下沉气流盛行。

在气流下沉的过程中，空气的体积要受到压缩，气温因而增高。这就使得空气的相对湿度变小，空气变得干燥，不利于云和雨的形成。这是长江中下游地区产生秋高气爽天气的主要原因。过了10月份以后，高空的副热带高气压南移，长江中下游在西风带的控制下，成云降雨的机会就比秋季多了。

而我国有些地区，如陇南、陕南、鄂西、湘西、四川和贵州大部分地区，因为地形崎岖起伏，既延缓了南方暖气流南撤，又减弱了北方冷空气入侵。所以在秋季，冷暖气团在此交锋滞留的机会反而较多，在冷暖气团交锋的界面上，暖空气因为较轻就会在冷空气斜面上滑升。在滑升过程中，空气的体积必然要逐渐膨胀，气温逐渐冷却，容易使水汽达到过饱和状态而凝云致雨。所以我国华西地区经常是秋雨绵绵，天气远不如长江中下游那样晴朗。

露水是如何形成的

春秋季节的早晨，在田间野外，我们会发现树叶、草丛之上有许多晶莹的小水珠，这就是露水。

露水四季都有，秋天特别多。晴朗无云的夜间，地面热量散失很快，气温也会随着迅速下降。温度降低，空气中所含水汽就附在草上、树叶上等，并凝成细小的水珠，形成露水。

露水是在大气较稳定、风小、天空晴朗少云、地面热量散失快的天气条件下才能形成。如果夜间天空有云，地面就像盖上一条棉被，热量碰到云层后，一部分折回大地，另一部分则被云层吸收，被云层吸收的这部分热量以后又会慢慢地放

射到地面，使地面的气温不容易下降，露水就难出现。如果夜间风比较大，风使上下空气交流，增加地面空气的温度，又使水汽扩散，露水也很难形成。

你会做识别天气的“鸽子”吗

怎样才能知道明天的天气呢？我们肯定都说当然是听天气预报啦。其实，还有一种简单的方法，也可以知道明天的天气。想知道是什么方法吗？我们一起来做一只识别天气的纸鸽子吧。

用橙色花纹纸折一只鸽子，然后把它放在浓盐水中浸泡 15 分钟，取出后晒干。然后把“鸽子”安置在一个合适的位置。

如果“鸽子”的颜色变淡，明天天气一定是晴天；如果“鸽子”的颜色变深，就预示着明天是阴雨天。为什么下这样的结论呢？因为阴雨天时，空气湿润，“鸽子”吸收的水分多，颜色就会变深。而晴天干燥，“鸽子”当然还是原来的颜色。

天气预报是怎么来的

我们每天都要看天气预报，以便确定第二天能干什么不能干什么。你知道最早的天气预报是怎么来的吗？

在古时候，人们只有抬头看天空才能知道天气将会怎么变化。在

1854 年 11 月 4 日，一阵暴风把英法联军的军舰疯狂地摔到海岸的岩石上，顷刻之间一个战无不胜的庞大舰队就消失了。法国皇帝拿破仑三世很是震怒，于是命令巴黎天文台调查这件事。一位天文学家发现这次事故是由大西洋上传来的低气压引起的。此后，皇帝下命令建起了气象观测网。他们利用电报传送气象信息、绘制天气图、进行天气预报。从此，天气预报发展起来。

现在的天气预报由地面观测站和太空站气象人员共同进行大气探测。然后，由世界各地的气象台通过全球气象通信网络传给天气预报的使用单位。这样，它的准确率比

以前高多了。

天文学中的距离单位是什么

我们日常生活中，一般都用千米、米、厘米来作为计算长度的单位。

天文学中除了用千米作为单位，还有比千米大的单位。比如，地球赤道的半径是6 378千米，月亮离地球是384 400千米。如果想表示其他星体之间的距离，用千米作为单位就太小了。如牛郎星离我们160 000 000 000 000千米。这还是离我们比较近的星体呢，如果更远的怎么表示呢？

后来人们计算出了一秒钟光可以走30万千米，如果用“光秒”作为单位，就比千米大30万倍，但这还是不方便，“光分”、“光时”、“光日”都不方便。最后，科学家们选中了“光年”这个单位。光在一年里差不多走10万亿千米。现在光年已经成为天文学中的基本单位，常用来计算天体的距离和计算天体的大小和范围。如织女星离我们26.3光年；银河系的直径是10万光年。

天文学上还有别的计算距离的单位。比光年小的单位是“天文单位”，是以地球和太阳的平均距离(14 960万千米）作为一个单位。由于这个单位太小，所以只能计算太阳系范围内天体间的距离。还有比光年大的单位，如“秒差距”、“千秒差距”、“兆秒差距”（一秒差距相当于3.26光年）等。

你知道哪些奇风

雷雨大风：在夏季闷热的时候，我们都知道这是雷雨的前兆，接着就会有雷雨大风。雷雨大风是突然发作的强风，时间短、破坏力大，极端强烈的雷雨大风还会刮倒建筑物呢。1974年6月17日，南京就出现了极强烈的雷雨大风，风力达到12级以上，几十米高的大树都被连根拔起。

龙卷风：在风雨交加、雷电不断的闷热天气，有时会从雷雨云底伸出一个“象鼻”云柱，它伸达地面或海面时，常常能吸起大量的尘土或水柱。这就是龙卷风。龙卷风的破坏力首先来自旋风，它能卷起房屋、树木和其他物体。1956年9月24日，上海发生了强烈的龙卷风，曾把一座三层楼房吹倒，把一个11万千克重的大油罐从地上卷到15米的高处，再甩到120米以外的地方。

台风：在热带海洋上形成的强烈风暴。在我国，近中心的地面风力达8～11级定为台风；12级以上称为强台风。台风登陆一般都发生在夏秋季，破坏力极大。我国历史上受台风破坏影响最大的一次是在1922年8月2日，那次强台风在广东省汕头市登陆，台风引起的海水倒灌将整个城市淹没，死亡人数达到六万多人。

你知道哪些怪雨

银币雨：1940年6月15日，苏联的高尔基地区降落了价值几千卢布的银币。

青蛙雨：1954年7月12日，美国的伯明翰城，突然从空中飞来了无数的小青蛙，颜色是黄绿色的。

鱼雨：1974年2月，澳大利亚的北部地区降下了一百五十多条银汉鱼。

稻草雨：1977年6月3日下午5时，英国的戴维斯城上空突然出现了一片由稻草组成的云朵，紧接着稻草便从天而降。

鸟雨：1977年9月，美国加利福尼亚州的路易斯、奥比斯堡降下了五百多只半死不活和已经死了的乌鸦和鸽子。

大豆雨：1979年2月13日，在英国奈斯安普敦城郊区，从天而降了很多麦粒和大豆。

其实这些现象并不稀奇，只是一场龙卷风或强风把东西刮上天，再吹到很远的地方落下来而已。

恐龙的躯体为什么那么巨大

恐龙现在已经成为人人皆知的动物。恐龙生活在距今22 500万年到7 000万年的中生代，大多数身体特别庞大，曾经在地球上称雄一时。

最大的恐龙是震龙，身长有39～52米，身高为18米，体重达到130吨。细颚龙是迄今为止发现的最小的恐龙，身长只有六十多厘米，如果不算那条又细又长的尾巴，它只是比鸡大一点儿而已。

为什么鳄鱼会流眼泪

鳄鱼其实并不是鱼，而是既可以在水里生活又可以在陆地生活的两栖类动物。鳄鱼长得非常丑陋，它的一对眼睛向外凸起，一排锯齿

形的牙齿非常锋利，浑身上下还披着鳞甲，特别是一张大嘴令人生畏，身子后面拖着一条又大又粗的尾巴。鳄鱼吃水中的昆虫、甲壳类、鱼类、蛙类、蛇类，有时也吃兽类。非常让人不解的是，鳄鱼在吃小动物的时候，眼睛里会流出液体。这种液体不是眼泪，而是鳄鱼在利用泪腺排出多余的盐分，使身体内的盐分达到均衡。由于它的泪腺长在眼睛的周围，人们就以为它是在流泪。所以，人们常常用鳄鱼的眼泪来形容假慈悲。

为什么有的动物要挖洞

在自然界中，有一类动物叫做穴居动物，它们有利于有机物质的循环。那么，这些动物为什么挖洞呢？

它们在地上挖洞最重要的目的就是躲避肉食动物的袭击，如一些小动物在挖了藏身洞以外，还要挖一些迷惑敌人的洞。还有一些动物是为了寻找地下食物，比如植物的根茎和块茎等，田鼠就经常捕捉蠕虫，并把它们藏在地下洞穴中。一些动物把洞穴作为制造食物的地方，如一些吃树叶的蚂蚁和白蚁就把洞穴作为培植真菌的场地。洞穴还是重要的通信手段，据说田鼠的洞穴起到扩音器和广播室的作用；穴居猫头鹰在退却时会发出嘶嘶声，使肉食动物以为是响尾蛇。

其实，穴居动物挖洞的原因不止以上几种原因，一种生活在火山岛上的灌木禽把蛋藏在发热的土壤底下，聪明地抛开了繁重的孵化担子。一些穴居动物更是刻意修造洞口，为的是威慑敌人，当它看准机会的时候，就会给出致命的一击。

为什么鲤鱼会跳水

“鲤鱼跳龙门”是一句俗语，常常用来形容一个人进入了某种更高的社会阶层或地方。其实，鲤鱼真的是很喜欢跳跃的鱼，有的甚至能跳出水面一米多高呢！

人们发现，鲤鱼爱跳水是由于周围环境的变化引起的。当有敌人突然袭击或者前进路途中遇到障碍时，鲤鱼就会跳跃起来。有时候，鲤鱼为了迅速捕捉到食物或者受到突然的惊吓，也会跳出水面。

有一种叫做“跳白”的捕鱼方法，就是在小船底下涂上白色，在船上点一盏灯，灯光照在水面上，白色的船底就像镜子一样能反射光线，把灯光反射到水

底，水下的鱼儿就会由于受到惊吓而跳到船上。另外，许多鱼到了快生殖的时候，身体里会产生一些能刺激神经的东西，由于这种生理上的变化，鱼儿也特别喜欢跳跃。还有人发现，鲤鱼一般喜欢在黄昏的时候跳跃，这是因为它们生性比较活泼，是一种游戏的动作。

昆虫的自卫方式有哪些

在适者生存的生物进化过程中，昆虫也形成了自己的一套自卫术。你知道哪几种？

保护色：斑马、变色龙都是用保护色保护自己的代表。

恐吓术：螳螂遇到危险时，身体耸立，张开网状的大翅膀，高高地举起大刀，经常是吓得敌人转身就跑。

假死术：叩头虫受到惊动时，六足蜷缩，仰面朝天躺在地上装死。等到没有动静时，再匆忙逃走。

警戒色：瓢虫的背部呈橙红色，还带有几粒、十几粒黑色斑点，形状和颜色让鸟儿看了都害怕。

断尾（足）术：壁虎使用断尾术。有一种蚊子的足关节连接很脆弱，受到外来袭击时，就会先举足让敌人咬住，再断足脱身。

烟幕术：放屁虫、臭鼬、黄鼠狼遇到敌害时，都会排出一股难闻的气味，自己趁机逃跑。

为什么说蚂蚁是大力士

在路旁，我们经常可以看到一只小蚂蚁在搬东西。别看蚂蚁很小，它可是动物界的大力士呢！有时我们会看见一只蚂蚁在搬动比它自身大许多的大青虫。科学家们研究发现，蚂蚁能将比其自身重五十多倍的石块搬走。所以，说蚂蚁是大力士一点也不过分。那么，蚂蚁是怎么做到的呢？

蚂蚁的腿部肌肉可以说是一台高效的发动机，这台发动机的动力来自一种结构复杂的化学物质。当蚂蚁走动时，它腿部的肌肉就会产生一种酸性物质，这种酸性物质会刺激化学物质的急剧变化，使肌肉收缩起来，“发动机”开始产生巨大的力量，蚂蚁就能轻而易举地把重物搬走了。

蚂蚁在搬东西的时候，都是排着长长的队伍。这样可以使它们不迷路，也不会相互走散。蚂蚁在走路的时候会释放出一种只有同伴才能闻出来的气味，走在后面的蚂蚁只要跟着前面的蚂蚁留下来的气味，就不会走错地方了。

为什么信鸽能认得家

鸽子善于长途飞翔，而且根本不会迷路。有人把信鸽带到很遥远的地方，放飞后，它能准确地飞回家。这种能力叫归巢能力，信鸽的归巢能力特别强。所以，自古以来，人们就用鸽子在航海、捕鱼和军事上担负通信工作。即使在科学发达的今天，信鸽依然被用来传递军事情报。

科学家们在长期的研究中发现，鸽子除了拥有一般鸟类飞行的特点外，它两眼之间的突起，在长途飞行中能测量地球磁场的变化，它们就靠这种变化来辨别方向。而且，鸽子除了利用地球磁场来导航以外，还会利用生物钟对太阳的移动进行校正，检测偏振光，从而选择方向。只要不是阴雨天，都能利用太阳来辨别方向。

所以，鸽子能从遥远的地方飞回自己的家，是由于它具有多种辨别方向的手段。在天气晴朗的时候，就利用太阳光来指示方向；在阴雨天，鸽子无法知道太阳的位移，就按照地球磁场来导航。除此以外，有的科学家认为鸽子还能利用气味来寻找方向。

蜜蜂蜇了人就会死吗

被蜜蜂蜇过以后会痛好长时间，所以人们都很怕蜜蜂。科学家们研究发现，蜜蜂不喜欢黑色的东西和酒、葱、蒜等气味，当有人穿着黑色衣服或者身上带有酒、葱、蒜气味接近蜜蜂时，就很可能会遭到蜜蜂的攻击。

蜜蜂也有自卫的本能，要是我们去拍打它们，就会遭到它们的反击。其实，蜜蜂蜇人以后自己也会死去的。因为蜜蜂蜇人的工具是腹部末端的刺针，而刺针是由一根背刺针和两根腹刺针组成的，后面连着大、小毒腺和内脏器官，特别是腹刺针尖端有几个小倒钩。所以，当蜜蜂蜇人以后，再把刺针拔出来的时候，由于小倒钩非常牢固地钩住了皮肤，所以刺针就连同一部分内脏被拉了出来，蜜蜂当然就活不成了。因此，不到万不得已，蜜蜂是不会轻易蜇人的。

蜈蚣到底有多少只脚

蜈蚣俗称“百脚”。但是，它究竟有多少只脚呢？

蜈蚣是节肢动物，一般除了第一节和最后一节的足已经退化，其他的每个环节都长有一对足。人们称它为“百脚”，是因为当它腹部两侧的细脚在爬行时，人们看不清到底有多少只。其实，我们常见的蜈蚣并没有100只脚。

我们经常在花园或草地上看到的石蜈蚣身长2～3厘米，有15对足。在长江流域常见的巨蜈蚣身长10～15厘米，有20对足。

世界上最大的蜈蚣有180对足，生活在西印度群岛牙买加的热带雨林里。它最长的步足达到26厘米长，而且每只足都有毒腺，只要发现猎物就会快速爬行，用扁长的躯体围成一个圈，用带毒的足把猎物刺死后美餐一顿。

为什么要保护青蛙

青蛙是捕捉害虫的高手，是绿色田园的卫士。它每天大量捕食蚊子、苍蝇和危害农作物的金花虫、螟虫、蝼蛄等，据统计，每只青蛙一年可以消灭一万多只害虫呢。所以，我们要保护青蛙，把它当成我们的好朋友。

青蛙喜欢生活在潮湿的地方，那里的害虫也最多。青蛙的舌头前端是固定的，后端能自由翻转。当昆虫在青蛙身边活动时，青蛙就会迅速跳起，把舌头翻出来，依靠舌头上分泌出来的黏液，把虫子粘住，然后，舌头返回口腔，把食物吞入口中。如果昆虫正飞向它时，它会静止不动，等昆虫飞近时，再翻出舌头把虫子吃掉。

体育在线

奥林匹克的相关历史，
现代奥运档案，
运动项目的历史和运动健将，
运动时需注意的细节，
运动对身心的影响，
……

体育起源于何时

体育起源于何时？我们无法明确地说出答案。但是凡是有人群活动的地方，就有体育的踪影。也就是说，自从人类诞生之日起，就有了体育运动。

在远古时期，人类的生活条件十分艰苦，人们靠猎取野兽、采摘野果来维持基本生活，因此，他们需要具备攀登和长途跋涉的能力。为了追捕善于奔跑的野兽，他们要具备快速奔跑、跳跃的能力；为了躲避凶猛动物的袭击伤害，他们又要具备刺杀、投掷等能力；当他们在江河湖泊中捕捉鱼虾时，又学会了游泳、划船等本领。

从原始公社遗址中发现的野兽化石，原始的捕捉野兽的木棍、石片、骨片等工具，原始时代以动物题材为主的陶器，人迹罕至的高山岩壁上原始先民们遗留下来的围猎岩画等，都充分证明了体育与人类的生产活动有密切关系。如我国云南沧源县境内高山岩壁上发现的一批三千四百年前的岩画，反映的是人们围猎野牛的情景。画面上的人与兽生死搏击的紧张场面，清楚地表现了体育与劳动和生活的密切关系。

人类原始的劳动生活依靠最简单、最实用的走、跑、跳、投，原始的劳动生活技能就是原始的体育技能。所以，自人类诞生之日起，体育就产生了。

近代体育的“三块基石”是什么

体育随着经济、社会的发展越来越完善。你知道近代体育的“三块基石”吗？这就是著名的德国体操、瑞典体操和英国的户外竞技运动。

首先，我们先来看德国体操，它的发明者是著名体育家顾茨姆斯。当他在一所学校任教时，设置各种体操器械，教学生练习上平衡台、越过跳跃器、单杠悬垂、爬软梯等各项体操动作。他把各种体育运动归纳整理，分成十一类，这就是德国体操的初步体系，他也被称为“德国体操之父”。后来，另一位叫弗里德里希·路德维希·杨的体育家，继承和发展了顾茨姆斯的体操体系，形成了著称一时的杨氏体操。

他改进了单杠运动，并创造了双杠，还对木马、跳跃器、吊杠等体操器械进行了改进。后来，德国体操流传到很多国家，对近代体育的发展起了较大的促进作用。

1803 年，瑞典学者林德福尔斯以“体操的艺术”为题写了一篇论文，将体操分为“自然体操”和“人为体操”，人为体操又包括军事体操、教育体操和医疗体操三类，这就是瑞典体操的初步体系。后经伯尔·亨利克·林的继承和发展，创造了举世闻名的林氏体操。它主要包括教育体操、兵士体操、医疗体操和健美体操四类，从而确立了瑞典体操体系。它在世界近代体育史上占有突出地位，其科学性之强、流传之广、影响之大都胜过了德国体操。

在欧洲盛行体操之时，英国却风行丰富多彩的户外运动，如高尔夫球、划船、射箭、跳高、跳远、登山、滑雪、滑冰、网球等等。因为这些运动多带有组织性，有一定的规则性，具有竞赛的特点，因此，对世界上许多国家的体育运动发展都产生了深远的影响。

哪些体育项目与古代军事有关系

各类体育项目都有相关的起源。而古代的军事战争也演变出了很多体育项目，并世代流传下来。

最能体现古代战争特色的是棋类。围棋在春秋战国时期已经流行于宫廷。今天的围棋，无论从战略战术，还是从计算胜负的方法上，都体现出古代用兵打仗的特点。中国象棋体现出的古代战争气息更是强烈，红黑双方对垒于楚河汉界，各持的五卒象征着古代军队的五人一伍和所配属的五种兵器的使用。

柔道、摔跤、武术、拳击、标枪、相扑等，都源于冷兵器时代。当时，士兵们使用刀、矛、剑、锤等武器进行攻击时，很容易走近对方，有时候会出现徒手格斗，于是形成了一系列攻击方法和打斗套路。比如武术，这个词最早出现于我国南朝，那时泛指军事。现在武术已经发展为以踢、打、摔、击、刺等攻防格斗动作为基础，按照一定的变化规律进行格斗演练的民族体育项目。

奥运会是如何兴起的

奥运会的全称是“国际奥林匹克运动会”。在文明古国希腊，有一个名叫奥林匹亚的地方，那里风景秀丽，绿树成荫。古希腊人信奉神，于是就在那里建造了一座壮丽的神庙。古希腊人热爱体育运动，全国各地经常举行各种体育运动会。而

在奥林匹亚举行的运动会是全国规模最大、最热闹的运动会。

第一次奥运会是在公元前776年举行的，在运动会期间，各城邦必须停止一切战争，参赛者也不能携带兵器入场或相互争斗。因此，奥林匹克运动在诞生之初，就有着和平的意义。这种纯粹追求表现人的体能，视和平与友谊为神圣的精神一直延续到今天。

古代有奥运会吗

在古希腊，城邦之间经常发生战争，需要大量体魄强健的士兵。因此，古希腊人都十分重视体育运动，并经常举行竞技比赛。公元前776年，在希腊奥林匹亚的宙斯神庙举行了第一次奥林匹克运动会。此后，每四年，古希腊人都要聚集在这里，举行盛大的运动会。

古代的奥林匹克运动会的程序，是先向宙斯神祭祀，然后是传令官点名、运动员宣誓，接着进行比赛。比赛的项目有赛跑、角力、摔跤、赛马、竞走、跳远、投掷等等，此外还包括各种文艺比赛，如音乐、诗歌、戏剧等。比赛的优胜者会获得橄榄和鲜花编成的花环，受到人们的尊敬和各种优待。此外，在运动会期间，商人们要展销商品，政治使节要进行外交活动，学者们要研讨学术问题……这盛大的竞技会可算是一个综合性的盛会。

古代的奥林匹克运动会一直延续了一千一百七十年，共举行了二百九十三届。在中断了一千五百年之后，1896年，在希腊的雅典举行了第一届现代奥林匹克运动会。还是每四年举行一次。今天，奥运会已成为世界上最重要、规模最大的体育盛会。

你知道奥运圣火的来历吗

你知道希腊神话中的普罗米修斯吗？他为了人间的光明，不惜从天上偷了火种带到人间，并传授给人类多种手艺，不料却触怒了天庭的统治者宙斯。宙斯认为这种行为触犯了天规，因此，他就将普罗米修斯钉在高加索的悬崖上，任凭风吹雨打、鹫鹰啄食，使他受尽了折磨。人们为了纪念这位给人类带来光明的使者，就在奥运会上举行了

点圣火仪式。这个仪式最早开始于公元前776年的第一届古代奥运会。

现代的奥运圣火取自古代奥运会的发源地奥林匹亚，一位女神装束的女子用凹面镜聚焦点燃火炬，然后用接力传送的方式传到举办城市。这个仪式是1928年开始的。当时，现代奥林匹克运动的倡导者顾拜旦男爵要求运动员们“让这重振奥林匹克精神的圣火保持不灭”。

现代奥运会的奠基人是谁

你知道顾拜旦吗？他就是现代奥运会的奠基人。

1892年，在庆祝法国体育运动协会联合会成立三周年的大会上，他首次公开倡议复兴奥林匹克运动会。1893年，他又在巴黎召开国际性会议，团结国际体育人士，共同促进奥运会的复兴。他将自己的倡议写成公开信，寄给许多国家的体育俱乐部，并得到了不少支持。经过他和一批有识之士的奔波努力，恢复奥运会在组织上、舆论上都有了较成熟的条件。

1894年6月18日至24日，在巴黎召开了国际体育大会，十二个国家的近八十名代表出席了会议。大家一致同意顾拜旦的主张，通过了恢复奥林匹克运动会的决议，并决定于1896年在希腊举行第一届现代奥运会，以后每四年举行一次。在这次大会上，成立了国际奥林匹克委员会，顾拜旦被选为秘书长。1896年，他接任国际奥委会主席，同年，他组织举办了第一届奥运会。

他连任奥委会主席29年，1925年，他主动让位。1937年，他在临终前夕嘱托家人，在他死后，将他的心脏埋在古希腊运动会的发祥地——奥林匹亚，让他的心永远和奥运会、奥林匹克精神一起跳动。

五色环象征着什么

五色环也就是五个圆环分别用“蓝、黑、红、黄、绿”五种颜色表示。上面的三个环是蓝色、黑色、红色，下面的两个环为黄色、绿色，自左至右依次排列。

当年顾拜旦设计这个五色环，

是因为这五种颜色包括了当时奥运会所有参加国国旗的颜色。1979年，国际奥委会在其出版物《奥林匹克杂志》上正式指出：根据奥林匹克宪章，五色环的含义是象征五大洲的团结，蓝色代表欧洲、黑色代表非洲、绿色代表澳洲、红色代表美洲、黄色代表亚洲。也象征着全世界的运动员以公正、坦率的比赛和友谊的精神在奥林匹克运动会上相聚。

奥运会开幕式是如何安排的

奥运会的开幕式非常隆重。它要求既能反映出奥林匹克精神，更要展现出东道国的民族精神和风俗文化。

开幕式的主要仪式，首先是各国代表团入场，然后是东道主组委会主席或政府领导人宣布开幕式开始，接着，由上届奥运会主办城市的代表移交奥运会会旗，第四项是点燃主体运动场的奥林匹克火炬，象征奥运会正式开幕，接着，演奏奥运会主题歌或会歌，各代表团退场，最后，是大型团体操等表演。

奥运会开幕式为什么要放鸽子

奥运会开幕式上放飞白鸽，与宗教信仰有关。据《圣经·创世纪》记载：上帝讨厌世人行恶，欲普降洪水毁灭世界，只有对上帝一向忠心耿耿的诺亚事先得到上帝的旨意，造了一只方舟，携全家和各种动物逃脱灭顶之灾。当洪水退落后，诺亚放出了一只鸽子去探测洪水是否退尽，结果，鸽子口衔橄榄枝飞回，诺亚于是得知洪水退尽。从此以后，鸽子和橄榄枝就成了和平的象征。

奥林匹克精神就是以和平、团结和友谊为宗旨的，因此在奥运会的开幕式上，如果放飞和平化身的洁白、美丽的鸽子，不但代表了奥林匹克精神，而且使开幕式充满了节日气氛，显得活跃而热烈。

国际奥委会在1920年作出了正式规定：在奥运会的开幕式上放飞鸽子。鸽子的放飞仪式往往将开幕式推向一个高潮，使观众感受到一种全人类和平友好的圣洁气氛。

奥运会的颁奖仪式是怎么规定的

1896年4月6日，当三级跳远比赛结束时，现代奥运会的第一个冠军诞生了，他就是来自美国的大学生康诺利。他获胜后，运动场上奏起了美国国歌，升起美国国旗。这以后就成了奥运会的传统颁奖仪式。

在第一届现代奥运会举办时，对奖牌质料的成分、规格大小和图案设计等，都无严格的规定。据说，东道主认为金牌显得俗气，只设了银牌、铜牌两种。授予冠军的是银牌和橄榄枝环，授予亚军的是铜牌和月桂花冠，授予第三名的则只有铜牌。到了第三届圣路易斯奥运会，首次向前三名优胜者颁发金、银、铜质奥运会奖牌。在1932年举行的第十届洛杉矶奥运会上，第一次按金、银、铜牌设置了不同高度的领奖台，并规定在每一个项目结束后立即颁奖，而不是等比赛全部结束后再集中颁奖。

经过不断的发展完善，国际奥委会对颁奖仪式进行了规定：在奥运会期间，奖章应由国际奥委会主席（或由他选定的委员）在有关的国际单项体育联合会主席（或其代表）陪同下颁发。如果可能，在每项比赛结束后，立即在比赛举行场地以下述方式颁奖：获得前三名的运动员身着正式服装或运动服登上领奖台，面向官员席（冠军站在中间，亚军站在右侧，季军站在左侧，冠军站的位置比亚军和季军站的位置稍高），然后宣布他们的名字。冠军代表团的旗帜应从中央旗杆升起，第二名和第三名代表团的旗帜分别从紧靠中央旗杆右侧和左侧的旗杆升起。奏冠军代表团的国歌时，奖章获得者应面向旗帜。

奥运会的奖章是什么样的

奥运会颁发的奖章有一个演变的过程。在1896年首届奥运会上，奖章由法国艺术家夏普伦设计，直径为50毫米。1907年5月，国际奥委会决定要为奥运会奖章制定标准式样，两年以后对奖章式样作出了如下规定：奖章的正面是统一图案，反面可由举办该届奥运会的东道国自行设计图案。一直到1928年第九届奥运会，奖章正面的图案才正式统一。

它的正面采用了佛罗伦萨艺术家卡西奥里精心设计的图案。图案为运动场旁边左手抱花、右手高举橄榄枝的女神像，运动场上面是奥

运会的届数、地点和年代字样。奖章两面都写着“胜利、友爱、团结”的字样。奖章为圆形，直径至少应为60毫米，厚3毫米。第一名为镀金的银牌，镀金量至少为6克纯金，俗称“金牌”。第二名为银牌，第三名为铜牌。金银奖牌银的纯度在925‰以上。此后，历届奥运会奖章都以此图案和规格为标准。1956年，国际奥委会决定在奖章上要标明运动项目。

奥林匹克运动会的口号是什么

奥运会是国际上最有影响力的运动会，能参加奥运会的选手都是体育运动的佼佼者，能得到奥运会的冠军，就可以把名字永远留在世界的运动史册上了。所以，运动员们为了争夺冠军，都尽心尽力，付出了艰苦的努力。但有些运动员为了夺取奖牌而不择手段，比如，服用兴奋剂、伤害其他竞争对手、在比赛过程中投机取巧等。

举办奥运会，是为了在运动会上与各国朋友交流友谊，切磋技艺。现代奥运会的奠基人顾拜旦对奥运会的宗旨很早就提出了口号——重要的不是胜利，而是参与。

奥林匹克运动会会歌的歌词是什么

每次开运动会的时候，我们都能听到欢快的运动会主题歌曲，奥林匹克运动会开幕式的时候也不例外。那么，奥林匹克运动会的会歌歌词是什么呢？歌词为：

古代不朽之神，
美丽、伟大而正直的圣洁之父。
祈求降临尘世以彰显自己，
让受人瞩目的英雄，
在这大地苍穹中，
作为你荣耀的见证。
请照亮跑道、角力与投掷项目，
这些全力以赴的崇高竞赛，
颁赠优胜者常青树编成的花冠，
塑造出钢铁般的躯干。
溪谷、山岳、海洋与你相辉映，
有如斑斓的岩石造成这巨大神殿，
世界各地都赶来这神殿，
膜拜你，啊！永不朽的古代之神。

如何申办奥运会

奥运会是世界上最大的体育盛会，每四年举办一次，世界各国都以能举办奥运会为荣。要成为奥运会的东道主是很不容易的。奥运会的东道主必须是国际奥委会的成员国，要接待所有国际奥委会的成员国来参加比赛。

首先，申办奥运会的城市必须经过其所在国家奥委会的批准，并得到其所在国家政府的支持。

其次，申办国必须要有强大的经济实力，需要几十亿美元用于建造国际奥委会规定的足够的体育设施，以容纳众多项目同时进行比赛；要能安排至少一万名运动员、五千名官员、一万名记者以及百万名旅游者在二十天左右出入境及他们的居住和伙食接待，对航空、港口和火车站提出了新的要求；要有现代化通讯设备等。

遴选工作一般在举办年前七年完成，在这之前，各申办城市提交申请，然后要成立申办委员会，派出代表团去进行游说工作。国际奥委会成立一个由国际奥委会、国际单项体联和各国奥委会三方组成的考察团，对各申办城市进行全面的考察。最后，在国际奥委会全体委员大会上表决确定。按规定，申办城市提交申请时，要向国际奥委会交十万美元保证金。如果被批准为举办奥运会的城市，再交九十万美元保证金。如果奥运会如期举行，一百万美元和利息如数归还；如违约，则不予退还，作为处罚。

奥运会选手为什么要接受性别检查

在体育方面，男女之间的生理差异使运动的标准也有差距。所以，很多男子利用这一差距男扮女装，参加女子运动项目的比赛，从而轻松夺冠。

比如，1938 年创造女子跳高世界纪录的朵拉·拉蒂安，1966 年在世界滑雪锦标赛高山下滑女子比赛中获金牌的奥地利选手艾丽卡·施莱格，都是真正的男子。还有一位田径界的传奇人物，男扮女装在长达二十年的运动生涯中获得五千多枚奖牌，他就是 1932 年奥运会女子百米赛的金牌获得者瓦拉谢维奇。

1968 年，为了确保奥运会的公正进行，国际奥委会决定对所有奥运参赛选手采用“染色体检查法”的性别分析检查法进行性别检查。

2008 年奥运会共有多少个体育项目

北京奥运会的比赛项目分为 28 个大项和 302 个小项。

28 个大项分别是：田径、赛艇、羽毛球、垒球、篮球、足球、拳击、皮划艇、自行车、击剑、体操、举重、手球、曲棍球、柔道、摔跤、水上项目、现代五项、棒球、马术、跆拳道、网球、乒乓球、射击、射箭、铁人三项、帆船帆板和排球。

302 个小项，包括 165 个男子项目、127 个女子项目和 10 个男女混合项目。2008 年奥运会的新增项目包括男、女 BMX（小轮车），女子 3 000 米障碍，男、女 10 千米游泳。击剑方面取消男子花剑和女子重剑团体赛，增加女子花剑和女子佩剑团体赛。此外，乒乓球项目中的男、女双打比赛由男、女团体比赛代替。

你知道我国参加奥运会的历史吗

1932 年，中国首次派运动员参加洛杉矶第十届奥运会，仅刘长春一人参加了赛跑。

新中国成立后，于 1952 年参加了赫尔辛基第十五届奥运会。由于某些国家的阻挠，国际奥委会一直不解决中华全国体育总会在该会的合法地位问题。1958 年，中国奥委会与国际奥委会中断了联系。此后的几届奥运会上，再也没有出现过中国运动员的身影。直到 1979 年 11 月，中国的政治地位和体育水平都有了很大提高，经过委员会全体表决，国际奥委会恢复了中国的合法席位，使中国运动员重返奥运赛场。在 1984 年洛杉矶第二十三届奥运会上，中国运动员一举夺得十五枚金牌，从此扬威世界。

在以后的几届奥运会上，中国运动员们摘金夺银，获得了上百枚奥运会的奖牌。这骄人的成绩，充分说明中国已经步入世界体育强国的行列，同时也表明中国人是奥运会上不可缺少的成员。2001 年，北京成功地申办了第二十九届奥运会，为中国的奥运史写下了新的篇章。

中国第一枚奥运金牌是谁夺取的

1984 年 7 月 29 日，这是美国洛杉矶举行的第二十三届奥运会的第一天，许海峰参加了男子自选手枪慢射大赛。一开始，成绩相当不错，总环数超过了所有参赛的选手。可是在最后一组打出第四发子弹后，靶面上连续出现了两个八环，人们开始为他紧张起来。就在这时，人们看到他放下枪，陷入了沉思。他感到这支枪很重、很重，这支枪寄托着祖国人民的无限期望。紧接着，他沉着地走上靶位，稳稳地端起枪。清脆的枪声频频传来，捷报传来，“中国人夺得了参加奥运会的第一枚金牌”，全国上下为之沸腾起来。这是中国历史上的第一枚奥运金牌，他实现了“零的突破”。许海峰为国家和民族立了大功。

奥运会的第一位男子铁饼冠军是如何诞生的

掷铁饼是田径运动中对力量要求最高的一项运动。从公元前 5 世纪创作的希腊著名雕塑“掷铁饼者”就可以知道掷铁饼是一项多么古老的运动。掷铁饼运动中的铁饼并不是用铁制作的，而是用木头制作的，四周镶有一道铁圈。

奥运会第一位男子铁饼冠军是美国运动员加列特，他是在不知道饼铁为何物的情况下获得掷铁饼冠军的，这在奥运史上一直被传为趣闻。

第一届奥运会报名期间，加列特选报了推铅球、跳远和跳高这三项自己的特长项目，忽然又听说有掷铁饼的项目，他出于好奇就把这一项也报上了。但是在训练时他又后悔了，因为他跑遍了大街小巷也买不到铁饼。情急之下，他只好根据有关资料进行推算后，让铁匠打制了一块铁饼。他拿到铁饼后，也没有训练的老师，只好根据图片中的姿势自己练。

比赛的一天到了，加列特走进比赛场，终于看到了真正的铁饼，发现它竟然是用木头做的。用惯了铁制的铁饼，他现在拿着“木头

饼”，只觉得又轻巧又灵便，好像自己捡了便宜一样。他信心百倍地掷了第一次，只见铁饼“嗖”的一声横空飞去，超过了所有铁饼的距离。他轻而易举地获得了冠军。但是，

他这次意外的成功和他错误的判断及刻苦的训练是分不开的。

运动场上的“秘密武器”是什么

选择运动员时，往往要考虑心理素质这一项。心理素质好的运动员面对竞争激烈的比赛，常常沉着冷静，具有大将风范；而心理素质较差的运动员，往往不是输在技术上，而是输在心理上，以致不能取得好成绩。

一些运动员应付心理压力，往往都有自己的“秘密武器”。这些其实是一些看来很荒唐的所谓“规矩”和“忌讳”，却可以使赛场上运动员的心理压力得到一时的缓解。例如，德国的一些高尔夫球名将对球衣的颜色十分注重，有些人不喜欢黄色，而有些人却非穿绿色不可。更有一位运动员，赛前必须在口袋里放进三枚铜币他才心里踏实。

举坛名将马文强森，赛前二十四小时内不洗澡。还有许多美国棒球运动员也“如法炮制”，他们是怕洗掉了好运气。

美国一位篮球教练每次率队比赛前，一定会面向坐在固定位子上的夫人挥挥右手。他认为，如果一旦忘记，后果就不堪设想。

至于运动员养宠物作为吉祥物、临上场前进行各种祈祷等，更是比比皆是，因为运动员们深信这些可以帮助他们取得胜利。这些带有迷信色彩的“秘密武器”却对减轻心理压力有一定的作用。

花样游泳为什么被称为“水上芭蕾”

运动员在水中作出各种优美游泳动作的艺术性游泳就叫做花样游泳，这是一项只有女子参加的奥运会比赛项目，融游泳、体操、舞蹈和音乐于一体，给人以高度的艺术美感。它是在1984年第二十三界洛杉矶奥运会上才被正式列为比赛项目的。

花样游泳比赛分为自选动作和规定动作。自选动作的比赛，运动员可在优美的音乐伴奏下，充分发挥自己的想象力和创造力，展示优美的动作和漂亮的图形组合。规定动作常常不用音乐伴奏。在国际比赛中规定有一百个技术动作图案。每四年，国际游泳联合会就会挑选其中三十六个图案供比赛使用。

这要求花样游泳运动员们必须动作娴熟优美，一丝不苟，将划水、仰浮、下潜、变换图形等动作完成得天衣无缝、和谐无比，构成的画面也多姿多彩。这种优美的画面恰如碧波上一群翩翩起舞的天鹅。于是，人们便把这项运动称为“水上芭蕾”。

足球为什么是令人疯狂的运动

足球运动是世界上开展最广泛的运动，拥有众多观众。上至国家元首，下至普通百姓，喜爱足球者甚多，尽管足球运动赛事繁多，亿万球迷们也不愿错过其中任何一场。所以，足球运动有“世界第一运动”的称号。

从屡禁不止的球迷骚乱事件我们可以感觉到足球运动令人疯狂的程度。

1985 年，在比利时首都布鲁塞尔的海泽尔足球场举行欧洲足球俱乐部冠军赛时，英国球迷失去理智，袭击了意大利的球迷和比利时警方，使三十九人丧生，数百名球迷重伤。一时间，足球场变成了屠杀场。

1989 年，在英格兰足总杯半决赛上，由于场外情绪激动的球迷涌进球场，导致秩序大乱，一百一十八人被挤压致死，造成了足球史上恐怖的“地狱之门”惨案。

足球史上因球迷的骚乱而引起的暴力事件数不胜数，并且屡禁不止。这足以说明足球运动是多么令人疯狂的运动。

举重为什么是大力士的运动

中国第一号大力士陈镜开，九次打破了举重世界纪录。1956 年，他以 133 公斤的成绩打破了美国运动员 C. 温奇保持的最轻量级挺举 132.5 公斤的纪录，成为第一个打破世界纪录的中国人。

举重是力量的角逐，所以对运动员的体重要求非常严格，运动员们经常饿着肚子在蒸汽室里受罪。举重比赛是一种力量勃发的运动，运动员瞬间举起的重量，往往成倍或数倍于自己的体重。所以说，举重是大力士的运动。

花样滑冰是如何被发明的

花样滑冰是一项将音乐、舞蹈、自由体操和滑冰技巧高度结合统一的运动。它的创造人是美国芭蕾舞演员杰克逊·海因斯。他第一次在维也纳的冰场上，穿着冰鞋，跳着当时最流行的华尔兹舞时，所有的观众都被他那敏捷的步伐和令人眼花缭乱的旋转倾倒。从此，花样滑冰风靡欧洲，传遍世界，并成为 1908 年第四届伦敦奥运会上的比赛项目。

现在，花样滑冰的比赛项目已经发展为单人滑、双人滑和冰上舞蹈三项。

为什么称滑板运动是“地面冲浪”

滑板运动是用一块固定轮子的小板在地面上表演各种滑行技巧的运动，它集滑雪、轮滑、体操于一体，是冲浪运动在地面上的延伸。滑板运动的技巧千姿百态，主要有单轮滑行、狂野滑行、变向滑、耐力旋转、急转弯、翻板等。

现代滑板起源于 1960 年前后的美国加利福尼亚。美国人一直对滑板情有独钟，在游乐园、马路上，到处可见一些年轻的滑板爱好者蹬着滑板呼啸而过。

滑板比赛更加吸引人，运动员们借助复杂的地形地物，巧妙地穿越各种障碍，运用各种技巧，无拘无束地表现着自我，使观众们也随之进入极佳的精神状态。

相扑起源于中国还是日本

提到“相扑”，大家马上想到的是这样一幅画面：两位胖而壮的日本相扑选手双手抱在对方的肩上，两人都是头发梳成髻，腰系宽围带，胯裆兜着一块厚布。为什么想到的是日本人呢？因为相扑是一项具有鲜明日本民族特色的体育活动。可是它的起源却在中国。

据《日本书记》记载，日本的相扑是在中国唐代时传入日本的。直到现在，日本人还保留着“相扑”的名称和唐代风格的装束，连比赛形式和规则都改得很少。

相扑运动是我国传统的体育项目，古称“角抵”。我国吉林省出土的公元 3 世纪至 5 世纪的古墓壁上就有这样的角抵图。早期的相扑比赛是两个人的生死较量，胜者幸免一死，败者丧失生命。在代代相传的过程中，这项运动的残酷性逐渐减弱，演变成宫廷的一种欣赏节目。从一些史书上还可查到在宋代的“瓦子”（游乐场）和庙会上，经常举行相扑表演和相扑比赛。今天，这项运动被日本人作为真正的武术尊为国技，日本国民对这一独特的运动越来越着迷。

你知道跳伞运动的起源吗

跳伞运动源于一个犯人的逃跑。1628年的一个晚上，从意大利监狱的围墙上飘下来一个黑影，落在监狱外的地上，很快消失在夜色中。

第二天，监狱看守发现一个名叫拉文的犯人不见了。面对高高的围墙，犯人是如何逃走的呢，狱警们百思不得其解。不久，在街上流浪的拉文又被抓回了监狱。狱警们迫不及待地审问出了答案。原来，拉文经过仔细思索和研究，将一把雨伞改造加工，在伞骨上拴了很多根细绳，绳的另一端打了个总结。他爬上墙后，撑开改造的伞，竟然成功地落在了地上。

后来，有人受到拉文的启发，设计了降落伞。跳伞运动也随后产生。

你知道跳台滑雪运动的起源吗

跳台滑雪运动其实是古代挪威皇帝对犯人的一种惩罚方法。当时的挪威皇帝让犯人在山坡上滑行一段距离后，从很高的地方跳下来。由于有一段助滑，当犯人从高处跃起后，能“飞行”一段距离。这种惩罚对犯人来说既危险又可怕，没有技巧的人肯定不会有好下场。

出乎意料的是，正是由于这种运动具有惊险性，勇敢者们竟然不断地练习，不久，跳台滑雪就成了一项体育运动。

短跑运动员穿上钉子鞋跑得就快吗

我们经常看到，短跑运动员在赛跑时都要穿上钉子鞋来参加比赛，最重要的目的就是为了提高速度，使自己跑得更快些。

为什么穿上钉子鞋就能提高速度呢？我们知道，穿着普通的运动鞋在跑道上跑步的时候很容易打滑，蹬地的力量比较小。如果穿上钉子鞋，在跑步的时候首先不会打滑，因为钉子在跑动的时候深深地扎进跑道。其次，在跑步的过程中，钉子很容易从跑道上拔出来，增加了蹬地的力量并加强了前进的冲力。这样，跑一步前冲一步，速度就明显提高了。因而在比赛中短跑运动员都选择穿上钉子鞋参加比赛。

你知道跳水运动的发展历史吗

跳水运动是伴随着游泳技能的发展而产生的一个运动项目。在伦敦大不列颠博物馆里，陈列着一只陶质花瓶，花瓶上画着一群可爱的小男孩儿正头朝下摆出跳水的姿势。这是公元前500年的一件文物，是迄今为止可以看到的跳水运动最早的图像。

在我国，一千年前的宋代就已有了跳水运动，而且具有一定的技术水平，比欧洲的跳水竞赛要早六百多年。现代花式跳水起源于德国。被誉为“花式跳水之父”的约翰·古特斯穆特斯在他的《游泳艺术教科书》中就介绍过德国哈雷地区盐场工人的跳水技术。另一位德国体育教育家奥托·克鲁克在他1853年出版的《游泳和跳水》一书中，提出了五十三种原地跳水动作、二十二种助跑跳水动作及十四种其他跳水姿势。

在竞技跳水之前，跳水的好坏是以高度来衡量的。斯堪的纳维亚人无论是跳简单的还是复杂的动作，都力求从更高的地方往下跳。1900年，瑞典运动员在第二届奥运会上进行了精彩的跳水表演，一般公认这是最早的现代竞技跳水。1904年第三届奥运会上，跳水被正式列为竞赛项目之一。当时，只设男子跳台一项。美国选手德舍尔顿荣获桂冠。在1908年第四届奥运会期间成立的国际水上运动联合会，重新制定并通过了跳水竞赛规则，确定了十米跳台跳水的规定动作，又增加了跳板跳水项目，

从而奠定了现代跳水比赛的基础。1912年第五届奥运会，女子第一次参加跳水比赛。

从1920年第七届奥运会起，一直到现在，历届奥运会跳水比赛和国际性跳水比赛都设有男女跳板跳水和跳台跳水四个项目。1973年在南斯拉夫举行了第一届世界游泳锦标赛。1979年，国际泳联还创办了两年一次的世界杯跳水比赛。

中国第一个世界游泳冠军是谁

0.01秒能干什么呢？可就是这0.01秒使中国产生了第一个世界游泳冠军。那是在1991年1月，澳大利亚举行了第六届世界游泳锦标赛，在女子400米个人混合泳决赛中，两

位姑娘几乎同时最先到达终点。谁第一呢？当电子记分牌显示比赛结果时，人们才发现：两人的差距只有0.01秒。这是多么激烈的比赛呀！这又是多么幸运的冠军呀！这位冠军就是来自中国江苏的姑娘林莉，是她打破了中国运动员在世界游泳大赛中金牌数零的纪录。

一般来说，在世界级的游泳大赛中，人们把目光都集中在美国、德国等有着显赫战绩的国家运动员身上。中国运动员即使走上了决赛场，也只是一个陪衬。但自从这次之后情况就发生了变化。

你了解中国女排史上的“五连冠”吗

排球是我国人民最喜爱的体育项目之一，它是在1905年前后传入我国的。我国女排运动发展迅速，在20世纪80年代前期，后来居上，荣获世界重大排球赛的“五连冠”。

中国女排第一次夺冠是在1981年11月日本举行的第三届世界杯女子排球赛上，这也是中国体育史上三大球第一次夺取世界冠军。紧接着，1982年第九届排球世界锦标赛上，中国女排第二次夺冠。1984年第二十三届奥运会、1985年第四届世界杯以及1986年第十届世界锦标赛上，中国女排的巾帼英雄们经过艰苦卓绝的争夺，连续夺魁。这就是中国女排史上的“五连冠”。

接力赛跑能换人吗

你参加过接力赛跑吗？你对它了解多少呢？在接力赛跑过程中能否换人呢？答案是肯定的，但必须遵守规定：替补队员应是已报名参加运动会的接力或其他项目比赛的运动员；一旦接力队开始比赛，该队只能有两人做替补参加后继赛次的比赛；已参加过比赛的运动员一旦被人替换，则不能再参加该项后继赛次的接力比赛。

百米赛跑是“飞人”的比赛吗

百米赛跑是冲击人类能力极限的运动，也可以说是争分夺秒的时间竞赛，必须竭尽全力拼命地跑，决不允许有哪怕是微小的失误。运动员强劲的爆发力、特快的步伐，犹如出膛的子弹，旋风般地冲过终点线。哪里是跑，简直是飞。因此，百米赛跑的世界纪录创造者被视为世界上跑得最快的人，是人类中的“飞人”。牙买加运动员鲍威尔在2007年9月，以9秒74的成绩创造了世界最新纪录。

铁人三项运动是什么

20世纪70年代，在夏威夷的怀

基基海滩上，一群强壮的美国人正在争论什么运动是最艰难的体育运动。有人说“在怀基基海滩游泳”，有人说“绕着全岛骑自行车”，也有人说“马拉松赛跑最艰苦”……这时，人群中有个叫约翰·柯林兹的人说：“把这三项运动合在一起才最艰苦!”于是就有了“铁人三项运动”。铁人三项运动又叫“三项马拉松”，要求参加者必须具有强健的体魄和钢铁般的意志。

世界铁人三项比赛主要有三大类：夏威夷锦标赛、尼斯世界锦标赛和国际标准距离赛。国际标准距离赛规定：游泳1.5千米，骑自行车40千米，长跑10千米。第一次铁人三项赛只有十五人参加。如今，美国参加这项运动的人数不下一百万。铁人三项运动在我国也开始蓬勃发展起来。

另外，除了三项马拉松外，世界上还有很多关于体育运动的“马拉松”比赛，如拳击马拉松、足球马拉松、篮球马拉松、步行马拉松……这些马拉松比赛都需要超乎寻常的毅力、长时间比赛的耐力和体力。

如何测出掷铁饼的成绩

每次有效试掷后，工作人员都要立即用经批准的测距仪器丈量。丈量的距离是从铁饼落地的最近点（标尺必须通过圆心）量到投掷圈内沿的距离。以厘米为单位，不足一厘米的不计成绩。

丈量掷标枪的距离与此相同。

球类运动有多少种

提起球类运动，你一定会说出很多，比如乒乓球、足球、篮球、排球、网球、棒球、橄榄球、羽毛球等，但也有一些是你不太熟悉的，为各国各地区人民所喜爱的球类运动。

人类自有文明起，就与球结下不解之缘。古人很早就开始玩儿球类游戏。世界上最重的球是地滚球，音译为“保龄球”，球重7.26千克，可在草坪或室内地板上玩儿。世界上最大的运动用球是“地球”，它的直径达两米，外皮用皮或帆布缝成，内有橡皮球胆。玩儿时，“地球”由许多人合力抛起，保持在空中颠荡。

还有一些设计独特、有趣的球类，如阿根廷的“鸭球”，是用一块牛皮裹着一只活鸭，把鸭头与鸭足

留在外面；东南亚盛行的藤球，由8～10根藤条编织而成，球上涂抹椰子油。还有会发声的球、会发光的球等，五花八门，不胜枚举。

田径全能比赛包括什么项目

你知道英国的汤普森和德国的辛格森吗？他们是世界上最著名的男子全能之王。而美国的乔伊纳则是世界上女子全能“铁人”，她保持的世界纪录为7 291分。

那么你知道什么是全能比赛吗？全能运动要求运动员跑、跳、投全面发展，难度大、要求高，十分艰苦。但它却是衡量一个国家田径运动水平的重要项目，全能冠军被称为“田径王中之王”。

男子全能比赛包括：100 米跑、跳远、铅球、跳高、400 米跑、110 米栏、铁饼、撑竿跳高、标枪和1 500米跑。

女子全能比赛包括：100 米栏、铅球、跳高、200 米跑、跳远、标枪和 800 米跑。

全能比赛分两天赛完，以各单项成绩按照《田径全能运动评分表》换算分数后计算成绩。

我国在田径全能比赛项目方面与世界水平差距很大，这就要求我们从小就树立远大志向，加强锻炼，使自己具有良好的身体素质。

“马拉松”的距离是怎么确定的

奥林匹克运动会竞赛项目中有一项是马拉松赛跑，比赛距离是 42 千米 195 米。这个距离的确定是为了纪念雅典军队的胜利。

公元前 492 年的春天，希波战争爆发。第二年，波斯国王派使者去希腊，要求希腊投降。希腊的许多小城邦为了避免战争，都选择了投降。但是还有两个城邦——雅典和斯巴达坚决反抗，他们把波斯派来的使者杀死后，决心和波斯决一死战。

公元前 490 年，波斯强大的军队横渡爱琴海，在雅典东北 60 公里的马拉松平原登陆。当时，斯巴达并

没有出兵支援雅典。指挥雅典军队的米太亚得是个富有战斗经验的将领，战争开始后，他们占领了马拉松山坡的有利阵地，利用三面环山的地形，用两翼包抄的战术，打赢了这场战争。

米太亚得为了迅速地把胜利的消息传给雅典的人们，就派军队中有名的“飞毛腿”菲迪皮茨去完成这一使命。菲迪皮茨飞快地从马拉松跑到雅典中央广场，对等待的人们激动地说：“大家欢乐吧，我们胜利了!”说完，他就倒在地上牺牲了。

为了纪念雅典战争的胜利和菲迪皮茨的使命感，1896 年，在雅典举行第一届奥林匹克运动会时，规定了一个新的比赛项目：运动员从马拉松开始，沿着菲迪皮茨当年跑的路线到达雅典，距离为 42 千米 195 米。

什么是竞走运动

竞走起源于英国。据记载，1867 年，英国就举办了第一次竞走比赛。1908 年，第四届奥运会开始设竞走项目。

竞走是运动员与地面保持接触、连续向前迈进的过程。竞走比赛有两个核心规则。首先，运动员必须始终保持有一只脚落在地面上，不允许出现人们可以看到的腾空现象。第二，从前进脚落地的一刻起直到腿部达到垂直的姿势，腿部必须保持直线，膝盖不能弯曲。比赛中，有九名裁判分布在比赛线路上监督运动员的犯规动作。

你知道击剑比赛中的“有效部位”吗

击剑比赛对于我国来说是一项新的体育运动，可是它在欧洲却有着悠久的历史。如：古罗马的统治阶级曾以角斗士的持剑决斗来取乐。到了中世纪，欧洲骑士们用剑来挑起事端或者用剑来解决相互之间的矛盾。

虽然击剑比赛对于我国是一项年轻的体育运动，但进步很快。我国击剑运动员在第二十三届奥运会上，第一次夺得了女子花剑冠军，从此打破了欧洲人长期垄断剑坛的局面。

击剑比赛主要分花剑、重剑和佩剑三种。花剑只准刺，不准劈，刺中对方身体的规定部位才可计分。男子的有效部位是自小腹以上到锁骨处，女子的有效部位是自腰部以上到锁骨处，即穿金属背心的部位。重剑的有效部位则是全身所有部位。佩剑为腰部以上所有上身和手臂为有效部位。这些部位以外的均为无效部位，击中不算进攻者得分。女子每场 8 分钟或刺中 8 剑，男子每场 10 分钟或刺中 10 剑决胜负。

你能算出围棋中有多少种变化吗

围棋是我们中国人的伟大发明，它是一门竞技活动，也是一门科学。它是众多棋类中变化最复杂的一种棋。唐朝的冯贽就曾说过：“人能尽数天星，则遍知棋势。”可见围棋的着数变化无穷。

我们知道围棋由 181 枚黑子和 180 枚白子组成，棋盘由纵横 19 道线形成的 361 个交叉点组成。每个点都可能出现下黑子、下白子或空着不摆子三种情况。那么，361 个交叉点，就有 3 的 361 次方种变化的可能，即围棋的着数变化是 10 的 172 次方种。这可是一个大得惊人的天文数字。而实际的变化数比这还大，因为围棋对局中如果出现“打劫”，就会在一个交叉点上反复出现黑、空、黑、空（或白、空、白、空）的情况。这样，每个点上的变化就不止三种可能，而是四种可能，即意味着全局变化数是 10 的 252 次方。

如果我们用每秒钟可计算一亿次的大型计算机来算这个数。那么，一个月估计可计算 259 000 亿次，一年估计可计算 10 的 17 次方次，一万年可计算 10 的 21 次方次……要完成 10 的 172 次方的变化，该需要多少年的时间呢？

运动会为什么要设吉祥物

我们经常在逢年过节、大型运动会等场合送吉祥物，为什么呢？因为吉祥物象征着吉祥如意，是人们对生活的美好祝愿和富于浪漫的联想。奥运会设吉祥物是从 1972 年慕尼黑奥运会开始的，此后历届奥运会和一些重大的世界性体育大赛都要设计一个吉祥物。

吉祥物是每届奥运会中有趣而又有代表意义的纪念品，一般都是以东道国的国家、国兽或珍爱的动物为原型，用夸张的拟人化的艺术手法设计出的生动的形象。在紧张激烈的比赛场上，始终有这么一种可爱的吉祥物陪伴，不仅大大活跃了比赛气氛，让人们在心理上得到轻松和平衡，同时也增加了运动员之间的友谊和节日的气氛，表达了对运动会的良好祝愿。

到目前为止，奥运会共设计过 6 种吉祥物。

1972 年举行的第二十届奥运会

上，吉祥物为原联邦德国的纯种猎犬，取名“瓦尔第”。

第二十一届奥运会的吉祥物，为加拿大珍稀动物水獭，取名“阿米克”。

第二十二届奥运会的吉祥物，是苏联选中的北极熊，取名“米查”。

第二十三届奥运会的吉祥物，是美国国鸟山鹰，称为“奥林匹克之鹰——山姆”。

第二十四届汉城奥运会的吉祥物是只老虎，名为“虎多力”。

第二十五届巴塞罗那奥运会的吉祥物是一只拟人化的狗，取名“科比”。

第二十六届北京奥运会的吉祥物是五个拟人化的娃娃，名字分别为“贝贝、京京、欢欢、迎迎、妮妮”，统称“福娃”。

为什么体操运动员要在手掌上擦一些粉

你是否发现很多体操运动员在进行器械比赛之前，总要往手上抹一些白色粉末，这是为什么呢？

这是因为单杠、双杠、高低杠等器械的杠子表面加工得很光滑，光滑表面的摩擦力较小，有利于运动员比赛。

摩擦是相互接触的物体在接触面上发生阻碍运动的现象。摩擦具有双重的作用，一方面摩擦阻碍物体间的相互移动，造成了物体之间的磨损，消耗较多的能量；另一方面，如果没有了摩擦，我们就会寸步难行，甚至无法用手拿住东西。

因为杠子的表面很光滑，手掌和杠子之间的摩擦力太小，手很容易离开杠子，致使动作失败甚至发生危险。为了防止运动员在比赛时滑下杠子，就需要加大手掌和杠子之间的摩擦力。运动员涂的白色粉末就是起加大摩擦力的作用。因此，运动员们在比赛前或者多次运动的间歇都需要在手心上抹一些白粉。其实，这种白粉就是碳酸镁粉，这种粉一方面能加大摩擦力，另一方面还能够减少由于手掌出汗而引起的麻烦。

洛加尼斯的运动艺术魅力表现在哪里

你知道洛加尼斯吗？他就是世

界上的“跳水王子”，曾使世界跳水运动达到一个辉煌的境界。

他既是一名运动员，也是一位艺术家。他的跳水成就是伴随着他舞蹈、戏剧的成就而来的，他从小热爱舞蹈艺术，初学跳水，他就会有意无意地把一些舞蹈动作穿插进去。在大学深造跳水运动时，他还同时深深迷恋着另外两门艺术：戏剧和芭蕾舞。在戏剧表演中，他找到了培养临场比赛的一种逼真感；在芭蕾舞训练中，他把这门艺术中的力量的训练、高难度动作训练和美感训练等，都自然而然地糅合进了跳水运动中。大运动量的训练使

他有时累得浑身像散了架一般，可他都咬着牙坚持了下来，他认为这些代价的付出是值得的。他的跳水表演是力与美的高度结合，仿佛是芭蕾舞演员的优美迷人的身姿在蓝天中展现，犹如凌波仙子轻盈柔和地投入碧波之中，使人倾倒，令人回味，让人能够从中领略到跳水艺术的巨大魅力。

为什么将突然出现的获胜者称为“黑马”

1831 年，本杰明·迪斯雷利在《年轻的公爵》里详细描述了一场极为精彩的赛马比赛：“比赛一开始，有两匹夺标呼声最高的良种马一路领先，眼看稳操胜券，不料就在快要接近终点时，突然有匹不为人们注意的黑马飞奔而来，奋力追赶，瞬时就将那两匹良种马远远抛在后边。只见这匹黑马在观众面前疾驰而过，在震耳欲聋的欢呼声中第一个到达终点，夺得了这场比赛的最后胜利。”从此，“黑马”这一词语便不胫而走，常在新闻报道中出现。不过当时还只限于指在赛马场上以出人意料的速度夺冠的马，而这匹马在赛前人们普遍认为它获胜的可能性是微乎其微的。

到了 19 世纪 40 年代，“黑马”一词被引入政界。因为在人们的心目中，资产阶级政界人物的竞选活动与赛马场上的竞争场面极为相似。

今天，“黑马”这一词语在新闻中已被广泛使用，现在对凡是具有相当潜力，而又能出人意料地夺得胜利的集体或个人，人们都将其称为“黑马”。

为什么运动员在跑弯道时身体要向内倾斜

在观看比赛时，你是否发现，当运动员跑弯道的时候，都会有意识地把自己的身体朝内倾斜。这是为什么呢？

我们知道，当运动员在跑直道的时候，必须要保持直立的状态，这样，所受到的各种力全都会通过运动员的重心，这样，运动员才能保持平衡，不会摔倒。而当运动员跑弯道时，是在进行圆周运动，所以运动员必须受到一个向心力的作用，这样才可能进行圆周运动。这个向心力是地面传给运动员的，是运动员在蹬地的时候，地面对运动员的一个反作用力。产生了向心力，运动员就可以转弯，但是在转弯的时候，地面传给运动员的这个向心力并不通过运动员的

重心，因此，向心力使得运动员在转弯的时候身体向外倾斜，导致运动员没有办法转弯，并且极有可能朝外摔倒。为了顺利地转弯，运动员们就必须有意识地将自己的身体向内倾斜，特地产生一个向内倾斜的趋势来均衡向外倾斜的趋势，只有这样才可以顺利转弯而不至于摔倒。因此，运动员在跑弯道时，一定要使身体向内倾斜。

放风筝能健身吗

在两千多年前，我们的祖先发明了风筝。他们在娱乐之余，还对放风筝的健身作用有所了解。如宋代李石在《续博物志》中说放风筝是“张口而视，可泄内热”，说的就是放风筝对健身很有好处。

放风筝是一项有益的户外活动，人们到野外放风筝，可以尽情地呼吸新鲜空气，特别是当风筝放得很高时，人必须时而急跑，时而缓行，不断用手牵引，使腿部和臂部的肌肉得到很好的锻炼，而且还可以增大肺活量，使心肺功能加强、大脑反应灵敏。如果是自己动手做风筝，更能提高智力和动手能力。所以说，放风筝有强身益智的作用。另外，放风筝还可以调节视力，消除视疲劳。

为什么在登山时不能大声讲话

我们经常听一些有经验的登山运动员说，在登山时，千万不要大声讲话。这是为什么呢？

原来，由于高山上有长年不化的积雪，当积雪不断变厚时，下层的雪就会受到压力，从而变成密度大的硬雪及冰块，而表面上依然是

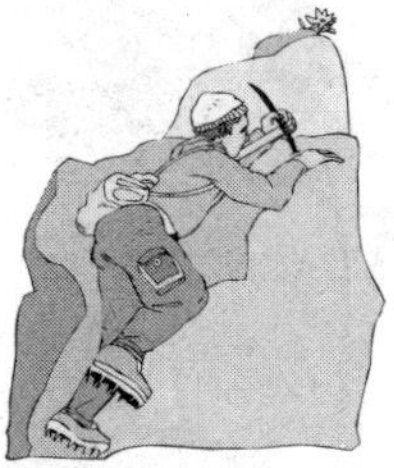

相当疏松的新雪。积雪底层的热量散发不出去，因此内部温度要比表层高。底层冰块易化成水或者水汽。从表面看是十分稳定的、紧密的积雪，但下面却有了一层润滑剂，所以高山积雪层随时会顺着山坡滑下。而大声说话时，声波会通过空气的振动，从而传给下面的积雪层，这样很可能引起一场雪崩。尤其是在迎风的山坡，气温几乎接近零度时，积雪常常受到大风的扰动，冰块最易融化成水。也就是说，春天最容易引起雪崩。

游泳能使人健美吗

当我们在欣赏跳水运动员跳水时，我们常常为他们那灵活转体、凌空欲飞的身姿倾倒。游泳健儿争先恐后、“劈波斩浪”，他们的身姿刚健劲美，充满了青春的魅力，给人以美的享受。

为什么游泳能使人健美呢？首先，游泳不论采用哪一种泳姿，人体的腰部、腹部和四肢的大肌肉群都在不停地工作。长期坚持游泳，会使人体各部分肌肉协调均衡地发展，形成肩宽、腹平、胸挺、腰紧的“流线型”。游泳是人利用划水或打水后产生的反作用力推动自身前进的一种运动，非蛮力所能达到，所以锻炼出来的肌肉刚劲而柔美，强韧而丰满。再者，因水温比体温低，人在水中运动消耗的热量比在陆地上大得多。肥胖者通过游泳可消耗多余的脂肪，使体形变得匀称健美；瘦弱者经过游泳锻炼，可使肌肉发达，变纤细为魁梧壮实。水流对身体的直接按摩，还会使人体形成优美的曲线。

另外，游泳还能增强心肺功能，使肺活量明显增加，并大大改善心脑血管系统的功能。最重要的是，游泳能培养人的意志，陶冶人的情趣。

少儿在游泳时应注意什么

夏日来临、酷热难当，你最喜欢干什么呢？很多人都喜欢到游泳池或者江河湖泊中去游泳，让清凉的水抚遍全身，使暑热顿消，多么惬意！游泳不仅是解暑消热的好办法，而且还可以锻炼人的体魄，增强各部位的机能。

但少儿在进行游泳锻炼时，一定要注意水的清洁卫生和公共卫生。另外，还要注意预防各种疾病。

第一，预防感冒。当水温较低

时，如果你在水中停留时间过长，就会出现嘴唇发紫、浑身发冷等现象。如果遇到这种情况，应立刻上岸晒晒太阳，活动一下。另外，如果你刚进行过剧烈运动，体温较高，此时也不宜下水，否则很容易引起感冒、抽筋等。

第二，预防结膜炎。在游泳后不要用手擦眼睛，不要与结膜炎患者共用毛巾、手帕等。否则，得了结膜炎，眼睛就会感到刺痒、疼痛，出现结膜充血、眼睛红肿等症状。还可能引起其他的眼病。

第三，预防中耳炎。如果你在游泳时耳朵进了水，一定要尽快排出。如果你的耳膜破裂，就更不应该下水了。另外，注意千万别呛水，因为呛水可能使水由咽鼓管进入中耳。一旦你得了中耳炎，一定要及时看医生，进行彻底的治疗。

跳高为什么要弯腿

如果有人问你，你不弯腿能跳起来吗？你可能会说，那有什么难的，可如果你试一试就会发现，如果不弯腿根本跳不起来，而且浑身的劲儿仿佛没处使。这是为什么呢？根据牛顿的运动定律——两物体相互作用时，作用力和反作用力同时存在，同时消失；他们的大小相等，方向相反，作用在同一条直线上。

当我们从地面上跳起来时，地面对我们有一个作用力。怎样才能使地面对我们有这样一个作用力呢？这就要求我们对地面先有一个作用力。因此，当我们弯腿然后向上跳时，其实，我们已经对地面施加了作用力，同时地面也产生了一个方向相反的反作用力，我们就是借助这个反作用力跳了起来。也就是说，我们对地面的作用力越大，地面对我们的反作用力也越大，跳得就越高。

为什么少儿多进行户外运动好处大

你是否觉得自己学习负担过重，每天除了学校就是家里，自己的身体健康和精神健康程度都有所下降呢？那你有没有想过多去户外运动运动呢？你一定会说：没有时间，每天都要学习；父母不让；现在什么都有了，电脑、电视机、游戏机应有尽有。是呀！这些都是事实。

那么为什么还要进行户外活动

呢？你知道户外运动的好处吗？其实，经常到户外活动的孩子，因为他们充分与大自然中的阳光、空气等接触，所以不仅可以使他们的身体更加健康，而且还可以从中陶冶情操、培养良好的意志品质。这是因为户外空气一般都比室内新鲜，新鲜的空气中氧气充足，阴离子浓度高，在这样的环境下进行一些体育活动，可提高人的身体素质。

阳光也是少儿需要户外活动的一个重要原因。处于生长发育阶段的少儿多接触日光，可促进血液循环，不易得软骨病。另外，阳光中紫外线有杀菌作用，还能促进皮肤健康。

比赛前如何安排饮食

在参加各种运动比赛之前，一些同学不知道该如何安排饮食，有时会由于饮食不当而使运动成绩受到影响。其实，比赛之前的饮食有以下几点可以参考：

1. 比赛前应该吃一些容易消化吸收的食物，少吃高脂类食品，以免比赛时腹部有饱胀感而影响成绩，吃八分饱就可以了。

2. 比赛前饮食中液体的摄入量应该适当，不要过多摄入，一般和平常摄入量差不多就可以了。

3. 最好不要吃一些刺激性的食品。

4. 比赛前食用的食物的类型最好和平常的饮食习惯相同，最好是参赛者所熟悉的，以使其心态平稳。

5. 应该在赛前2～3个小时进餐。

6. 适量饮用咖啡和茶，有助于运动时脂肪发挥能源的作用。

运动后怎样恢复能量物质

我们都知道：运动时体内代谢过程加快，以不断满足运动时能源的需求，运动中及运动停止后，能量物质需要不断地进行补充与恢复。可是你知道能量物质是怎样恢复的吗？

第一阶段是运动过程中，在运动过程中，其实恢复过程就已经开始了。这时机体一边运动一边消耗能量，同时也进行能量物质的恢复和补充。但由于锻炼中消耗的能量多，此时的恢复量跟不上消耗的量，因此能量物质储备逐渐下降。

第二阶段是运动结束后，此时

体内能量物质消耗逐渐减少，而恢复过程却不断加强，锻炼中消耗的能量物质不断得到补充，直至补充到锻炼前的原有水平。

第三阶段是超量恢复阶段。能量物质恢复到原来水平时并未停止，而是继续恢复补充，在一段时间内，能量物质的恢复可超过原来储备的水平，比锻炼前能量物质的储备量还要多，称超量恢复。过一段时间后能量物质的储备又回到原来水平。如果经常坚持体育锻炼，体内能量物质不断消耗，而恢复过程也不断加强，超量恢复便可以达到更高的程度，体质也就随着超量恢复的不断提高而获得不断增强。

如何在比赛前补糖

经常参加比赛的运动员都知道，在赛前几天，通过调整膳食结构，使肌糖原含量增加，称为糖补充，又叫肌糖原补充。这对提高运动能力，从而取得良好成绩有很大的帮助。补充肌糖原的方式有以下几种：

1. 在临赛前的3～4天开始吃一些高糖类食物，这样基本上可以使每千克肌肉中糖原的储量由原来的15克增加到25克。在比赛前吃高糖膳食的几天里，不要进行大运动量或消耗过大的耗竭性运动，但可以安排一些一般性的运动。

2. 在增加膳食中高糖类食物之前进行剧烈的运动，使肌肉中原有的肌糖原尽可能多地消耗，然后再吃3～4天高糖膳食，同时只进行一些一般性运动，这样可以使赛前肌糖原的含量增加一倍。

3. 先采用上述方法进行剧烈的运动，使肌肉中原有的肌糖原尽可能多地消耗。接着，让运动员吃3天低糖高蛋白膳食，同时继续进行耗竭性运动，使糖原进一步消耗，临赛前最后3～4天不进行耗竭性运动，同时吃高糖食物，这种方法可以使肌糖原储量增至每千克肌肉50克。

上述这几种方法都可以使比赛前肌糖原储量增加，但是，第三种方法对身体素质要求比较高。

至于平时比赛用哪一种方法补充肌糖原，应该根据个人的体质状况以及面临比赛的激烈程度、饮食习惯等进行合理安排。

为什么运动后不能洗澡

进行剧烈运动时人的心跳会加

快，肌肉、毛细血管扩张，血液流动加快，同时肌肉有节律地收缩会挤压小静脉，促使血液很快地流回心脏。此时如果立即停下来休息，肌肉的节律性收缩也会停止，原先流进肌肉的大量血液就不能通过肌肉收缩流回心脏，造成血压降低，出现脑部暂时性缺血，引发心慌气短、头晕眼花、面色苍白，甚至昏倒。所以，剧烈运动后要继续做一些小运动量的动作，呼吸和心跳基本正常后再停下来休息。

更重要的是运动后不能洗澡。运动后人体为保持体温的恒定，皮肤表面血管扩张，汗孔张大，排汗增多，以方便散热。此时如果洗冷水澡会因突然刺激，使血管立即收缩，血液循环阻力加大，同时机体抵抗力降低，人就容易生病。而如果洗热水澡则会继续增加皮肤内的血液流量，血液过多地流进肌肉和皮肤中，导致心脏和大脑供血不足，轻者头昏眼花，重者虚脱休克，还容易诱发其他慢性疾病。

剧烈运动后为什么不能吃冷饮、冷食

你是否有这样的经历，当你在剧烈运动后，你会感到全身大汗淋漓，非常想立即喝冷饮或者马上吃冷食，这种做法对吗？这是绝对不正确的，因为在剧烈运动后接着喝冷饮吃冷食，会使胃肠道里的血管因突然受冷的刺激而马上收缩。如果在平时，这种状态的改变并不明显，因为身体处在正常的状态下。而在剧烈运动后体温升高，突然遇冷会使胃肠道里的血管迅速收缩，引起胃肠功能紊乱，使食物不能很快地被消化和吸收，这样会引起腹痛、腹泻，长此下去危害很大。

另外，运动后由于血液循环加快，咽喉部充血，如果突然受到冰冷的刺激，就会造成局部的紊乱，会引起喉痛、声音嘶哑等症。因此，在剧烈运动之后千万不要吃冷饮、冷食。

为什么运动后不能立即喝水

当我们在剧烈运动后，经常会感到口渴，因此很多人都习惯运动后立刻喝白开水。这样好吗？答案是不好。为什么呢？这是因为水在人体中占体重的70%，而且这些水分布在细胞与细胞之间，通常称之

为组织液。血液里的营养成分能够从血管中，透过血管壁而进入组织液，再由组织液流入细胞。这样细胞就获得了它需要的物质。那么，为什么营养成分能够透过血管壁流入组织液？营养成分又是怎样进入组织液的呢？这主要是因为盐的存在。

盐在我们身体中无处不在，但是，在身体各处的盐分的密度是不一样的，血液中盐的浓度一定比组织液里盐的浓度高许多。这样，就如水自高处向低处流，我们身体中的营养物质就会从血液被运送到组织液。同样，营养物质被送进细胞，因此盐浓度的不同影响着营养成分的运输。

在剧烈运动后人们会口渴，但人类在运动后立刻饮水，会冲淡人体内盐的浓度，并且还能加快出汗，汗液能够带走很多盐分，血液里盐的浓度就会降低。因此，我们在运动后喝水时，应在水里放些盐，这样盐的浓度才不会降低，使流失的盐分得到补充。

文化娱乐

绘画、摄影、雕刻，

音乐、舞蹈，

电影、戏剧，

花鸟、生活，

旅游与安全，

……

“山是一尊佛，佛是一座山”指哪里

大家一定都猜到了，是四川的乐山大佛。但是你们知道为什么把乐山大佛说成“山是一尊佛，佛是一座山”吗？

乐山大佛真名叫弥勒佛，高达71米，头部14.7米，耳长7米，耳朵眼儿里可以站两个人呢。大佛的双肩宽为28米，脚背上足足可以坐百人，或者可以停放二十多辆小轿车。大佛不但形状巨大，而且由于依凌云山西壁的悬崖雕凿而成，使大佛与山结为一体。乐山大佛的背部与山壁相连，从江面望去，看到的是身披袈裟的弥勒佛，袒胸赤足，双手扶膝，倚山远望。它的头与山齐，脚踏大江，雍容大度，气度不凡。见过乐山大佛的人都会有“山就是佛，佛就是山”的感觉。

乐山大佛的开凿历时90年，其间经历了四代帝王。据《嘉州凌云寺大佛像》记载：唐朝时，凌云寺的海通和尚见凌云山前的岷江、青衣江和大渡河三江汇合之处水流湍急，波涛汹涌，经常发生翻船溺水事件，他就发誓要在凌云山上凿一尊大佛，以镇水患。开元元年（公元713年），他将20年化缘所得之钱用于大佛的开凿上。但大佛没造成，海通和尚就去世了。贞元初年，韦皋任剑南川西节度使，继续修凿大佛，朝廷也给予了支持，终于在贞元十九年（公元803年）大功告成。乐山大佛显示了盛唐的雕刻风格，也体现了能工巧匠的聪明才智。

你知道沙漠里的明珠——敦煌莫高窟吗

甘肃省西北部的武威、张掖、酒泉、敦煌等地，因位于黄河之西、青海和内蒙高原之间的狭长地带上，故有“河西走廊”之称。这里是我国古代通往西域的交通要道——“丝绸之路”的要塞，当地的经济、文化曾经有过一段相当繁荣的时期。印度的佛教传入中国、张骞出使西域、玄奘西行取经……都要经过这里。由于当时的统治者大多崇信佛教，因此“河西走廊”上的石窟遗迹很多，其中最著名的就要数敦煌莫高窟了。

莫高窟又称千佛洞，位于“河西走廊”的西端，它开凿于公元4世纪至14世纪之间，至今保存完好的包括北朝、隋、唐、宋、西夏、元等各朝代的洞窟共492个，塑像2 400余尊，壁画约45 000平方米，是我国最大的古典艺术宝库。

据说前秦建元二年（366年），一个和尚西游至敦煌的鸣沙山，当时已近黄昏，太阳即将沉落在茫茫无际的沙漠中，但这个和尚还没有找到落脚之处。他正在发愁，突然眼前出现了一个奇异的景象：鸣沙山在一片金光中化为千佛之状。和尚被这个奇景震撼了，心想这一定是个圣地。于是发愿要在这绿洲之畔开凿洞窟。莫高窟的第一个石窟就是这样诞生的。从此以后，洞窟的开凿和寺院的兴建日盛，形成了经历千年不断修造而成的莫高窟。在唐初，莫高窟中的石窟据统计达一千多个，因而又被称为“千佛洞”。

历史过去了一千六百多年，莫高窟历经沧桑，早期的石窟造像已所存无几，但魏晋时代所塑的佛像至今还完好无损地保存了318尊。

你知道丹麦美人鱼吗

在丹麦首都哥本哈根的海滨公园里，有一尊少女的铜像。这个少女没有腿，只有一条鱼尾，她坐在一块石头上，凝望着大海，脸上露出沉思、向往而又略带忧郁的神色。这就是闻名全球的丹麦美人鱼。

美人鱼铜像是根据世界著名作家安徒生的童话《海的女儿》塑造的。童话描写了一个动人的故事：一位人身鱼尾的海公主向往人间生活，不惜牺牲自己的一切，用舌头换来巫婆的一剂药，以便脱去鱼尾变成人。她服药醒来后果然发现鱼尾已变成一双敏捷的腿，这时有一个年轻英俊的王子正站在她面前，打量着她……但是王子最后却要同一个邻国的公主结婚，海公主很伤

心。有人告诉海公主，如果她想恢复成无忧无虑的“海的女儿”，就得在王子结婚的早上，用刀刺进王子的胸膛，让王子的热血流到她的腿上，这样她才能再把双腿变成鱼尾。然而海公主不愿伤害王子，她自己投进大海，化成了泡沫。

海公主的善良品德和牺牲精神打动了千千万万读者的心。丹麦人为了纪念这位童话人物，同时也为了纪念作家安徒生，特地在海边立了这尊铜像。丹麦人民不仅把这尊铜像视做宝贵的艺术作品，还把它作为国家的标志和民族精神的象征。

你知道维纳斯雕像吗

维纳斯是希腊神话中的女神。欧洲的古典艺术家们为描绘维纳斯，创作了许多作品，其中最著名的是一座叫做《米洛的维纳斯》的石雕。1820年，在希腊本土和克里特岛之间的米洛岛的山洞里，人们发现了这尊精美的雕像。它是古希腊艺术家的杰作。

雕像被法国军队抢来并送到了巴黎的罗浮宫，但被弄断了双臂。这座雕像一经展出立即引起轰动，被誉为世界艺术珍品。后来曾有许多艺术家试着恢复雕像双臂的原貌，却没有一个能做到协调、自然，从此，人们由衷地佩服古代艺术家的高超才艺。如今，人们已将断臂的米洛的维纳斯视做完美艺术的化身，也许给她配上双臂的努力永远也无法成功了。

摄影是如何发明的

摄影其实是从小孔成像发展而来的。

我国古代墨家学派的代表人物墨翟曾带领他的学生作过世界上最早的小孔成像实验。到了16世纪后半叶，人们开始在全黑房间的墙壁上打孔并装上凸透镜，从另一侧的墙壁上欣赏室外的彩色景物。当时，这是一种公共场所的娱乐活动。从17世纪开始，一些小型的装有凸透镜的"暗箱"被艺术家们用来作为绘画的辅助工具。

一直到1826年，法国人N. 尼普斯才利用"暗箱"技术拍摄出世界上第一张照片。他用巴黎光学机械商休瓦利制作的"照相机"（即光学暗箱），在暗箱里放入了一块铅锡合金板，板上涂有油溶的白沥青，他对准了自己工作室窗外的一个鸽子棚，曝光了8个小时，才拍下了这张被永久保存下来的《鸽子棚》。他的这种摄影方法被称做"阳光摄影法"。但他拒绝公开全部研究成果，因而他的发明未获得世界承认。

现代公认的摄影术是法国艺术家L. 达盖尔在1839年发明的。他将他的"银板摄影术"公布于世，人们为了纪念他，把这种方法称为"达盖尔摄影术"。直到今天，我们使用的摄影技术仍是达盖尔银板摄影术发展而来的。

我国最早的摄影画报是什么

是1912年出版的《真相画报》，它由参加辛亥革命的资产阶级革命派所主办的。主编高奇峰是岭南画派的开山鼻祖。

该画报以摄影为主，包括时事新闻、重大新闻事件、风景名胜、人物纪传体的摄影等。它是一个以摄影为武器的进步的政治性综合刊物。创刊号第一巨幅照片"形式写真画"反映的是武汉三镇，因为武昌起义揭开了辛亥革命的序幕，这张照片使人们对这个兵家必争之地有了一个全貌上的了解，是寓有深

意的。还有孙中山致祭黄花岗，广东军民、学生致祭72烈士等照片。同时也刊登了反映农民“度岁之苦”，灾民衣不蔽身、食不果腹的惨状的照片，是我国较早报道工农群众生活情况的新闻照片。这些照片图像清晰、动感强，是很好的新闻照片。

什么是中国画

中国画是中华民族创立的一种绘画艺术，已有两千多年的历史了，形成了独特的民族风格和东方艺术魅力。

中国画的基本画法可分为工笔和写意两大类。在题材上有人物、山水、花鸟三大类。中国画的风格是不求形似而求神似，“贵情思而轻事实”，要求“意在笔先，画尽意在”。

它的基本技法就是用笔、用墨、用水、用色。随着时代的发展，各种画派在不断地推陈出新。中国画也吸取了一些新的技法，不断地探索各种创作方法，使这一古老的画种有了更加丰富多彩的面貌。它所采用的颜料以墨为主，以矿石颜料为辅，用各式毛笔在特制的宣纸或绢上绘画。

另外，中国画与中国书法、诗文及篆刻紧密结合，形成了一种诗、书、画、印结为一体的独特艺术形式，极大地提高了中国画的艺术价值。一幅中国画必然有诗，它包括诗、词、赋、佳句、感想等，总称为题跋。这些题跋是用书法来表现的，书法的优劣直接影响到画的质量。书法题跋是中国画构图的一部分，可起调节、衬托画面的作用。印章在中国画中起到丰富画面、提神之作用，可谓“万墨丛中一点红”，除与画面内容相呼应外，本身也有很高的艺术价值。

什么是水彩画

水彩画是绘画艺术中流传较为普及的一个画种。由于其绘画工具简单、使用方便，画法又与中国画有类似之处，所以水彩画在我国易于普及。

水彩画是以水调和透明的颜料，在特制的纸上画画儿的艺术。画面透明、湿润、轻快，非常适宜表现

阳光、水、湿润的大气、建筑物及大自然的风景。它能很好地描绘光与色，使大自然在其画笔下呈现出勃勃生机，能激发起人们对大自然的热爱。

水彩画的颜料有管装的和固体块状之别。水彩画的纸要结实，吸水性适度，有一定的厚度和良好的质地。对画笔的要求是笔头富有弹性，有一定的含水量。

它的基本技法有干画法和湿画法。由于水彩画与水密切相关，所以水分的运用是绘画的关键。水分过多则形体模糊，水分过少则色块衔接生硬，画面不湿润流畅。

水彩画具有独特的风韵和魅力，可以很好地表现画家对大自然的感受和心情，画面往往能给人一种心旷神怡、淋漓尽致的感觉。

什么是油画

油画是欧洲人大约在公元 10 世纪发明的，经过各方面的改进，终于在公元 15 世纪形成了油画艺术。

油画是用油质颜料在布、木板、厚纸和墙壁上绘制而成的图画。它有其自身的特点：色彩丰富，表现力强，最能再现世界的真实；颜料覆盖力强，便于修改，作画自由；色彩稳定，不易霉变，可长期保存等。它成为绘画艺术中一个最重要的画种，在全世界普遍流行。许多世界画库中重要的、著名的绘画题材都是用油画来表现的。

什么是版画

版画是绘画方式之一，它是使用各种不同的刻刀和笔，在木版、石版、铜版、麻胶版、纸版上进行刻画，并用药水进行腐蚀，使之产生凸凹的刻纹与刀痕，再通过油墨印刷，便可直接得到多幅原作的一种绘画方式。

现代版画种类很多，一般可分为黑白版画和套色版画两种。根据版画使用材料的不同，又可分为木版版画、铜版版画、石版版画、麻胶版版画、玻璃板版画、纸版版画等数种。同时可根据对版面处理的方法，分为凸版版画、凹版版画、

平版版画、漏胶版画。木版版画、麻胶版版画、纸版版画属凸版版画，铜版版画属凹版版画，石版版画属平版版画，丝印画属漏胶版画。还有一种独幅版画，即以油彩、油墨、水粉颜色直接画在玻璃、塑料等光滑的版面上，然后只此一次地复印到纸上，这种版画有它独特的风貌。

什么是速写

如果你是一个想提高绘画技巧的人，那么你尽快学习速写吧！因为速写有利于培养画家敏锐的观察能力、形象记忆能力和概括表现能力。经常练习速写的人，可以很快抓住描述对象的特征。那么，什么是速写呢？速写就是在现场以较短的时间，用简练的、概括的笔法，将周围的人物、场景及生活片段等记录下来的绘画方式。

速写按工具材料来分的话，通常分为钢笔速写、炭笔速写、铅笔速写、水彩速写、油画速写等。而速写本身也是一种美术创作形式。一幅思想性、艺术性很高的速写，和其他优秀艺术作品一样，可以给人美的享受，具有永恒的艺术魅力和审美价值。

什么是素描

素描是美术创作的造型基础，是整个造型艺术如国画、油画、版画、雕塑等的基本训练手段和基本表现手段。作为绘画方式的一种，素描可以用来画习作，也可以搞创作。素描本身具有独立的艺术价值。

素描一般使用单色的笔，如铅笔、木炭条、钢笔做工具，以线条和明暗变化在纸上表现对象。素描的题材一般有静物、风景和人物。

初学绘画的人，一般都要从素描学起，而学习素描就必须懂得透视原理，必须会立体地、写实地描述客观对象。

欧洲文艺复兴以后逐步形成的写实主义素描体系，是当前世界上影响最大、最流行的一种素描方法体系。它强调忠于视觉真实的、科学规律的严格造型训练。用分析问题和解决问题的能力，最有效地培养敏锐的观察能力和艺术的概括能力，为美术家日后艺术个性的发展奠定造型能力的基础。

我国历史上有哪些著名画家

中国数千年文明史中，出现过许多杰出的画家。他们的笔墨随时代的发展而发展，形成了带有特色的国画历史风貌。

顾恺之，东晋晋陵郡（今江苏无锡）人。他是一个学识渊博、多才多艺的人，艺术上精于绘画。他有“点睛”的绝技，而且还是绘画多面手，对山水、花卉、走兽、禽鸟、鱼龙等无不擅长。顾恺之绘画作品的存世摹本有《女史箴图》《洛神赋图》《列女仁智图》等。顾恺之不但是杰出的画家，而且还是我国历史上第一个伟大的绘画理论家。他的绘画理论著作现存的有《论画》《魏晋胜流画赞》和《画云台山记》三篇。

吴道子，约唐高宗时期（686年左右）生于阳翟（今河南禹县）。吴道子一生创作较多，绘画兼擅各种题材，人物、山水、花鸟、走兽、鱼龙等，无不精妙。他最擅长的是画道、释人物，画仙女也极生动。他是一位多才多艺的大画家，不仅创作了众多著名的壁画，而且也画了不少著名的卷轴画，还擅长雕塑。

董源，五代南唐钟陵人。董源对山水、人物、花鸟、鱼龙、牛虎都很擅长，是个全才。他的人物画主要作品有《夷光像》《孔子哭虞丘子》《长寿真人像》《雪坡钟馗图》《渔舟图》《渔夫图》《采菱图》《牧牛图》等。他画虎画龙也别具一格，主要作品有《水石吟龙图》《风雨出蛰龙图》《出洞龙图》等。董源绘画成就最高的是山水画，主要作品有《潇湘》《龙宿郊民》《夏景山口待渡》《夏山》等。

范宽，北宋著名山水画家。他的艺术成就主要体现在笔墨技法上的独创性和高度成熟性。传世的范宽画真本有《溪山行旅》《雪景寒林》《雪山萧寺》等。

李唐，南宋画家，河阳人（今河南孟州人）。他对山水、人物、林木、竹石、禽兽，几乎无一不精，其中造诣最深、影响最大的，是他的山水画，其次是人物画，画牛也很出名。李唐的存世作品，山水画有《万壑松风图》

《江山小景图》《长夏江寺图》等，人物画有《晋文公复国》《采薇图》等。除山水画、人物画以外，李唐画牛也为世人称道。

黄公望，是元代最杰出的画家，他的山水画代表作品有《富春山居》图卷，《剩山》《九峰雪霁》《陡壑密林》《浮峦暖翠》《丹崖玉树》《雨崖仙观》《快雪时晴》《富春大岭》等。

徐渭，浙江山阴人。他是明代后期一位个性强烈、品格突出的杰出文学家和艺术家。在他所擅长的各种艺术技艺中，成就最为杰出的当数绘画。他的画突破传统绘画思想，借物抒情，舍形求韵，笔墨生动。他是一位全能的画家，人物、山水、花鸟无不精通，尤以花鸟画得最好。

陈洪绶，浙江诸暨人，明末清初杰出的人物画家。他的绘画吸取传统绘画的精华，博采众长，又融入新机，各种题材的绘画无一不精，精妙入微。他的人物画有《屈子行吟图》《归去来图》《隐居十六观图》等。山水、花鸟画流传下来的重要作品有《莲石图》《荷叶鸳鸯图》《花卉山鸟图》以及《杂画册》等。

石涛，广西全州人，他是明代靖江王赞仪的十世孙，少年时代为了躲避清兵的杀戮出家做了和尚。石涛在绘画上既是杰出的画家，又是伟大的理论家。他的画论《苦瓜和尚画语录》包含着极为丰富、精辟的美学思想，在中国绘画史上产生了深远的影响。他的绘画风格多样，题材广泛。他的山水画成就最大，其次是花卉画。

“文房四宝”指的是什么

“文房四宝”是中国传统书画中所用的主要工具，指的是笔、墨、纸、砚。中国书画用的笔，是以竹、木等材料做笔管，以羊毛、黄鼠狼毛等做笔头而制成的毛笔。墨则有松烟墨、油烟墨和油松墨三种，其中以用松树和桐油燃烧后遗留的烟灰所制的油烟墨最为常见。中国画用纸是一种专用的名为宣纸的柔韧纸张。砚是研墨的器具，大多由质地坚固细腻、磨出的墨汁均匀无渣的山石制成。

我国文房四宝最著名的产品为浙江湖州的“湖笔”、安徽徽州的“徽墨”、安徽宣城的“宣纸”和广东肇庆的“端砚”。

我国历史上有哪些著名书法家

我国的书法源远流长，历代书法家为我们留下了宝贵的文化遗产。喜欢书法的人都知道“颜体”、“柳体”、“赵体”等，你知道字体都出自哪些古代书法家之手吗？

王羲之：东晋杰出的书法家，擅长各类字体。草书清雅俊逸，楷书势巧形密，行书劲健多变。

欧阳询：唐初书法家，楷书最为出色，独创“欧体”，以平正中见险峻、肥瘦适中、笔法严谨的特点名闻天下。

虞世南：唐初书法家，其正楷与欧阳询齐名。

颜真卿：唐代书法家，擅用篆书笔意写楷书。他所创的“颜体”以秀劲腴润、顿挫分明的特点，被后人奉为习书之楷模。

怀素：唐代书法家，以“狂草”出名。

柳公权：唐代书法家，擅长楷书。他所创的“柳体”瘦挺遒劲、顿挫清晰，多为初学者所习。

黄庭坚：北宋书法家，擅长行书和草书，与苏轼、蔡襄、米芾并称为“宋四家”。

赵孟頫：元代书法家，擅写楷

书和行书，称为“赵体”。

祝允明：明代书法家，擅长楷书和草书，与唐寅、文征明、徐祯卿并称“吴中四才子”。

我国有哪些著名的书法碑帖

《石鼓文》：我国现存最古老的石刻文字，用大篆在10块鼓形石上分刻有10首为一组的四言诗，记述秦国君游猎的情况。

《泰山石刻》：是秦始皇二十八年登泰山颂扬秦德的刻石。相传是李斯所书。

《龙门二十品》：北魏龙门造像，计20种的统称。

《孔子庙堂碑》：唐碑，虞世南撰并书。

《九成宫醴泉铭》：为唐代楷书名家欧阳询所书，魏征撰文。

《麻姑仙坛记》：为唐代楷书名家颜真卿撰文并书，为颜书代表作之一，与其齐名的还有《多宝塔碑》。

《玄秘塔碑》：著名柳书之一。唐代裴休撰文，柳公权正书。

《乐毅论》：东晋王羲之书，著名的小楷法帖。

《兰亭序》：著名行书法帖，为王羲之生平得意之作。

《曹娥碑》：现通行的小楷本，相传为王羲之书。

音乐是怎样产生的

大约在35 000年前就产生了音乐，当时人类单调的哼唱声被认为是最早的音乐。后来有专门研究音乐的人，他们精心地把各种声音用特殊的符号记录下来，组成规律、悦耳的形式供人欣赏，逐步形成了传统的音乐。音符是音乐的起点。一个音符是音乐家通过乐器或人的声音创造出来的有规律的空气震动，这种规律性震动就构成了音乐的一个小节或单元。

五线谱是怎么来的

五线谱是用五条横线来记载音乐的一种记谱法。它的出现至今已有一千多年的历史。10世纪，法国人古多用四条横线来记载音乐。这个发明几乎震动了整个欧洲。当时的罗马教皇知道之后，立即将古多召到罗马，并命他把罗马教堂收藏的乐谱，用古多式的记谱法改记。

当时古多式的记谱法还很不完善，连拍号、小节线条还都没有。

直到17世纪初，人们将四条横线改为五条横线，又增加了一些记谱符号，才正式形成了五线谱体系，并被世界各国所普遍采用。

为什么很多人都喜欢听轻音乐

在我们周围很多人都喜欢听轻音乐。什么是轻音乐呢？轻音乐就是音乐的一种形式，以其轻巧、明快、抒情、富有生活情趣的艺术特点为广大人民所喜爱。它包括通俗歌曲、抒情歌曲、诙谐歌曲、轻歌剧、小夜曲及管弦乐曲等，通常由小型乐队在室内演奏。

轻音乐的主要特点就是“轻”，也就是轻松活泼。它形式多样，内容单纯简单，旋律悠扬，演奏自由灵活，既没有复杂的戏剧性内容，也没有复杂的乐队配器。人们在紧张的工作、学习之余，听听轻音乐，不用太费脑筋就能得到美的享受，可以放松精神，消除疲劳，促进身心健康。

人们之所以喜欢在工作、学习之余听听轻音乐，是因为它比较浅显通俗，使人能直接感受到音乐旋律的优美，不像听交响乐那样，要进行复杂的思维活动，去了解作品的时代背景、作曲家的创作意图，去分析作品的各个主题、乐章及段落，去细细体会音乐的内在含义等。轻音乐本身也是个万紫千红的百花园，优美的抒情歌曲、明快悦耳的舞曲、轻松活泼的器乐曲，还有民间乐曲、影视插曲等，都是轻音乐百花园中的朵朵鲜花。我国的民族音乐多属于轻音乐。

什么叫交响乐

20世纪初，许多国家的大城市都有交响乐队。演奏的大型管弦音乐就叫做交响乐。交响乐队使用的乐器都是管弦乐器，包括弦乐器、木管乐器、铜管乐器和打击乐器四部分，每个部分都有作曲家为其谱写的乐曲，各个部分的演奏组合起来，就形成了协调、丰富、优美的交响乐。

我国的民族乐器有哪些

我国的民族音乐有着悠久的历史，也相继产生了很多的民族乐器。我国的民族乐器是劳动人民用智慧创造出来的，但很多都渐渐失传了，现在仅存的只有二百多种。

在很久以前，我国古人就根据乐器制作材料的不同，将乐器分为八类，也就是我们所说的八音。比如用铜制成的锣和钹，称为金类乐器；用特殊石头制成的磬，称为石类乐器；装有琴弦的琴、瑟，称为丝类乐器；用竹子做成的笛、箫，称为竹类乐器；用一种大葫芦制成的笙，称为匏类乐器；用陶土烧制成的埙，称为土类乐器；用皮革制作成的鼓，称为革类乐器。

经过几千年的流传，石类乐器和土类乐器几乎绝迹，其他乐器广泛地发展，形成了品种繁多的民族乐器。

舞蹈对现代生活有什么影响

舞蹈是人类最早创造的艺术形式，在没有语言和文字时就出现了。人们用有节奏的击掌和跺脚打拍子，创造了最原始的舞蹈。在欧洲、美洲、亚洲、非洲等地区，考古学家都发现了原始人类居住的岩洞里有裸体舞蹈的壁画、雕刻和彩陶。原来，他们只要是开心或庆祝，都会用舞蹈来表达喜悦的心情，说明舞蹈自古就是人类表达快乐的娱乐活动。

现代的舞蹈作为艺术形式的一种，也源于人们的实际生活。舞蹈不仅是快乐时用肢体表达心情的方式，当我们在生活中有了喜怒哀乐时，都可以用舞蹈来表达。我们在跳舞的过程中，不仅可以得到美的享受，还可以锻炼身体，陶冶情操。

在现代生活中，欣赏舞蹈也是一种美的享受。舞蹈是演员对生活加以艺术想象形成的，所以舞蹈比生活中的事物更完美。在欣赏舞蹈时，可以从夸张的动作中产生艺术的想象，想到更多更美的东西，得到艺术的享受。

你知道多少种国际电影节

国际上经常举办各种电影节，并在各国的参展、参赛作品中，评出优秀的作品公布于众。国际上有名的电影节有：法国的戛纳电影节，颁发的是“金棕榈奖”；德国的柏林电影节，颁发的是“金熊奖”；意大利威尼斯国际电影节，是世界上第一个电影节，创办于1932年，颁发的是“金狮奖”。此外，还有埃及的开罗国际电影节、菲律宾的马尼拉国际电影节，也都是国际上较有名的电影节。

电影的开端是什么

电影成为有审美欣赏价值的艺术形式，是从电影的青少年时代——无声电影开始的。无声电影在20世纪初曾轰动一时，被称为

"伟大的哑巴"。这个"伟大的哑巴"至今还以独特的魅力吸引着我们，如《摩登时代》《淘金记》《城市之光》《母亲》《卡里加里博士》等，都是百看不厌的著名无声电影。无声电影大师卓别林的大名家喻户晓，他的无声电影征服了全人类，成为人类艺术宝库中的一份珍贵财产。

无声电影在艺术上精益求精，它不靠语言——台词，而是靠动作、画面——电影语言取胜。有些电影艺术理论家、电影史家更偏爱和推崇无声电影，因为它很少有戏剧因素，更合乎电影的本性，更像纯粹的电影，它拥有有声电影无法替代的魅力。无声电影不靠半句台词，仅以动作、画面，就可以叙述完整的故事，刻画出生动形象的人物形象，表现深刻的主题，具有优美或壮美等不同的风格，确实有它了不起的地方。无声电影的某些艺术成就是后人难以达到的。

你知道"蒙太奇"吗

在电影院里看电影，我们从不同的镜头画面上看到了丰富的故事内容，虽然只有短短的一两个小时，却可以看到历时几十年的事情或是远隔千里之外发生的事情。这一切，都归功于电影艺术的叙述方式——"蒙太奇"。

"蒙太奇"三个字是由法语音译过来的，它的意思是组合、装配，它是电影艺术最重要的也是最主要的手段。采用"蒙太奇"的手法，拍电影时可以将不同场合拍的镜头

连在一起，同时交叉放出，获得不同时空、不同内容的强烈对比效果，还可以将同一场合拍摄的各人的不同表情连在一起对比放出，获得同一内容更细致的对照。这样，作为视觉艺术的电影就产生了极为丰富的表现能力。

什么是皮影戏

皮影戏起源于我国的汉代。宋代时，在当时非常流行的皮影戏流传到了南洋，后来又传到了西亚和欧洲。

皮影戏又叫驴皮影。它是把兽皮雕刻成有镂空花纹的影人，用灯

光照射，在幕布上映出人影，演出戏剧故事。演员在幕后操纵，并演唱地方戏曲，观众在幕前观看。影人一般高三十厘米左右，身上的许多关节处都用线连接，可以活动。幕后的演员拉着线，让影人做出简单的点头、弯腰、举手等动作。由于影像只能左右移动，所以造型一般都是侧面的。

什么是电影特技

电影特技是指电影的特殊摄影技巧。特技摄影是电影艺术的一种独特的创作手段。它不同于普通摄影，它的特点在于：第一，摄影时虽然是用普通的摄影设备，但工作状态是非正常的，它可以倒拍、停机再拍、逐格拍摄、快（高）速摄影等等。第二，以假代真。以模型、绘画或照片资料等替代实景作为拍摄对象。第三，全程摄影。以绘画、模型、照片等，布景合成拍摄出银幕形象。第四，摄制过程中使用特殊设备，如活动遮片、合成技巧印片机以及电子合成等。这样，特技摄影便可获得非正常的画面效果，如人与物的飞腾跳跃、被摄对象的倒行逆动等；还可以表现那些早已逝去的战争场面和难以用实体拍摄的自然灾祸、天体宇宙以及现实生活中根本不存在的仙境、鬼蜮等。

你知道“飞檐走壁”的秘密吗

喜欢看武打片的朋友们都知道，故事片中无论是劫富济贫、武艺超群的大侠，还是恶贯满盈、阴险狡诈的强盗，大多都能飞檐走壁。而我们熟悉的扮演这些角色的演员们

平日里都忙着演艺事业，那么，他们又是何时练就了这一身好本领呢？事实上，这是经过导演和摄影师们的技术处理，才使他们在电影中成为武林好汉的。

在正常拍摄中，胶片是以每秒钟 24 格画面的速度从摄影机中自上而下地通过曝光窗口进行曝光的，经过洗印后的拷贝也以同样的速度和方向从放映机窗口通过，这样，观众在银幕上看到的就是一个正常的人体动作。如果拍摄时，摄影机倒向运转，使影片自下而上地运行，而放映时仍按正常的方向自上向下地放映，结果就可以使动作呈反向。本来从楼上跳下落地的人就会变成

平地一跃飞上楼顶的武林高手，从杯中倒出的水就会自动收回到杯中，小溪或瀑布也会向山顶倒流，这些神奇现象就会一一呈现在观众面前。这种拍摄方式如果再加上高速拍摄、常速放映，效果就会更加奥妙无穷。

我国有哪些主要戏曲剧种

我国的戏曲历史悠久，地方戏曲繁多。除了京剧在全国流传广泛外，其他戏曲剧种多以地方戏为主。四川人经常唱川剧，浙江东部地区主要唱越剧，江苏无锡唱的是锡剧，扬州唱的是扬剧，广东唱的是粤剧，河南唱的是豫剧，安徽唱的是黄梅戏，湖南唱的是花鼓戏等。一般地方戏的听众也是当地人，外地人很难听懂。

为什么戏曲舞台上曹操是白脸

在戏曲舞台上，曹操出场时脸上都涂满了白色的油彩，这是历史人物的原型吗？当然不是。这个白脸是为了突出曹操的性格，使人物更加形象生动，更有艺术性。

在这里，我们不以好人和坏人来评价曹操。首先，曹操是一个军事家，他指挥的官渡之战以一万人打败十万敌军，是以少胜多的著名战役。其次，他是一个文学家，他的《观沧海》《短歌行》等很多作品都被世人传诵。而且，他还是杰出的政治家，他在治理国家方面很有方略。但是曹操也是一名狡诈的阴谋家、大奸臣。当《三国演义》的故事被搬上戏曲舞台后，人们对曹操的骂声更多了。

戏曲演员在出场之前，都要使用各种颜料化妆。在戏曲化妆使用的色彩中，人们渐渐习惯了用红色代表忠勇，黑色代表粗直，白色代表奸诈。于是，在戏曲舞台上，就有了白脸的曹操和黑脸的包公。

京剧为什么被称为“国剧”

戏曲是我国传统的戏剧形式，它将文学、音乐、舞蹈、武术、舞台美术及表演等融为一体，是一种综合性艺术。我国戏曲艺术历史悠久、品种繁多，据统计共有436个剧种。在436个剧种中，京剧的形成有它的特殊性：第一，一般戏曲剧种都有较强的地域特点，首先表现在唱、念语言的地方色彩上，如黄梅戏、越剧等。而京剧则不然，虽然京剧形成于北方，但唱、念都以湖广音为基础，北京音的比重不大。第二，一般戏曲剧种的音乐都是在当地民歌、说唱或歌舞音乐的基础上形成和发展起来的，或某一种声腔流传到当地，与本地区的音调相结合而形成的。京剧的情况不同，它的主要声腔是从徽、汉、昆剧等剧种中继承过来的，就其音乐整体来说，地方色彩不重。第三，由于京剧继承了徽、汉、昆剧、梆子戏等的剧目和表演形式，而这些剧目和表演形式在京剧形成以前就已经达到相当高的成熟度，所以京剧一经形成就显示了强大的生命力，迅速成为全国性的大剧种。

新中国成立以后，由于贯彻“百花齐放、推陈出新”的文艺方针，京剧得到迅速的发展，京剧演员的素质也有了较大程度的提高，涌现出许多现代题材的剧目。京剧音乐的表现形式也越来越丰富，除了传统的独唱、对唱形式外，还出现了伴唱、重唱、合唱等新的表现形式。演奏乐器随着民乐乐器和西乐乐器的相继引进，队伍也不断扩大，伴奏手法也有了新的变化。京剧不仅发展较快，而且流传也较广。目前除西藏以外，全国各省都有京剧的专业演出团体，成为我国流传最广、影响最大的戏曲剧种。

京剧不仅在国内享有“国剧”之称，而且在国外也享有盛誉。早在1919年、1930年和1936年，我国著名的京剧表演艺术大师梅兰芳就曾率团出访了日本、美国和苏联，以梅派为代表的京剧表演艺术已被誉为世界三大表演体系之一。现在，许多国家都有京剧爱好者和票友等业余演唱团体，研究京剧艺术的人也越来越多。在美国的一些大学里，还专门设立了京剧系。随着中外文化艺术交流的发展，京剧在国外已拥有了众多的观众。

集邮有什么意义

集邮是一件令人轻松愉快、使人着迷的文化娱乐活动。精美的邮票被设计成艺术品，虽然面积小，但内容丰富，像一部形式独特的百科全书，蕴藏了十分丰富的历史、地理、文化艺术、动物、植物等知识，具有很高的欣赏价值。集邮可以陶冶人的性情，丰富各种知识。

我国有许多著名的集邮专家都是从小开始集邮的，如梁芸斋、夏衍、赵善长等。

世界上第一枚邮票是在1840年5月1日，由英国人罗兰·希尔设计的。它的图案是1837年英国维多利亚女王18岁登基时的侧面浮雕像。我国第一枚邮票是1878年发行的“海关一次云龙邮票”，也叫“大龙邮票”。

有没有印错的邮票

邮票发行面很广，使用量也很

大，通常印制是很严谨的。但也有错误百出、令人哈哈大笑的时候。可是这些错票，常常由于奇货可居成了价值不菲的纪念品了。

例如，1903 年西班牙的圣·克利斯托菲岛发行的邮票上面，印有哥伦布手拿望远镜眺望大海的画面。其实，望远镜是在哥伦布去世百年以后才被发明的。

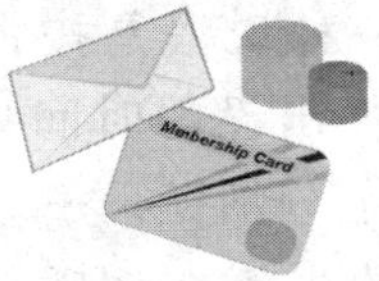

在 1927 年，美国发行了纪念林白单独驾驶飞机穿越大西洋的邮票，上面印有北美洲和欧洲的地图，却把法国的首都巴黎印到一个深海湾里去了，结果引起了法国与美国的纠纷。

1937 年，法国发行纪念邮票——“微积分的父亲”，笛卡儿手中握着一本翻开的书，结果用放大镜仔细一看，《艳情玉女》的书名进入人们的视线，遭到笛卡儿后裔们的强烈斥责。

1944 年，美国发行了纪念第一条横贯美洲大陆的铁路正式运行的邮票，上面的火车头喷出的烟尘飘向右侧，然而车头前的国旗却向左边迎风招展，很显然风向相反。

1951 年，波兰发行了巴黎公社纪念邮票，姓名及生卒年月都很全的军事家雅罗斯拉夫的肖像却被当代音乐家亨利克代替了。

1961 年，中国发行的《中国共产党成立四十周年》的纪念邮票，错把“八一”南昌起义指挥部的四层大楼画成了三层。

什么是魔术

通常我们所说的变戏法也叫魔术。魔术表演是马戏团和杂技团里十分受欢迎的节目。魔术师通过一些“障眼法”和一些不可思议的动作，完成一些让观众感到目瞪口呆的变化结果，使观众得到愉悦。

随着科技的发展，魔术也得到了发展，魔术师利用声、光、电造成的幻觉，演绎出了许多让观众瞠目结舌的节目，如大变活人、把人从中间锯开，变汽车、变飞机，让你在瞬间感觉到庞然大物的突现和消失等等。但这些东西都是事先安排好的，我们都不要去模仿。

象棋中为什么是五个卒子

在中国象棋中，红黑双方各有五个卒子，为什么设了五个呢？这与军队真实作战的情况是分不开的。根据有关资料显示，周朝军队的基本编制为伍，是由五个步兵组成的。作战兵器也由弓、殳、矛、戈、戟五种为一组配合使用。于是，把由五兵构成的作战整体反映到象棋里，就形成了五个卒子。

生日蜡烛为什么要吹灭

我们在过生日的时候，通常都是买一个蛋糕，上面插上与年龄相等的蜡烛，然后吹灭蜡烛，蛋糕由大家分享。

过生日吹蜡烛的习俗来自古希腊。古希腊人非常崇拜月亮女神，每年在女神生日的那天，人们都要举行庆祝活动。在这一天，人们做了大大的蛋糕放在祭坛上，并且在蛋糕上面插了好多蜡烛，人们纷纷祈祷，对女神充满了崇敬。

再后来，希腊人在庆祝孩子的生日时也会做一块蛋糕，上面插上蜡烛。与以往不同的是，这次增加了吹蜡烛的过程。他们相信，在吹蜡烛之前许下一个愿望，然后一口气吹灭所有的蜡烛，便能如愿以偿。

现在，在世界各地，这一习俗普遍流行。

生肖为什么这样排列

我国的每个人都有自己的生肖。但为什么把老鼠排在第一，把猪排到最后呢？因为老鼠跑得最快吗？不是的。这样的排列有两种说法。

一种说法是按照这些动物足趾的奇偶来排列的。鼠趾长得最奇特，同一只老鼠身上有单有双，所以就把它排在了第一位。按五趾同偶的原则，就是现在的四趾牛，五趾虎，四趾兔，五趾龙，无趾蛇，一趾马，四趾羊，五趾猴，四趾鸡，五趾狗，四趾猪。

还有一种说法是按古代的十二时辰与动物出没的时间排列的。子时的老鼠十分活跃，子就与鼠搭配了；丑时的牛正在倒嚼，为凌晨耕地作准备，因此就是丑牛；寅时的老虎最凶；卯时是凌晨 5 点以后，太阳还没有出来，月亮还在照耀着大地，因此，卯就与月宫中的玉兔搭配了；传说群龙行雨之时是在早晨 7 点至 8 点，所以就定为辰龙；早晨 9 点至 10 点，蛇就隐藏在草丛中而不在路上游走伤害人，因此定为巳蛇；午时的太阳当头，按照方士的说法，午时的阳气达到了极限，阴气会产生，而马奔跑时离不开地，属“阴”类动物，因此午时就属于马了；羊吃了未时的草，似乎并不影响草的再生，就成了未羊；申时是下午将晚未晚的时候，猴子常在这时啼叫，还有一种说法是猴子擅长伸屈攀缘树木，伸和申谐音；酉时的鸡开始回窝；戌时是晚上 7 点至 9 点，这时狗开始看家和守夜，戌时就属于狗了；亥时夜已深，猪睡得正熟，就与猪搭配了。

酒有几种香型

酒分为清香型、浓香型、窖香型、米香型和馥香型五种。

清香型：酒气十分清香，醇厚绵软，酒味十分纯净，其中以山西省汾阳县杏花村的汾酒为其代表。

浓香型：酒气芳香浓郁，绵柔甘洌，入口甜，落口绵，尾子净，其中以四川省宜宾县的五粮液、泸州老窖为其代表。

窖香型：酒气香而不艳，度数低而不淡，酒味幽香绵长，入杯的隔夜酒也不会散失香味，其中以贵州省仁怀县茅台镇的茅台酒为其代表。

米香型：米香且清柔、纯净，入口十分绵软，口味甘甜，其中以桂林的三花酒为其代表。

馥香型：两种以上主体香的白酒，有一酒多香的风味，也叫兼香型，其中以凌川的白酒为其代表。

十字架是怎么回事

我们对十字架并不陌生，都知道十字架是基督教的标志。其实十字架也是中立和人道主义的象征，与宗教的标志并没有直接关系。全世界有 16 个国家的国旗图案都是十字架或者包含十字图案。但是你知道十字架作为基督教的标志是从何而来吗？

古代欧洲的波斯、犹太以及罗马等国流行一种残酷的死刑，就是将罪犯钉死或者挂死在十字形的木架上。公元 32 年，罗马帝国巡抚彼拉多曾下令用这个办法处死耶稣。当时，很多人相信耶稣就是基督，就是救世主，耶稣是为了救赎世人的罪孽而死的，死后已经升天了。从此，基督教成立了，而且十字架理所当然地成了基督教的主要标志。

公元 4 世纪，信奉基督教的罗马君士坦丁大帝下令废除了钉十字架的死刑。